失語症・自閉症・口ごもる言葉たち
――「声」・「音〔おと〕」のざわめきとラカン派精神分析――

セルジュ・アイルブルム〔著〕
中西之信〔訳・解説〕

晃 洋 書 房

Hors la voix : Battements entre aphasie et autisme

by

Serge Hajlblum

© Liber, Montréal, 2006

Japanese translation rights arranged with Éditions Liber, Québec
through Tuttle-Mori Agency, Inc.,Tokyo

はじめに——クレール，そして明らかな〔クレールな〕こと

　ある日，私は精神分析を始めた．

　クレールは私のオフィスにやってくると，クローゼットの中に走り込み，隠れる．

　彼女はずっと隠れていた，何か月も何カ月も．彼女の声を聞いたのは，叫び声とぶつぶつ言う声だけだった．

　だいぶ経ってからだった．クレールはクローゼットから出てきた．彼女が怯えているのをみて，私は振り向き別の場所へ行った．私は別の欲望に身を任せたままだったのだろうか？　私は読んだ．何度もジャック・ラカンの『エクリ』[1]を．

　私は，クレールが同じ年の子供たちのクラスに溶け込めるようにした．

　声も発話もないままの状態が続いた．

　何年か経った．彼女は鉛筆で紙を激しく何度も突っついて，ぐちゃぐちゃにした．

　ある日，彼女の母親がやって来た．母親は「クレールのために決めました」と私に言った．ある専門機関に行くのがよいということらしい．

　クレールは治療秘書とずっと一緒にいて離れなかった．

　私はクレールにさよならを言おうとした．

　彼女が私に一枚の紙をくれた．その紙には，スカートをはいたお下げ髪の小さい女の子の上半身が描いてあった．

　彼女は私を見て，こう言った．「失敗，しくじっちゃった」．

　何年も経ったこの時，初めて彼女は絵を描き，私に言葉で話したのだった．「このしくじりの成功」と言った．

　私がそのオフィスを辞めてだいぶ経ったある時，一本の電話が入った．そこ

1）〔訳註〕Jacques-Marie-Émile Lacan, 1901-1981．フランスの精神分析家，精神科医．
　　オルレアンの中流階級のカトリック家庭に生まれる．「ラカンはおそらくフロイト以
　　降，最も重要で最も多大な影響を及ぼした精神分析家であろう．……全世界に約 2 万
　　人の精神分析家がおり……，〔そのうち〕 1 万人の精神分析家が，ラカンの思想のもと，
　　主にフランス，スペイン，イタリア，南米で活躍している」（ヒル，1997＝2007, 10頁）．
　　『エクリ』（Écrits）は1966年に刊行された論文集．

の代表の医師からだった．

　クレールは18歳になっていた．彼女がやって来て，私の名前を言い，私に会いたいということだった．

　その医師は彼女に私の名前と住所を教えた．そのことには今も私は感謝している．しかしクレールは私のところに来なかった．住所を知るだけで彼女は満足したのだ．彼女はそんなふうに声や発話の向こうに引きこもっていたのだった．

　クレールのおかげである．以来，精神分析の仕事はどうにかこうにか私の日常になっている．彼女が私にくれた問い，それは今も続いている．人間という存在は声 voix や発話 parole，言語活動 langage によってつくられ形成される．その結果，人間は自らを保つ欲望を自分のものとし，自分の生の一瞬一瞬において自らを根拠づけ駆り立てるものから離れる[2]．こうした人間存在に，一体何が，声の向こうに身を置いておくという選択をさせるのだろうか[3]？

　ありがとう，クレール．

　どうか，クレール，論文集となったこの紙の引っ掻き傷たちを受け取ってほしい．小さな君はいつも欲望の力と激しさをもって，私に一つの問いを課すためにやって来た．この引っ掻き傷たちは，その問いを問い続けている私なりの仕方である．

　2）〔訳註〕人間は先在する言語の世界に参入することにより，原初の「自らを根拠づけ生気づけるもの」は抑圧され喪失し，その代わりに欲望する存在として生き続けることになる．

　3）〔訳註〕アイルブルムはこの「自らを根拠づけ生気づけるもの」を「声の向こう」（本原書の表題 Hors la voix でもある）と言い換えて，自閉症者の在り様を問うてゆくのである（本書第4章を参照）．

iii

目　　次

はじめに――クレール，そして明らかな〔クレールな〕こと　i

出　典　viii
凡　例　ix

序――一つの道筋　1

第1章　解剖学的観察――眼差しから声へ ……………………… 5

【ド・フシーの「発話の自己観察」――「主体」の導入】　5
【ド・フシー vs. リンネ】　9
【ド・フシー「解剖学的観察」】　12
【眼差しから声へ――精神分析の出自】　16

第2章　ブローカと失語症
　　　　――「ざわめく」発話における主体 ……………………… 17

【名付けをめぐる論争】　17
【言語残余「タン」と罵り言葉
　　――ブローカ，フロイト，ラカン，バンヴェニスト】　18
【「主体」の重視――アフェミー vs. アフラジー vs. アファジー】　20
【アフェミーから精神分析へ――「ざわめき」と「無意識」】　23
【トゥルソーへのブローカの手紙】　25
【言語の大脳局在――ブローカ vs. フロイト】　32
【「一対一対応の不可能性」と「主体」】　35
【フロイト――「二重の勘違い」からブローカの主張へたどりつく】　36
【ブローカ vs. トゥルソー】　38
【ブローカ vs. リトレ】　43

【再びアフェミー vs. アフラジー vs. アファジー】　45

【ブローカはなぜアフェミーに決めたのか？――「主体」の措定】　47

第3章　ユダヤ人，神経学者，そして精神分析家
――口ごもる言葉たち ………………………………………… 51

【口ごもる言葉たち――イディッシュ語，下手くそドイツ語】　51

【アンリ・メージュとルシアン・イスラエル
　　　――イディッシュ語は追放されているのか？】　55

【アンリ・メージュ『サルペトリエールの彷徨える-ユダヤ人』】　58

【声・発話・言語活動は人間的なもののために存在する】　66

第4章　ざわめきたち――失語症と自閉症 ………………… 69

【ざわめきたちとしての失語症】　69

【言語活動と大脳組織との間】　72

【対象-声 vs. 固有なもの】　75

【声のない人間――声の向こう】　77

【対象aとしての声，呼びかけとしての声】　80

【話すことの残余――主体の到来】　83

【声の向こう――残余としての音〔おと〕】　86

【カナーと自閉症】　93

【フロイト，対象-声との出会い――鏡・同一性 vs. 欠落・分裂】　99

【精神分析理論の原理――代理，欠如，声】　101

第5章　無言症のヴェラ
――知に閉じ込められた子供 ………………………………… 107

【逃走――眼差しから離れることに耐えられない】　107

【ヴェラは記憶であり知である】　108

【無言症から「つらいの」へ】　109

【治療――「対象とならなかった声」から「対象としての自分の声」へ】　110

【「邪魔な音〔おと〕」・「いらいらさせる音〔おと〕」としてのヴェラ】　112

目　次　v

【音〔おと〕が声になれない──デビリテの身体】　113
【さらなる「つらいの」──知っていること・知ることのつらさ】　115

第6章　ラカンを読む，ラカンを聞く　119

【フロイト vs. ラカン──書かれたものと声】　119
【ラカンを読むこと】　121
【フェティッシュと「書字を生み出す」読み】　124
【読むこと＝書字に声を先行して与えること】　126
【声のかけら，声の享楽】　128

第7章　自閉症者と声　131

【転移と「初めての言葉」──自閉症の少年アドリアン】　131
【音〔おと〕たち──深淵を乗り越える梃子】　134
【自閉症と声】　135
【排泄物たち】　138
【倒錯を呼び寄せる自閉症】　141
【音〔おと〕たちは聞かれなければならない】　142
【「プラトンの洞窟」と言語活動の誕生】　143
【アドリアンの身体
　　（＝音〔おと〕のかけらたち＝ざわめきたち）と主体の出現】　145
【ソジー妄想と声】　148
【身体と享楽──境域の作用】　150
【自閉症者の身体とは，声とは】　152

概要と解説

Ⅰ．概要　155

1．著者について　155
2．本書の梗概　157

II．解説
──声たち・音〔おと〕たちのざわめきと「人間的なもの」…… 178

1．失語症と声　178

1-（1）ブローカのアフェミー　178
　①アフェミーの臨床像　②アフェミーという語の選択　③症例タンは現代の
　分類ではどのような失語症といえるか

1-（2）アイルブルムの失語症──ブローカ評価から「主体」の抽出へ　185
　①アファジー，アフラジーとアフェミーの違い　②（トゥルソーの）アファ
　ジー，アフラジーと自我　③アファジーと主体の消失　④アフェミーと主体
　⑤主体とは何か　⑥ざわめきたち──「言表行為の主体」の露呈

1-（3）ブローカからフロイトへ──「機能」の重視　197

1-（4）ド・フシーの「自己観察」　201
　①主体の導入　②眼差しから声へ

1-（5）「対象-声」　204

2．自閉症と音〔おと〕たち　207

2-（1）自閉症のアドリアン　207
　①ラカン派の自閉症論　②「対象-声」再び　③「欲動の対象」としての声
　④声とアドリアン　⑤音〔おと〕たちとアドリアン　⑥音〔おと〕たちと境
　域　⑦「ぼくはいたずらっ子，ね！」──「転移的方略」

2-（2）デビリテのヴェラ　224
　①ヴェラの経過　②外傷とデビリテ　③デビリテ　④「知への閉じこもり」
　⑤無言症──「対象とならなかった声」　⑥「つらいの」

2-（3）カナーの自閉症　231

3．口ごもる言葉たち　234

3-（1）アイルブルムの体験　234
3-（2）アンリ・メージュとルシアン・イスラエル　236
3-（3）シャルコー＝メージュの症例の言葉たち　237
3-（4）イディッシュ語と「人間的なもの」　238

目　次　vii

4．文字と声　240

4 -（1）文字による分析　240

4 -（2）「発話機能の根源」と文字　241

4 -（3）文字のトポス　242

4 -（4）文字と声の関係　244

5．おわりに──ざわめきたちと「人間的なもの」　247

訳者あとがき　251

文　献　255

索　引　267

解説索引　272

出　典

　　未発表の「ざわめきたち」（第4章，初稿は1996年）以外のテクストは，様々な形で既に出版されたものである．以下にそれらの出典を記す．

・第1章「解剖学的観察」は，「言語の破壊——ジャン-ポール・グランジャン・ド・フシーについて」というタイトルで，雑誌「アリアージュ *Alliage*」（2001年，47号）に発表された．

・第2章「ブローカと失語症」は二つに分けて刊行されたものである．一つは「手紙を（で）紹介する」（「アリアージュ」1997年秋，32号），もう一つは「声の向こうによる彷徨」（フロイト研究会の雑誌「チェ・ヴォァ *Che Vuoi*」1997年春，7号）である．

・第3章「ユダヤ人，神経学者，精神分析家」は1998年に出版された『精神分析と自由——ルシアン・イスラエルへのオマージュ』（ストラスブール，アルカンヌ）に収められている．

・第5章「ヴェラ」は，「チェ・ヴォァ」（1996年春，4号）に発表された．

・第6章「ラカンを読む，ラカンを聞く」は2001年1月に執筆し，ネットにて発表された．

・第7章「自閉症者と声」は雑誌「リュシマコス——精神分析と，知性の改革」（1997年，21-22号）に発表された．

凡　例

・各章のサブタイトルは、訳者の付したものである。

・目次の【　】，および本文中【　】で示した小見出しは，訳者の付したものである．

・原文を残すことが理解の上で必要と思われた箇所には，訳文の後にこれを残した．

・原著での強調箇所は太字で示した．

・註は脚註とし，原註と訳註を一括して通し番号で示した．なお訳註は，本文中に
　も適宜〔　〕で示し挿入した．

序——一つの道筋[1]

　かつて，母親から話しかけられたことの全くない子供がいた．母親はその子を妊娠してから，決して話しかけたことがなかった．

　9か月の間，その母親は闇と沈黙の中に独り閉じこもっていた．

　パリのトゥルソー病院で診療していたフランソワーズ・ドルト[2]は，声と発話の向こうで6年間を過ごしたその子を診て，そばにいた私に恐ろしい質問をしてきた．この子はどうして生きてこられたのかしら？　面接中，この母親はいやいやながら答えていた．それをドルトは私たちにも聞かせた．妊娠している時，寝室で彼女は夜更けに真っ暗な夜に向かい窓を開け，身も心もなるがままに，子供のように鼻歌を歌っていたのだった．

　この子の生はこの声の糸に繋がったのである．

　ドルトは若い精神分析家には誰にでも，「「私」とは声という生の機能です」と言っていた．お腹をさすりながら，ところどころメロディーを口ずさむ母親のおかげで，有象無象のものとして生まれてきた子どもは声につかみ取られ，名を持つ生きた身体となった．

　ドルトによって私は次のことを忘れずに来られた．精神分析家としての私の仕事を今もなお何よりも根拠づけるものを，そして，様々な人生の波乱を被り，声から隔てられて en écart de la voix（「声なしで」ではなく，「声の向こう」で pas sans, mais hors la voix）生きることを選択した人たちがいることを．

　それゆえ，どうか読者には，様々な声の道である糸たち一本一本すべてによっ

---

1)〔訳註〕この序にすでに「声」，「かけら」（第4，6，7章），「残滓」（第4章），「主体」（第1，2，4章）など，本書のキーワードたちが溢れている．

2)〔訳註〕Françoise Dolto, 1908-1988．フランスの精神分析家，小児科医．フランスにおける児童精神分析の創始者の一人であり，ほぼ一貫してラカンと同じ学派に属し，ラカンとともに戦後の精神分析運動を率いた人物としても知られる．ドルトがつねに強調するのは，人間が「コミュニケーション」を通じてのみ生きられる存在であり…，人間の「欲望」の特殊性は「コミュニケーションへの呼びかけ」にあるという観点である（嬰本，1994，295頁，303頁）．

2

て編まれた網目の中へ潜り込んでいってほしい．糸はどんな糸でも一つのかけらéclatである．

　正確で驚くほど模範的な筆致．ジャン-ポール・グランジャン・ド・フシー[3]はその筆致により，晩年だが，科学的言説は主体なしでは存在しないと主張し，そしてそれを立証している〔第1章〕．

　怒りに駆られ，あのような手紙をトゥルソー宛[4]に書いたポール・ブローカ[5]．ブローカがトゥルソーに書いているのは，ブローカが基礎づけ展開した言語活動の神経学は，それを記述するための観察に依拠しているだけでなく，それを語るための言葉にも負っている，ということである．この二頭の馬はある時は協調し，ある時は逆方向にひっぱり合う〔第2章〕．

　ヨーロッパから遠く離れた所や，アフリカから，噂という噂に導かれてやって来た流浪者たちすべての言い難い苦悩．パリのサルペトリエール病院[6]には会うべき人，シャルコー先生[7]がいる〔第3章〕．

　失語症の人たちにせよ，自閉症の人たちにせよ，ともかく「声の向こう」にいる人たちの謎．彼らが提起するのは，声のかけらという残滓たちdébrisに身

3）〔訳註〕Jean-Paul Grandjean de Fouchy, 1707-1788．フランスの天文学者，会計法院の傍聴官．パリ王立科学アカデミーの第3代終身書記（1743-76）を務めた．

4）〔訳註〕Armand Trousseau, 1801-1867．パリ大学内科教授．ブローカのアフェミーaphémieは適切でないとして，アファジーaphasieという用語を提唱し，その後この用語が定着した．第2章でブローカとの論争が取り上げられている．ブローカより23歳年上である．

5）〔訳註〕Paul Broca, 1824-1880．フランスの内科医，外科医，解剖学者，人類学者．1844年パリ大学医学部卒業．「話し言葉の機能と左下前頭回後部を結びつけ，近代的な失語症研究の道を開いた」（岩田，1987，75頁）．神経内科医の岩田は，ブローカのアフェミー（第2章参照）について次のように述べている．「〔症例〕タンにおける話し言葉の障害は，言語機能そのものの障害や，語の記憶の障害や，発語に用いられる筋活動の麻痺などによるものではなく，構音化に必要な運動の協調性を司る機能が失われたものと述べ，この状態をアフェミー aphémie と呼ぶことを提唱した．Brocaによれば，アフェミーの患者では構音運動の記憶が失われているのである」（同上，77頁）．

6）〔訳註〕フランス，パリの病院．1656年，ルイ14世によって開設された．18世紀末から19世紀初頭には，精神科医ピネルがサルペトリエール病院の閉鎖病棟の画期的な人道的改革を行う．後にシャルコーが引き継ぎ，精神科の中心として知られるようになった．シャルコーの講義を聞くためにヨーロッパ中から学生たちがやってきたが，その中には若き日のフロイトもいた（本書第4章参照）．

を任せ，それらの道行についてゆくことを甘受する者において，人間的なもの
を設立する声，発話，言語活動という謎である〔第4章〕．

　ある根本的なつらさを物語る「初めての発話」というドラマ．数十年ほど前
に死に損ない，生かされ，今ようやく話すことに立ち戻ったヴェラだが，その
時もはや，死との出会いへおもむくしかないのだった〔第5章〕．

　ジャック・ラカンの声によって語られた魅惑的なセミネール．1950年代から
1980年にかけて，パリから次々に伝わって行くラカンの反響を聞かずにいるこ
とは，ほとんど不可能だった〔第6章〕．

　そして精神分析家に真理の力を要求してくる緊張．この緊張によって，人間
の現実と想定されるあらゆる科学の領域に反して，声と発話の道を開くことの
根拠が，自閉症者といともたやすく名付けられピン止めされた人のために，精
神分析家へともたらされる〔第7章〕．

　以上の付記のうち，いくつかは，他のものに比べ，明確にし難い幾つもの落
し穴が点在する道筋をたどっている．そうした道筋は，ある人たちには，ある
時失われた声や発話を取り戻す契機となった．とにかくその仕事は精神分析家
にとってやっかいなものである．精神分析家の機能とは，不可能なものへと向
かっていき，そこで可能なものを絶えず切り開くこと．その行動の指針は，特
に主体が遮られている時には主体の契機だけを支持すること，そして特に欲望
がたじろいでいる時には欲望の表出だけを支持することである[8]．

　フランシス・ポンジュ[9]は書いている．「あなたが誰であろうとも，どんな状
態でいようとも，コップ一杯の水をあなたへ．この書がコップ一杯の水たらん
ことを[10]」．

　7）〔訳註〕Jean-Martin Charcot, 1825-1893. 19世紀末のフランスの代表的神経病学者．
　　　サルペトリエール病院を中心に数多くの神経学者を育成し，一大学派（サルペトリエー
　　　ル学派）を形成する．1882年パリ大学医学部に新設された神経病学講座の初代教授に
　　　就任．筋萎縮性側索硬化症（シャルコー病），多発性硬化症などの発見と記述に寄与し，
　　　失語症，脳の局在論などについても論じた．特に大ヒステリー＝大催眠理論の定式化
　　　が力動精神医学に与えた影響は甚大なものであった．フロイトは1885年から86年にか
　　　けての約5か月間シャルコーのもとで学び，のちに二冊の講義録を翻訳している（本
　　　書第4章参照）．

　8）〔訳註〕ドルトは〔あるセミナーで〕，主体という語の精神分析的な意味を参加者か
　　　ら問われてこう答えている：「それは，『私』（je）という人のなかにある何かです」．
　　　ドルトの言う主体とは，意識的に判断したり行動する主体ではなく，私のなかにあっ

4

て，私の欲望を引き受け，つかさどっている主体である．その意味でこの主体は「欲望の主体」と呼ばれている（竹内，2004，60-63頁）．こうした無意識の「欲望の主体」の動きを滞らせないことが精神分析家の「行動の指針」なのである．なお「主体」という語は，特に理論的意味を持たせず，たんに患者や分析主体を指す場合にもよく使われることにも留意しておこう．フィンク，1995＝2013，61頁はこうした「主体」について次のように述べている．「英語圏では，被分析者は通常『患者』とか『個人』とか（ある心理学派では）『クライエント』と言われる一方で，フランスでは，極めて当たり前のように『主体』と呼ばれる．そのようなコンテクストでの『主体』という語の使用には，とりたてて概念的あるいは理論的なものがあるわけではない」．

9）〔訳註〕Francis Ponge, 1899-1988．フランスの詩人，評論家．サルトルにより実存主義詩人と称され，ヌーボー・ロマンの先駆者となり，唯物論的言語観に多大の影響を与える．「ポンジュは身近な事物を主題に選び，オブジェと呼んで詩に書くが，そのテクストは，オブジェについて語りながら言語表現についても語る自己言及性を特徴とする」（綾部，2016）．

10）〔訳註〕この一節はフランシス・ポンジュ『コップ一杯の水』（初版1949）からの引用である．

第1章　解剖学的観察[1]——眼差しから声へ

……それゆえ私は，フォントネル[2]のように，真理をよりよくつかみ取るために，
真理で手を一杯にするのだという幻想に身を委ねました.
　　　　　　ジャック・ラカン「心的因果性について」(1966c = 1972, p. 151/205頁)

【ド・フシーの「発話の自己観察」——「主体」の導入】

　ジャン–ポール・グランジャン・ド・フシーに対する「エロージュ〔追悼演説[4]〕[3]」
を行なったのはコンドルセ侯爵である. コンドルセは，グランジャン・ド・フ
シーの後継として王立科学アカデミーの終身書記となる以前から，彼の秘書と
して30年間，彼を補佐した. コンドルセは，グランジャン・ド・フシーを，彼
の人生——即ち，父親がフィリップ・グランジャン・ド・フシーであり，印刷

---

1) Grandjean de Fouchy, J. P. (1787 = 1784). 以下の 9 -11頁にこのテクストを転載し
ている.
2)〔訳註〕Bernard Le Bouyer (ou Le Bovier) de Fontenelle, 1657-1757. フランスの
思想家，劇作家. 啓蒙思想の先駆者. 著作は『世界の複数性についての対話』，『神託
の歴史』など. 『神託の歴史』では，宗教批判を通して人間精神の進歩という啓蒙主
義的な主題を追及している. 1699年，正式に王立科学アカデミー初代終身書記となり，
1740年まで40年以上にわたり会員たちの『追悼演説』とアカデミーの歴史を描き続け
た.
3)〔訳註〕Jean Paul Grandjean de Fouchy, 1707-1788. フランスの天文学者，会計法
院の傍聴官. 初代フォントネルから二代後，1743年から1776年まで33年間王立科学ア
カデミーの第三代終身書記を務めた.
4) Histoire de l'Académie royale des sciences (1788) 所収. 以下の引用はこのテクス
トからのものである.
5)〔訳註〕Marie Jean Antoine Nicolas de Caritat, marquis de Condorcet, 1743-1794.
フランスの数学者,哲学者,政治家,啓蒙思想家. 主著『人間精神進歩の歴史』(1795).
ド・フシーの後継として1776年から1793年まで王立科学アカデミー第四代終身書記を
務めた.

屋となるはずだった男の人生——の中に位置づけている．父親フィリップは，
「あらゆる類の栄光を好む熱意により，オランダ版よりもフランス版に優先権
を与え，敵国に対する劣勢を終らせる機会をつかんだ」ルイ14世が公認した活
字——特にガラモン体〔16世紀，C. ガラモンによって創案された欧文活字書体〕をさ
らに読みやすくした活字——，つまり戦争の武器としての活字を作りあげた．
……しかし，美しい活字の中の美しい活字，それが結局，王の取巻きたちの顰
蹙を買った．
　それゆえ息子は諸科学へ向かい，美術，音楽，詩を忘れることなく，芸術家
や学者たちのグループと共に協会をつくった．クレロー，ド・グア，ラ・コン
ダミーヌ，ノレ神父，ラモー，シュリーの諸氏，ジュリアン・ル・ロワとその
息子たち……．今日では，こうした協会のことはほとんど分からない．こうし
た様々な形の協会にはかなり魅力や長所があり，その場で知がつくり出され，
合意形成がなされ，ともかく何らかの形で「われわれ nous」が組織される．「人
間精神の領域を拡げる困難な諸研究，諸発見は長い間，依然として生活の有用
性に応用できないままである．それゆえ，意欲ある学者たちの諸団体が，研究
に取り組む人々を集結させ，彼らに報酬を与え，彼らを審査できる人々による
評価を保証し，彼らに注目し助成することが望ましい」．
　1743年にド・フシーは王立科学アカデミーの終身書記となり，それ以前の

6）〔訳註〕「技芸協会 (Société des Arts)」のこと．1720年代前半までにルーヴルのギャ
　　ラリーに集まっていた技芸家集団から始まった協会．王立科学アカデミーと部分的に
　　競合し，アカデミーの脅威ともなった（隠岐，2011，59頁）．

7）〔訳註〕Alexis Claude Clairaut, 1713-1765．フランスの数学者，天文学者，地球物
　　理学者．主著に『地球の形状に関する理論』(1743)．

8）〔訳註〕Jean-Paul de Gua de Malves, 1701-1786．フランスの学者，『百科全書』の
　　主唱者．

9）〔訳註〕Charles Marie de La Condamine, 1701-1774．フランスの博物学者，天文
　　学者．

10）〔訳註〕L'Abbé Jean-Antoine Nollet, 1700-1770．フランスの物理学者．

11）〔訳註〕Jean-Philippe Rameau, 1683-1764．フランスの作曲家，音楽理論家．18世
　　紀前半，盛期バロックを代表する音楽家の一人．

12）〔訳註〕Henry Sully, 1680-1729．英国の時計職人．長年フランスに居住し，ヴェル
　　サイユに時計工場を設立するなど，活躍した．

13）〔訳註〕Julien Le Roy, 1686-1759．フランスの科学者．ルイ15世の時計屋と呼ばれ
　　ている．

1731年，24歳の時にすでに天文学者として会員に任命されていた．そしてド・フシーは1776年までの33年間，終身書記を務めた．コンドルセは，ド・メラン氏[15]の秘話も取り入れて，自分の先任者に照らして，終身書記の職務の本質を明確にしている．「諸科学がまだそれほど普及していなかった頃，フォントネル氏は諸科学の原理，諸科学の歩み，諸科学の方法を一般的な形而上学の諸概念と関連づけるようにしなければならなかった．しかし諸科学がより普通のものとなってから，ド・フシー氏がいっそう取り組まねばならなくなったのは，諸原理の精神とそれらに固有な方法を示すことであった」．グランジャン・ド・フシーは木星の衛星の「掩蔽」と「出現」との不規則性の問題を解き，その観察を可能にした4つのレンズを持つ望遠鏡を作った天文学者である．つまり，かつては科学の言説は，フォントネルがお墨付きを与えていた形而上学的な威厳によって維持されていたのだが，ド・フシーは諸科学をその各々の領域においてスタートさせる任務を担っていたのである．コンドルセはド・フシーへの「エロージュ」の中で，諸科学——天文学，自然諸科学，物理学，算術，偏見による詭弁に対抗する諸科学の論理——をすべて列挙しているが，医学——当然治療的能力の側面ではなく，科学的研究の側面としての医学——を除外している．しかし王立医学協会が創立される以前に，フェリックス・ヴィック・ダジール[16]も会員の一人だった王立外科アカデミーはすでに存在していた．テュルゴー[17]が強く主張した王立医学協会の目的は，主として伝染病の研究を通

---

14) 〔訳註〕ルイ14世が財務相コルベールの助言によって，1666年に創立した．最初にアカデミー会員として任命されたのは，天文学者，解剖学者，植物学者，化学者，幾何学者，技師，医師，物理学者からなる22名だった．18世紀以降に発展し，科学の研究論文出版近代的スタイルを確立した．科学の議論に宗教の話を混ぜてはいけないという決まりも定着させた（隠岐，2018，30頁）．科学史では18世紀はアカデミーの世紀といわれ，大学ではなく，アカデミーと呼ばれる組織が科学研究の中心地であった．イギリス，プロイセン，ロシア，北欧でも18世紀に科学や文芸のアカデミーが設立されている（隠岐，2011，1頁）．

15) 〔訳註〕Jean-Jacques d'Ortous de Mairan, 1678-1771. フランスの地球物理学者，天文学者，時間生物学者．生物の日周リズムが，生物に内在する内因性リズムに基づくことを初めて実験的に示した（1729）．フォントネルに続き，二代目の王立科学アカデミー終身書記を務めた（1740-1743）．

16) 〔訳註〕Félix Vicq d'Azyr, 1748-1794. フランスの医師で比較解剖学の創始者の一人．近代解剖学の成立に貢献し，王立医学協会を創設した．マリー・アントワネットの主治医でもあった．

じて，フランスの保健衛生状態とその発展について報告し，あらゆる人々のための医学によって答えることだった．

今ここでコンドルセが手をつけなかった問題を取り上げることができる．グランジャン・ド・フシーによって，突然，発話や言語活動が，単純な医学的観察を越える発表の方法を通して科学の領域に入ってきたのである．コンドルセは「エロージュ」で，偶然不幸に見舞われた身体面や疾患の側面しか取り上げておらず，正真正銘のしくじり vrai ratage という重要な側面の脇を通り過ぎてしまっている．彼はこのしくじりを身体の不自由による生活上のごく小さな出来事として除外しているのである[19]．コンドルセが全く理解していないのは，ド・フシーが王立科学アカデミーへの報告を通して，自ら切り開く科学の新たな領域にふさわしい経験として自分の受傷事故を仕立てあげたという直観を得ている点である．コンドルセは，それは一時的な失神であって問題でも疑問でもない，グランジャン・ド・フシーの自己観察についてド・フシーに反して，そう考えているのである．

自己観察の特異性＝単独性 singularité が重要なのである．もしその特異性がなければ，もはや主体 sujet は生じることはなく，自己−観察するすべての者によってなされるあらゆる主体の生成は完全に，いわば実際にはあり得ない科学的客観性のために排除されるのである．この自己−観察の態度は，のちにフロイトの自己−分析──精神分析の端緒である──と呼ばれるものの基礎[20]といえるものである．この態度は，通常の科学からは程遠く，まさしく対象として生じない限りで重要とされていた領域での障害において，まさに一つの対象

17）〔訳註〕Anne-Robert-Jacques Turgot, 1727-1781．フランスの政治家，経済学者．ルイ16世統治初期，財務総監として，重農主義の立場から自由主義的改革をすすめた．

18）〔訳註〕この「しくじり ratage」も本書のキーワードの一つである．第4章でも登場する（本書73-74頁，77頁，80頁，84頁）．

19）コンドルセは書いている．「ド・フシーは，残りの自分の人生をつらく屈辱的なものにするような怖ろしい症状のただ中で，嘆き悲しむのではなく，自分の困難を観察することに集中していた」．この受傷事故は，ド・フシー76歳の誕生日（1783年3月17日）の一週間後，1783年3月24日に起きている．ド・フシーは王立印刷所の新しい印刷機を調査に行き，戻ってくる途中，オペラ＝コミック座近くの通りで敷石につまずいたのである（Hoof, H. E., Guillemin, R. et Geddes, L. A., 1958）．

20）〔訳註〕Sigmund Freud, 1856-1939．オーストリアの精神科医，精神分析の創始者．オーストリア＝ハンガリー帝国の小都市フライベルク（現在チェコスロヴァキア領）に生まれた．両親はユダヤ人である．

を生み出している．ド・フシーは，科学やその対象について語る手段でしかなかった発話 parole を来たるべき科学の対象として仕立て上げ，さらに彼は主体という必要な変数を導入しているのである．この行為は彼の「解剖学的観察」によって生じており，ド・フシーが書いていることから，そのことを読み取らなければならない．彼は次のように結んでいる．「この種の観察はかなり稀に違いありません．なぜならこの観察には，まず自然学者が観察の主題＝主体であること，次に受傷事故がそれほど重症ではなく自然学者があらゆる状況を観察できること，この二つの条件が必要だからです」[21]．

【ド・フシー vs. リンネ】

「解剖学的観察」（ジャン-ポール・グランジャン・ド・フシー）

　私がアカデミーをかなり長期間欠席することになった事故には，アカデミーに報告するに値すると思われる事態が伴いました．去る３月24日，新しい印刷機の調査のために伺ったアニソン氏のお宅を出て，自宅に戻る途中，夜７時頃でしたが，やや理解しがたいことが起きたのです．舗道や導管の掘返しでかなり乱雑になっていたコメディ・イタリアンヌの大通りを渡っている時，私は半分くらい出ていた敷石に足をひっかけて，前方少し脇のほうに転び，そこにあった砂岩の破片の山に顔を突っ込んでしまったのです．主に鋤骨と右眼の眼窩の角を打ちつけました[22]．鋤骨を覆う皮膚は傷つき，そこからかなり出血しました．打った瞬間，左眼が激しく痛みました．しかし目まいや吐き気はありませんでした．私はすぐに起き上って，かなり痛かった鼻の傷にハンカチを当てて，また歩き出しました．自宅に着いてから，出血はもう止まっていたので傷口を熱いワインで洗いました．少しずつ痛みが引き，眠ることもできました．翌朝，傷は我慢できるほどになりましたが，２箇所，かなりはっきりと怪我していました．鼻の鋤骨と，全く打たなかった左眼の上です．鋤骨の傷はかなり特殊な状況になり，長い間治りませんでした．指でちょっと右や左へ鋤骨を押すと，顔の骨と鼻の鋤骨との繋がりが傷ついているようで，内部で少しパチパチと音

21）〔訳注〕以下のド・フシー「解剖学的観察」からの引用．

22）〔訳注〕鼻中隔の後下半部を形成する板状の小さな骨．

がするのでした．それまで私は何も異常は感じませんでした．外出もしましたし，
夕食を取る時まで帰宅しませんでした．しかし，何か変な感じがあり，気をつ
けないといけないと思いました．

　夕食が終わる頃，左眼の上の痛みが少し激しくなりました．そしてその時，
言いたい言葉を言えなくなったのです．人が私に話すことは分かりましたし，
頭の中では返答しなければならないことを考えていました．でも自分の考えを
説明するはずの言葉とは違う言葉を言ってしまいました．言葉を言い始めても，
言い終えることができず，その代わりに別の言葉を言ってしまうのです．しか
し身体はいつものように自由に動かせ，持っている財布やパンを落とすことも
ありませんでした．ものをはっきり見ることもできました．人が話しているこ
ともきちんと分かりましたし，思考に関係する諸器官は自分の感じでは普通の
状態でした．

　こうした発作が一分ほど続きましたが，続いている間も頭の中はしっかりし
ていて，心の知覚中枢ではこの特異な違いが分かっていました．この違いが障
害を被った唯一の部分であり，他の部分はほとんど混乱していませんでした．

　ヴィック・ダジール氏が去る4月30日のアカデミーの会合で，人間の脳と動
物の脳とを比較した解剖学の研究報告を発表されましたが，私は，彼が神経線
維について述べていたことに強い感銘を受けました．神経線維は大脳から篩骨
を通り，鼻の内部に分布しているということでした．ここから自分が陥った状
態の原因が分かりました．こうした神経線維が，鋤骨が受けた衝撃によって振
動し，大脳にその震動を伝えたのかもしれません．しかし神経線維の一部分だ
けの影響で，心の知覚中枢の特異な現象が，他の現象が少しも障害されずに，
なぜ生じたのか，私にはまったく分かりませんでした．

　以上，アカデミーに報告し，アカデミーが適切に判断して下さるなら，記録
簿のなかに記録しておかなければならないと思ったことです．この種の観察は
かなり稀に違いありません．なぜなら，この観察には，まず自然学者が観察の
主題＝主体であること，次に受傷事故がそれほど重症ではなく，自然学者があ
らゆる状況を観察できること，この二つの条件が必要だからです．しかし私が
アカデミーの目的である科学の進歩のために，どれほど熱意を持っているとし

---

23)〔訳註〕頭蓋骨の一部で，鼻腔の上壁および側壁と鼻中隔の上部を構成する複雑な
　　形の骨.

ても，同じようなことを何度もアカデミーに報告したいわけではないことは，すぐに分かって下さるだろうと思っております．

「あらゆる名詞，とくに固有名詞の健忘」（C.リンネ）[24]

ウプサラ〔スウェーデンの南東部の学園都市〕で教育を受けたある男性は数年間の引きこもり生活のため肥満で壊血病となり，最後は痛風になった．痛風は春や秋に足に生じた．痛風は足だけにとどまらず，身体中に広がってきたため，医者にかかるようになった．

1742年秋，いつものように男性はこの病気に苦しみ，痛風は足だけではなく頭にも広がっていた．私は痛風を頭から移動させようとしたが難しかった．治療を続けたが，患者は今度は半睡状態（不全昏睡）となった．しかし，首に塗ったスペイン膏（カンタリス）がかなり効き，その結果，だいぶ覚醒していられるようになった．彼は幻想の世界にいるようみえたが，実際にはそうではなかった．彼は聞いたことのない言葉を喋り，どの語も彼独特のものであるかのようだった．例えば，飲む boire が「トティ（To Ti)」となる，など．

病的な半睡状態や痛風による苦痛はかなり消失し，彼は起きていられるようになった．彼は首に激痛を感じ，首のすじが硬くなっているのに気づいたが，この時，さらにかなり奇妙な記憶の困難を感じた．

彼は名詞をすべて忘れてしまい，まったく思い出せないほどだった．子供たちや妻の名前，そして自分の名前，他の人の名前も思い出せなかった．しかし，注目すべきことに，彼が言ってほしい人の名前を誰かが言ってくれると，それが分かり，そうだと答えられた．しかし今言ったばかりの名前を復唱させると，彼は「できない」としか答えられなかった．ある人の名前が書いてあるのを見れば，彼はそれが誰かは分かり，自分の同僚のことを言いたい時には，その名前が載っている名簿を指でさせた．

つまり彼は一方で名詞すべての記憶を失っていたが，他方，その名詞を示すことはできたのである．この状況は1742年のクリスマスから1743年の春，突然この忘却が消失するまで続いた．彼はその後それほど経たないうちに痛風が全

---

24) 〔訳註〕Carl von Linné, 1707-1778．スウェーデンの博物学者，生物学者，植物学者，医学者．「分類学の父」と呼ばれている．ウプサラ大学では医学と植物学の教授を務めた．

身を襲い，ほどなくして亡くなった．

スウェーデン王立科学アカデミー議事録，1745年，第6巻（4-6月）

ビルジッタ・レフストラン-リュトーによる旧スウェーデン語訳（未刊）

【ド・フシー「解剖学的観察」】

　状況のポジションを越えた熟考のポジションを取ることによって，受傷事故がそれ自体で新たな展開を見せる経験となり，一つの原理が確立される．ド・フシーは聴衆（われわれも含めて）に理解することを求めているが，それは，他者 autre（例えば患者）について観察するリンネの立場ではない．こうした進展[25]は注目すべきものであり，少し後にはロルダ教授が「アラリー alalie」という[26]名のもとにそれを支持している．「私は，自分が体験した疾患と関係ある様々な疾患の研究と，自分で行なった文法の練習とを組み合わせた．医師たちはそれらを曲解して記述した．正しい診断ができるためには，その疾患に罹らなければならない．私が病気する以前にはそうした類の事実はほとんど見当たらない．こうした疾患は後になって初めて正しく記述された．今日疾病分類学の観点はより明快になっている」（Lordat, J., 1843=1969）．また，サロ博士は一失語症[27]者としての回想録の中で次のように述べている．「私の回想録の大部分は，様々な形態の失語症に関する著者たちの論文を研究する力がまだなかった頃に書いたものである．その結果，私は自分自身で理解している範囲内にとどまるしかなかった……．従って自分の諸考察と精神的内省の諸結論は，私がこの主題に

25）リンネの観察については前出の「あらゆる名詞，とくに固有名詞の健忘」を参照のこと．

26）〔訳註〕Jacques Lordat, 1773-1870．フランスの外科医，内科医．自らの失語症体験を自己観察によって記載し，その症状にアラリー（alalie）という術語を提唱した（大橋，1987，4頁）．ロルダは1825年に失語症となった体験を1843年に回想録として出版している．ド・フシーの「解剖学的観察」からほぼ60年後，19世紀半ばである．ロルダは「言語活動のない思考」の問題を提起した最初の人物である．失語症者においては，彼の表現による「内奥の意味（sens intime）」は完全に保たれたままである．その後のブローカによる諸発見はロルダ教授の観察を支持していると思われる（Sarah Minel, 2013, p. 34）．

27）〔訳註〕サロ博士は動脈瘤破裂によって失語症となり，死後の1918年に主治医のナヴィル（François Naville, 1883-1968．スイスの神経学者，小児精神医学者）によって回想録が出版された．

第1章 解剖学的観察——眼差しから声へ　　*13*

ついて後に読んだものからは全く独立している」(Saloz, J., 1918). そして何より
フロイト自身によるものを忘れてはならないだろう.「私が思い出すのは, 自
分が二度, 生命の危険に陥った時のことである. ……全く不明瞭な音心像とほ
とんど分からない口唇の動きだけで, そのように心の中で話し続けているあい
だ, 私は, 危険な状態の中で誰かが私の耳元で叫んでいるかのようにそれらの
言葉を聞いたのである[28]」. ド・フシーの「解剖学的観察」が科学をめざしてい
ることを尊重しなければならない. そしてそこでの定式化を, 経験を生み出す
ものとして読み取り, アカデミーへの報告を, 主張や行動をもたらすものとし
て読まなくてはならない.

　グランジャン・ド・フシーは発話の破壊 bris de la parole を不全麻痺の事態
と結びつけている. その関係は, 科学の言説を基礎づけ普及させる任務を負っ
ている会合において表明されたのだが, それは彼の「解剖学的観察」をよく示
している. 話すことの混乱 embrouille du parler が身体の健康上の問題によっ
て生じるとの指摘は, 医学や神経学の歴史においてにせよ, 芸術的表現による
一般的な科学的描写の類におけるにせよ, 日常生活での一般的な知においてに
せよ, すでに十分になされていた. しかしこうした知は依然として科学的言説,
医学的言説の外に散在していた. この「解剖学的観察」は眼差しの次元を免れ
ている点で, 描写の次元を脱している. 発話の破壊について語ることはできる
が, いかに望んでも, その破壊を眼差しに対して示すことはできない. 確かに
その器質的原因を示すことはできる. 例えば, 外見上軽い傷は,「自然状態の」
思考の諸器官が保たれていることに結び付くが, おそらく神経線維たちを傷つ
けていると考えられる. しかし, そのまま医学的なものの状態として確定され
た目に見える全体に収まらない場所を想定したとしても, その思考の諸器官を
示すことはできない[29]. その場所, それは傷ついた鼻や位置がずれた鋤骨ではな
く, 大脳から発して篩骨を通っている神経線維たちである. それらの神経線維
が振動したのかもしれない. 顔にある鋤骨の**パチパチいう音**によって, それら
の神経線維が話すことの破壊 bris du parler の場所として想定されている. 身

---

28) フロイト『失語症の理解にむけて——批判的研究』(1891/1983=2009). 106頁.〔訳
　註〕本書は1891年に出版されたフロイトの最初の著作である.

29) 私はフェリックス・ヴィック・ダジール〔註17〕の組織学的断面図集を長い間じっ
　と眺めた. しかし声と発話に関するあり得る事例について, 連想はできるとしても,
　記載はまったくない.

体の音 bruit du corps によって，ド・フシーは生じたことの原因の場所を指摘したのである．発話と感覚の器官とをはっきりと関連づけるこの位置決定は，レンブラントの『解剖学講義』で描かれているような医学のために死体を見るという領域からはみ出ている．後にはシャルコーが欲した写真によって，「ヒステリー」と名指すものを示す場面から，享楽と死でよじれる身体が出現することになる．

ド・フシーは自然状態にある「思考に貢献する諸器官」に訴えている．ここで彼はフェリックス・ヴィック・ダジールを援用しているが，ヴィック・ダジールは思考に貢献する器官については何もふれておらず，もっぱら諸感覚についてしか言及していない．そしてその諸感覚の領域において発話のことは少しも話題にしていない．

彼は自分の組織学図版集の序文で次のように書いている．

自然学者たちが自分の無知にとどまるのなら，とりわけ誠実にそうしたのなら，彼らのその行為は少しも非難の対象とならなかっただろう．しかし彼らは実証的認識が欠如しているのに，動物の魂，その座，その諸能力の区分に関する長たらしい無益な論文を刊行したのであり，その最も優れた諸論文においてもそうした誤りに満ちている．こうした先入観の只中で，経験や理性に従うなら，神経や大脳の機能について分かっていることはすべて結局，ほぼ次の三つの命題に帰着すると認めざるを得ない．

1．大脳，小脳，延髄，脊髄，諸神経は感覚の直接的諸器官であり，感覚はこれらの諸器官なしには存在し得ない．
2．諸神経は感覚のための手段であると同時に，筋肉を動かすために意志が利用する手段でもある．
3．神経行動は，それが広がっている人間の身体の諸部分すべてにおいて連絡と交感を確立し，諸器官の様々な能力の成果すべてを結合し，神経系全体で受容し伝達する諸印象によって決まる調和を諸器官において維持している．

諸感覚，諸筋肉の運動，各内臓の交感は，従って以上の作用による主要な三つの結果である．十分認められたこうした原則から出発して，われわれは，知

30）〔訳註〕快原理（緊張の緩和）を越えた満足であり苦痛．

的諸機能の諸機構を知ろうとする——おそらくどの自然学者もこのことをあえて試みていない——のではなく，人間の大脳特有の傾向，つまり，感覚全般にわたって広がりやエネルギーをほとんど持たない動物の大脳から人間の大脳を区別する傾向を知ろうとしてきた[31] (Vicq d'Azyr, F., 1805).

　この18世紀の末に知的諸機能を大脳組織に関連づけているのは驚嘆に値する．しかし，ある瞬間での疑問ほど本質的な問いはないのではないか．
　生〔なま〕の観察，即ち，受傷事故とその事故自体についての思考とを「**同時に**」(Baucry, F., 2000) という方法——ド・フシーは次のように指摘している．「この種の観察はかなり稀に違いありません．なぜなら，まず自然学者自体が主題＝主体であること……が必要だからです」——によって，ド・フシーは，傷つき（鼻），痛みが出て（鼻と眼），そして振動した（神経線維）こととは対照的に，思考の諸器官は無傷のままであるという考えにたどり着いたのである．思考のための器官全体は無傷の目に見える部分をうっかり見落としやすい．持っているのは何か（フォーク，パン），持っているのは誰か，ド・フシーが関心を向けないものは何もない．この細心の注意，この直接的現前がこうした観察の特徴である．観察の報告が一年後だったというだけである．
　言えなかったり，違う言葉を言ってしまう——ジャック・ロルダはそれをおよそ60年後に「失われた音〔おと〕たち bruits perdus」(Lordat, J., 1843=1969) と言っている．ド・フシーは自分の口から発せられるそうした発話・語・言語の破壊 bris について意識できているが，それらに対して何もできない．彼は，語たちが破壊されていることがたんに分かっているだけではなく，それらを自分が口に出していることも分かっている．「頭の中では返答しなければならないことを考えていました．でも私は自分の考えを言わなければならない言葉とは違う言葉を言ってしまいました」．要するに，この分裂が彼を主体にしているのである[32]．
　発話の困難について最初に彼が読み取ることにより，彼はその困難の最初の聴衆となる．そして彼はそれを公然と語ることにより，別の読者，もっと人数

31）五頁にわたる序文は，人間の大脳の断面図集の冒頭を飾っている．
32）〔訳註〕この分裂は言語学・言語論における「言表内容の主体」と「言表行為の主体」の区別を想起させる．第２章でアフェミーについて，アイルブルムは「言表内容の主体における分節化の崩壊は言表行為の主体をむき出しにすると言えるだろう」（本書22頁）と述べている．

の多い聴衆が参加することになる。彼は王立科学アカデミーが招集する会合で、自らこの**出来事** événement の主題＝主体 sujet となり、それにより、科学的医学的言説の領域において、その出来事を、話すことに関するこれまでとは異なる探求への第一歩に変化させた。より一般化して言えば、ド・フシーは科学的医学的な言説の中へ、分裂した主体として入り込んでいるのである。

【眼差しから声へ──精神分析の出自】

　ド・フシーの「解剖学的観察」はレンブラントの『ニコラス・テュルプ博士の解剖学講義』[33] の閉じた場面に侵入し、それを引き裂いている[34]。もはや身体はあらゆる眼差しの戯れを上演する死体ではない。眼差しの戯れの上演は、死体をもたらす医学的眼差しの対象として死体としての身体を設立することだけでなく、その医学的眼差しさえも、死体によって、即ち剖検のための身体によってもたらされた対象として設定することを目指している。解剖学講義を見つめること、それは、眼差しが講義を生むことを承認することであり、死体と眼差しとの出会いによって生じることを受け入れることであり、それを語ることであり、提示されているもの全てを承認することである。そしてそれは、後に、シャルコーがヒステリーと呼んだ人々に対してそうするように、そして精神医学が疾患によってピン止めする人々すべてに対してそうするように、学問的な眼差しを上演することである。レンブラントによって描かれた解剖学講義の絵から、オーギュスティーヌ〔シャルコーの患者〕の写真──オーギュスティーヌはシャルコーのため、写真機のため、火曜講義でのプレゼンテーションの補助のために、痙攣発作の瞬間のポーズをとっている──へ、変化したものは何もない。

　こうした描写の場に対して、声に戻ることだけが人間的なもの l'humain を扱う新たな方法をもたらすのである。精神分析を生み出したのはこの転換であり、今もなおこの転換を維持していかなくてはならない。

---

33)〔訳註〕レンブラント・ファン・レイン（Rembrandt van Rijn, 1606-1669）。オランダの画家。ルーベンス、ベラスケスと並ぶ17世紀最大の画家の一人。

34)〔訳註〕レンブラントによる1632年の油彩。描かれているのは、1632年1月に行われた講義にて、ニコラス・ピーテルスゾーン・テュルプ博士が腕の筋肉組織を説明している場面である。

第2章　ブローカと失語症──「ざわめく」発話における主体

【名付けをめぐる論争】

　「言語 langue が科学を牽引する」(Lévy-Leblond, J. M., 1996) とジャン=マルク・レヴィ=ルブロンは書きながら，次のように問いを投げかけることも忘れていない．「しかし，どこへ？」と．言語と科学とが連結し，その結果，もたらされる対象は，依然として謎のままにせよ，つまり，ボードレールが示しているようにキマイラのままでいるにせよ，その方向を決めるのだろうか．対象を定義する，あるいは少なくとも明示することによって，確かにそうした連結の進展という問題の答えは見つけやすくはなるだろう．

　ポール・ブローカが1864年にアルマン・トゥルソーへ出した手紙には，そうした連結，即ち，一つの語を選ぶことによって一つの概念が選択され，言語langue が可能な科学を引き出しつくり出す連結が示されている．この点で，この手紙は，エミール・バンヴェニストが形容詞「科学的 scientifique」について行なった分析にかなり近い──バンヴェニストは，「科学を生み出す」

---

1)〔訳註〕Jean-Marc=Lévy-Leblond, 1940-. フランスの物理学者，エッセイスト．科学批判の著書を多く執筆している．ジャック・デリダが創設した国際哲学コレージュのプログラム・ディレクターでもある．

2)〔訳註〕キマイラ Χίμαιρα はギリシャ神話に登場する得体のしれぬ怪物で，頭はライオン，胴体は山羊，尾は蛇で口から火を吐く．ボードレール (Charles Baudelaire, 1821-1867) の晩年の散文詩集『パリの憂愁』中の一篇「人皆キマイラ〔幻想〕を (Chacun sa chimère)」で「キマイラを背負う人間」を寓話的に描いている．キマイラの「荒唐無稽さから，この〔フランス〕語に「幻想，空想，妄想」などの意義が生じた．この散文詩は「キマイラ」の両義を巧みに引っかけてある」(福永，1966，190頁).

3)〔訳註〕ブローカはこの手紙 (Broca, P., 1864=1969) を出す 3 年前の1861年に左側前頭下回を運動性言語中枢とした症例報告（症例「タン」）を行なっている（ブローカ，1861＝1982）．本章後出．

4)〔訳註〕Émile Benveniste, 1902-1976. フランスの言語学者．著書に『インド＝ヨーロッパ諸制度語彙集』(1969)，『一般言語学の諸問題』(1974).

（Benveniste, E., 1974=2013, p. 253/254頁）という意味の **scientificus スキエンティ
フィークス**という語にもとづき，ボエティウスがアリストテレスを翻訳する際[5]
に工夫した二重性，「科学固有の」という意味の **scientalis スキエンターリス**
という語に言及し，形容詞「科学的」の形成過程を解明している．トゥルソー
へのブローカの手紙はバンヴェニストの分析と驚くほど同時代的であり，その
思考の仕方やその手紙に示されている言語の位置づけは今日的である．

　語の選定，つまり新たな語を生み出す仕方は，その語が名指す対象やその語
が指示したい現象に対して，決して中立的でも無関心でもない．この手紙で主
題となっているのは，嫉妬や優越性に基いた論争ではなく，一つの特性——発[6]
話 parole や言語活動 langage における様々な分節化の障害——と一つの領域
——例えば大脳の左第三前頭回——によって定められた症状を名指す造語をめ[7]
ぐる論争である．

【言語残余「タン」と罵り言葉
——ブローカ，フロイト，ラカン，バンヴェニスト】

　例えば「発話 parole の観念を表わせる名詞がいろいろある」としよう（Broca,[8]
P., 1864/1969, p. 267-274）．ブローカは次の三つのギリシャ語を区別している．ロ
ゴス λόγος, フラシス φράσις, そしてフェーメー φήμη あるいはフェーミス
φῆμις. ロゴス λόγος は意味が変化し，学問や論理学を意味する．フラシス
φράσις は「**私は明確に話す je parle clairement**」ことを意味している．フェー
メー φήμη やフェーミス φῆμις は単純に「**私は話す**」と翻訳できる．[9]

5）〔訳註〕Boethius, 477-524. 古代ローマの政治家，哲学者．アリストテレスの論理
　　学をラテン語に翻訳し，中世のアリストテレス研究の端緒となった．著書『哲学の慰
　　め』は哲学入門書として広く読み継がれた．

6）F．シレールは次のように言う．「トゥルソーはより重圧を感じて……」（Schiller, F.,
　　1990, p. 259），そして H．エカン & J．デュボアは「アフェミー aphémie をこの語〔ア
　　ファジー aphasie〕に置き換えるという A．トゥルソーの成功した試みは，ブローカ
　　に対する敵意と嫉妬のなかに位置づけなおす必要がある」（Hecaen, H., et Dubois, J.,
　　1969, p. 267）と述べている．

7）ポール・ブローカ「（どの葉のどの回かに無関心でいるのではなく）発話を消失さ
　　せる損傷がつねに特定の脳回を占めることが示されるなら，その脳回が構音言語活動
　　の機能の座であることを認めざるを得ないだろう」（Schiller, F., op. cit, p. 236）．

8）〔訳注〕アイブルムはこの箇所を「トゥルソーへのブローカの手紙」（本書25-32頁）
　　からの引用としているが，見当たらない．

発話や言語活動 langage を生み出す分節化や結合を奪われても，人間は論理を失うわけでも，常識を失うわけでもない．この1861年の仮説は，例えば，命題を形成する関係・構成・結合を扱う論理学の分野から考えると，かなり大胆なものである．論理操作が欠落しているような論理とは一体どのようなものだろうか？　この意味でブローカが提起しているのは，人間は常に人間的なものの知 l'intelligence de l'humain の中にあり，ラカンと共に定式化できるように，常に全面的に話存在 parlêtre であり，その知において少しも損なわれていない，ということである．ブローカの拒否，明確な立場（「私はこの〔ロゴスという〕語を選びませんでした」）の影響力は極めて重要であり，それによって，今日まで言語残余 restes de langage は，一方では精神自動症として，他方では，ごく微かにせよ主体との繋がりがあるものとして見なされている．

　ルボルニュ氏は「タン」とあだ名で呼ばれていた――この「タン」は彼の言語残余であり，彼は社会的にも「タン」と呼ばれていた――が，構音言語活動のための大脳領域が存在するというブローカの発見が根拠づけられたのは，このルボルニュ氏の大脳剖検によってであった．穏やかにしている時以外，彼はジェスチャーでその時々の意味を付け加えながら「タン」という言葉で応答し，かなり怒っている時には「こんちくしょう sacré nom de Dieu」（Broca, P., 1861/1969＝1982, 23頁）と悪態をつくのだった．この罵り言葉 juron は，ジャクソンが言うように，そしてフロイトも取り上げているが（Freud, S., 1891＝2000, 76頁），言語残余であり，自動症であり，その限りでは如何なる主体の措定にも関わらない．

　しかし罵り言葉はそれとして，同時に別の価値も持っている．ラカンに次の

　9）ここでは，語源学やその他の参照の正しさや正確性を判断することは，全く問題にしていない．

　10）〔訳註〕parler（話す）とêtre（存在）とを合わせたラカンの造語．70年代においてラカンは「主体」に代わって「話存在」という言葉を用いるようになった．「主体」という言葉はシニフィアンの主体という実体のないものを指していたが，「話存在」は，享楽を得る「身体」を含んだものとして個体を考えるための用語である．「話すこと」は享楽を得る行為として捉えられている（ソニア・キリアコ『稲妻に打たれた欲望』，2016, p. 173訳註）．

　11）〔訳註〕本書26頁，参照．

　12）言語残余の概念については，P．ブローカ，H．ジャクソン，T．マイネルト，S．フロイト……，などを参照のこと．

　13）ブローカが報告の中でこの名を使っている．Joynt, R., 1961も参照のこと．

ような考察がある．「すばらしい詩の出だしなのか．つまり，言語活動によって生じ，とにかく無視できない根本的な関係，それが罵り insulte というものである．罵り，それは攻撃性ではない．全く別ものである．罵りは堂々としたもの grandiose であり，人間関係の基底ではないか……」(Lacan, J., 1978b, p. 91)．つまり，話存在 parlêtre の基底には，罵りの側面，その同義語である罵り言葉の側面があるのだろう．言語学者，言語の探求者，バンヴェニストは，罵り言葉を「神の名を侮辱に置き換える」「特別な表現」として分析している．神への罵りは「シニフィアンの形式だけを利用している」「感嘆詞」である．基本形は「ちくしょう Nom de Dieu」である．つまり，禁止の表現そのものであり，侵犯を強調する形容詞によってその表現は強化される——「こんちくしょう sacré nom de Dieu!」(Benveniste, E., 1974=2013, p. 254-257/259-263頁)．ブローカが症例タンで取り上げている罵り言葉は，バンヴェニストの表現例にみられるたやすく読み取れる特徴——強化したり強調する言葉を使っているが，冒瀆的表現 blasphémie に伴う婉曲表現 euphémie（検閲という言葉遣いの形式）ではない——と同じ特徴をもっている．例えば，パルディ Pardi（もちろん）は婉曲的な冒瀆的表現だが，パルディウ par Dieu（神によって）という最初の罵り言葉から生じている．ルボルニュ氏の罵り言葉には，バンヴェニストにしたがえば，あらゆる検閲，あの切り取り——フロイトは検閲を切り取りによって説明している[15] (Freud, S., 1897/1969=2001, p. 202/305頁) ——に耐えて，そこを脱け出している，という特徴がある．話すことの残余 reste du parler は検閲を逃れているのである．

【「主体」の重視——アフェミー vs. アフラジー vs. アファジー】

　以上から，冒瀆的表現や罵り言葉は，如何なる形のコミュニケーションの中にも含まれず，如何なる他者にも向けられていないにもかかわらず，主体の次

---

14)〔訳註〕John Hughlings Jackson, 1835-1911. イギリスの神経学者．神経学的症状に進化論的視点を導入し，病変によって損なわれる陰性症状と，逆にそれによって解発させる下位の陽性症状とを区別した（ジャクソニズム＝ジャクソン学説）．ジャクソンはこれを失語症にも適用し，障害の受けやすい命題言語と，解発されやすい感情言語とを区別している．ここで論じられている言語残余，罵り言葉は後者の例である．

15) Freud, S. (1900/1967=2011, p. 130/316頁) も参照．

元と無関係ではない．バンヴェニストは「それは，自ら示すというより，むしろ露わになるのである．罵り言葉はつい主体の口から出るのであり，それは運動の放出である[16]」と指摘している．ブローカも，きっぱりと論理（ロゴス）λóγος の喪失，失論理アロジー alogie にもとづく造語を拒否し，言語活動の分節化の核を障害された人々の論理の側面を擁護している．私は，今日，ブローカと共に，ブローカは主体を重視する立場と論理を支持していると言うことができる．つまり，ブローカはトゥルソーと完全に対立する立場にたっているのである．トゥルソーは，その大半がやや不可解なのだが，次のように定式化している．「失語症者は，身体の半側で存在しているので，理解力はいつまでも障害されたままである．知能も常に不十分だろう[17]」（Trousseau, A., 1864=1969, p. 265）．

　ここで誤解してはならない．後にフロイトでは，言語残余や罵り言葉は根源的な位置を占め，結局，切断でも奇形でもない別のタイプの跛行（はこう）として加わることになる．つまりフロイトは『**失語症の理解にむけて――批判的研究**』を刊行し，その中で，それらを話すことの残余として記載し，同じように残余として到来する幻視や幻聴を喚起し得るものに準ずるとしたのである．ここには精神分析を基礎づける一つの瞬間がある．

　主体を重視する，しかしどのように？　ここで，**アフラジー aphrasie** と**アフェミー aphémie** という用語間でのブローカの躊躇が土壇場で明らかになる．声の消滅 abolition de voix の契機や，発話と言語活動における分節や結合の消滅 abolition という契機によっては，主体の消失は考えられないとするなら，

---

16) 以上はÉ. バンヴェニストの論文「暴言的発話と婉曲的発話」（1974=2013，前出）からの抜粋である．

17)〔訳註〕岩田（1987, 81-82頁）は，トゥルソーの主張をブローカと対照させ次のように述べている．「ブローカは，タン症例に関しても，それに続く自験例においても，話し言葉についてのみ記載しており，読み書きの能力については述べなかった．これに対し1864年1月から2月にかけて出版された Hôtel Dieu の臨床講義において，トゥルソーはこのような患者では書くこともしゃべることと同じようにおかされ，また読むこともできないということを述べた．このことからトゥルソーは，ブローカの主張するアフェミーは決して話し言葉の構音機能の障害なのではなく，語の忘却（amnésie des mots）であると考えた．彼はまた，このような患者では言語以外の機能，すなわちクラリネットを吹く仕草や，絵を描く能力も失われることがあることを明らかにし，基本的には知能障害の特殊な型であると述べ，これらのことから，アフェミー（apɹémie）という用語は不適切であり，アファジー（aphasie）と名付けるべきであると主張した」．

主体が保たれていることをどのように主張すればよいのか？　どのように説明
できるのか？　ブローカはアフラジーという語もつくったが，土壇場で印刷さ
せたのはアフェミーである．この二つの用語はどちらも主体の次元を表わして
いる．アフラジーは文 phrase の崩壊，即ちブローカにとっては明確な発話の
崩壊ということである．主体は，文，即ち《完璧な意味を形成する》言表を生
み出す分節化が消失しても，存在し続ける．また，アフェミーでは，意味を予
断しない分節化としての発話に焦点が当てられているため，その明確さ・完全
性の想定が除外されている．したがってその想定がどのようなものにせよ，主
体の即時的な確認ができないことはあり得るとしても，主体の機能は消失しな
い．言表内容の主体 sujet de l'énoncé における分節化の崩壊は言表行為の主
体 sujet de l'énonciation をむき出しにすると言えるだろう[18)]．

　ブローカは土壇場でアフェミーという語を選択した理由をあげている．「ギ
リシャ語からできるだけ離れないという願望」．それは，何であれ受け入れな
くてはならない理由であり，ズレをひどくしたくないという願いである．いず
れにせよ，他の場合と同様，この場合もブローカはギリシャ語をできるだけ重
視して，主張したいことをできるだけ保とうとしている．例えば，ブローカは
言う．「それゆえ私はアフラジー患者 aphrasique という語が他の語よりも気
に入っていました」．ブローカはアフラジー患者という用語をどういう点で気
に入っているのだろうか．それは，文の分節化について自らが定義した明確さ
や意味の統一性という点においてである．しかし，その用語を公にして刊行す
ることになった時，それを保留し，別の語〔アフェミー〕に変更したのもその点
によっている．ブローカはまるで，明確な思考という想定に異議を申し立てた
かのようであり，言語活動の分節化の崩壊やその結合の消失によって，文 une
phrase と明確な思考 une pensée claire との間のズレを考慮に入れざるを得な
かったかのようである．しかも思考それ自体が，意味の一義性を推し進めるわ
けではないという点で，そもそも明確ではないとしたら？　そして「こうした
諸困難において主体の身分が維持されている」ことが，「発話の障害がない場合，

---

18)　〔訳註〕言表内容 énoncé ／言表行為 énonciation は，ラカンが意識と無意識との
　　区別を語らいの水準で捉えなおし，また，主体の理論を刷新するために用いられる相
　　対立する一対の項目．前者は何よりも情報としての価値を持つ水準，後者はそうした
　　言表内容の彼方で主体の現前を明かす水準である（シェママ＆ヴァンデルメルシュ編，
　　1998＝2002，124頁）．

人間的なものは意味の一義性の中にはないことによって規定される」ことを物語っているとしたら？　ブローカはきちんとこうしたことを書いていない．しかし，フラシス φράσις と，フェーメー φήμη・フェーミス φῆμις との違いを検討し，フェーミス φῆμις に基く新造語を生み出したブローカの行為が，主体として理解される発話や言語活動とは無縁の「話すことの一義性」を除外することにより，別の障害をつくり出すことにしかならないとしたら？

　トゥルソーが強要するアファジーという用語へのブローカの反論の激しさは，フランス語でのわずか一文字 lettre の違いに帰せられるものとして理解できる．この違いによってブローカはその気になり，土壇場になって，主体の真理という観点から，以上のようにアファジーの名を拒絶したのである．語源を全く考慮せず，発音だけで考えれば，**アフラジー aphrasie** と**アファジー aphasie** はたった一文字違うだけである．この言葉遊びは，来たるべき別の言説，精神分析では検閲，抑圧，婉曲法，そして失言を意味することになるが，この場合は一つの知，一つの区別としての文字から生じており，どんな線形的で実証主義的な言説によっても，依然として真に知り得ないものだと言えよう．文字遊びのような言葉遊びの効力はブローカには馴染みのないものだったが，彼は言葉への情熱から，例えばこう書いている．「こうして語頭の子音が若干変化し，アドゥール川の北と南で違うように発音され，古代ヴァスコー人 Vascons という名は，一方でガスコン人 Gascons という名となり，他方でバスク人 Basques という名を生んだのである」(Broca, P., 1875, p. 48)．

【アフェミーから精神分析へ──「ざわめき」と「無意識」】

　字句の問題をめぐってのブローカの手紙の紹介は一時中断するが，以下でこの手紙を読者の皆さんに読んでいただき，ブローカがトゥルソーと対立している多くの重要な論点に皆さんが入ってゆかれることを期待したい．ブローカの発見に対して，アファジーという名が使われているうちに固定されてゆくことになる．しかし医学，神経学，神経心理学の歴史を越えたところでは，この字句が一つの切断 coupure を表しているといえる．この切断についてこう言え

---

19)〔訳註〕フランス南西部を流れる川．ピレネー山脈に発し，ガスコーニュ地方を横切ってビスケー湾に注いでいる．

よう．ブローカ失語といっても，ブローカによらないアファジーか，アファジーによらないブローカかに分かたれる．つまり，医学における〔言語〕治療によるリハビリテーション rééducations orthopédiques [20] という航路標識を伴うアファジーという症状か，人類学におけるアフェミーの意味作用によって開かれる来たるべき領域か，に分かたれるのである．

　ブローカが自らの発見を定式化することにより，即ち，アフェミーという語（のちに消えゆくのだが）をつくり出したことにより提起された問題，即ち，声，発話，言語活動のざわめき bruisure [22] における主体の問題は，後に別のところで展開されることになる．精神分析は失語症と明らかに一線を画しているとしても，フロイトやラカンにおいて精神分析は，他ならぬポール・ブローカが発見したような神経学の身体の内奥から生まれたのであり，そうした身体において現前する主体という命題を忘れていないのは確かである．

　アフェミー．この語は一つの繋がりを明らかにし引き出し，一つの道を切り開いている．たとえ，この語とその概念が何処にも道を開かないと見なされ，消えていき——トゥルソーはアフェミー aphémie をアンファミー infamie〔恥辱〕に関係づけている——，永遠に帰って来なかったとしても．無意識の概念——いまだ混乱している概念——がフロイトによって現われるのは，葛藤 conflits, 口ごもり balbutiements, 言いよどみ bégaiementsといった領域によってである．言語 langue によって，語 mots によって，声 voix によって，どこにも通じない道など決してない……．

20）こうした〔言語〕治療 orthpédies は必要であり言語聴覚士 orthophoniste は欠かせない．しかし，ブローカがすでに示しているような主体の次元を考慮に入れる限りにおいてである．〔訳註〕中西（2004）では，フロイト—ラカンの精神分析の視点から，失語症者の「言葉の世界」へ戻る仕事について，「話す主体」をあらたに構成する過程として提示し考察している．

21）〔訳註〕ブローカは世界で初めて人類学の学術団体，即ち「パリ人類学協会」を1859年に設立した（註92を参照）．ここでの記述は，少し後の「ブローカは，自分の基本的立場だと断言している人類学者の立場では」（本書34頁），「ブローカは，自分にとっての神経学である人類学の立場で，主体の次元を導入している」（本書35頁）という記述に呼応している．

22）〔訳註〕「ざわめき bruisure」も本書のキーワードである．

【トゥルソーへのブローカの手紙】

親愛なるトゥルソー教授へ

　数日前，オテル-デユー病院で，私がアフェミー aphémie という名の下に示した障害について一連の講義をされたことを伺いましたが，お聴きすることができず大変残念に思っております．病院の仕事がなければ，とにかく聴講させていただきましたのに．今回の講義の代りに，『病院ガゼット紙』で先生の講義を拝読いたしました．先生の最初の講義は一種の文献学的な序文だと思いますが，この機会に，先生にいくつかの意見を述べさせていただければと存じます．

　人間から発話の使用を奪う障害のうちの一つを示す独自の名を探す必要を感じた時，私はまず，ギリシャ人が発話の喪失あるいは欠如を説明するのに使っていた名詞たちのうちの一つにフランス語の語尾を付けようとしました．しかしそれらは，変更できない正確な意味を持っているため，利用できませんでした．アフォニー aphonie という語は声の喪失を指示するのに使われており，音声器官の障害の一つという概念を意味しています．アラリー alalie という語は無言症 mutisme や特に語-唖を意味します．そしてアファジー aphasie という語は，誰にでも生じる一個人の状態を表わし，遠慮や混乱のため，一時的に話すことができないことを説明する語です．[23] どれも私にはピンときませんでした．

　そこで発話の観念を表わす三つの名詞，即ち，ロゴス λόγος，フラシス φράσις，そしてフェーメー φήμη あるいはフェーミス φῆμις に，それぞれ否定接頭辞「ア α」をつけた語をつくらなければなりませんでした．こうしてアロジー alogie，アフラジー aphrasie，アフェミー aphémieから選ぶことになりました．私は，自分の選択を進める方向を見つけるためには，語の中にギリシャ語を入れるだけでは十分でなく，その語がすぐに理解できることがより必要であり，見た人が一見して間違いなく，できるだけ混乱なく正しい意味が分かることが必要だと考えております．ギリシャ語のいくつかの単語はフランス語に入り，独特な意味をもち，今では尊重されねばならない慣用語としての意味を持っています．例えば，ロゴス λόγος はギリシャ語では発話を意味し，ついで言説，推論を意味しますが，近代諸言語では，論理の観念，科学の観念を表わすのに

23）〔訳註〕今でも同様に，いわゆる失語症ではなくとも「あの時，彼は失語状態に陥っていた」などと言うことはあるだろう．後出（本書30頁）のディオニュシオス 1 世のエピソードも参照．

使われています．したがってアロジー Alogie という語は必然的に不合理 absurdité という観念を生み出したのでしょう．私はこの語は選びませんでした．

　他の二つの語，アフラジー aphrasie とアフェミー aphémie はどちらも，誰にでもすぐに分かるようにつくられています．実際，文 phrase とは何かを知らない人はいませんし，フェーミス φῆμις が「私は話す」という意味であることを知らない大学入学資格者などいません．

　アフラジーという語に私が特に惹きつけられたのは，この語が，私が示したい病者を十分に特徴づけているからであり，また唯一厳密に特徴づけているからでした．動詞フラクソー φράξω は，たんに「私は話す」ではなく，「私は明確に話す」を意味しています．ここから，ギリシャ語，ラテン語，フランス語，その他ほとんどの近代諸言語では，フラーズ phrase（文）という語は，完全な意味をなす一続きの言葉を意味しています．さて，アフェミー患者たち（とりあえず仮にこの名前を使うことをご了承下さい）が障害されているのは，ある特定数の語を言う能力ではありません．ご存知のように，こうした患者のほとんどは少しの語彙はあります．しかし，正しい文章を作るのに必要な語をつなげる能力を失っているのです．それゆえ，他の語よりもアフラジーという語が気に入りました．私は初稿の編集段階でもこの語を使いました．しかし，私がそれを断念したのは，印刷の段階で，ギリシャ語で一番使われていない語はしりぞけたいという願望からでしたが，それは古代ギリシャ語についての話であって，私の発言権のない近代ギリシャ語のことではありません．アーフェーモス ἄφημος という語はギリシャ語にあります．男性形と女性形が似ている形容詞です．二つの意味があります．（1）話に上らない（こと），（2）話さない（人）．副詞アフェーモース αφήμως は，「話さずに」という意味か，「黙って」という意味ですが，専ら使われているのは二番目の意味のほうです．アフェーモス αφήμος という語は科学の分野でまだ使われていませんが，私は適切だと思い，この語を思い切って採用しました．この語をアフェミク aphémique という形容詞としてフランス語に翻訳し，そこから，そのままアフェミー aphémie という名詞をつくりました．新造語ですが，できるだけ使いやすい語にしたつもりです．古典ギリシャ語の単語にフランス語の語尾をつけるだけにしました．付け加えますが，すぐに理解しやすいのがこの語の有利な点であり，この語が流布したことをみれば，それはよく分かります．

　親愛なる先生，ここから，アフェミーという語に反論されている先生の議論

を検討させていただくことをお許しください．ある今のギリシャ人が私に，礼儀正しい患者の名誉を傷つけるような表現を使っているのを見て憤慨したと言いました．その人にとっては，アフェミー aphémie はアンファミー（恥辱）infamie と同義語なのです．私は反論しません．一つの言葉を辿ったり，遡ったりすれば，語の意味が変わることはめずらしいことではありませんから．アフェーモス αφήμος の意味は，とくに「話に上らない人」ということです．女性にとってはおそらく賛辞の言葉でしょう．しかし，男性は自分のことが話題になるのは好きですから，多くの有名な男たちの記憶を持ち続ける国では，結局，形容詞アーフェーモス ἄφημος が悪い意味になるのは確かでしょう．アフェミー aphémie という語が先生の批判に耐えて残るなら，そして今のアテネの人々の驚きもわずかなら，語源を遡らなくて済みますし，確かにそれほど悪くはないでしょう．

　アフェミーには先生の聴講者の一人から別の反論もありました．彼は粗雑な思考の規則を完璧に身につけており，その規則をこの語の分析に適用し，アフェミー aphémie は血液以外の分泌物アポ-アイーマ ἀπο-αῖμα という意味であると言っています．粗雑な思考ではなく，わずかでも陽気なガリア気質があれば，この発見はフランス語と同じようにギリシャ語の語呂合わせをしているだけであることが分かります．同じような分析にしたがって，ギリシャ語に由来する多くの科学用語に複数の解釈を与えるのはたやすいことでしょう．私は十分気をつけています．前の文字が子音の場合は，語尾 hémie エミーの h〔アッシュ〕を削除するのが私たちの慣用であることをお忘れなく，とだけ言っておきます．こうして leucohémie ルコエミーと言うことはできます．しかし，o を省略して語を短縮する必要が生じた時には，leucémie ルセミー（白血病）と書きますが，leuchémie ルシェミーとは書きません．同様に，hypohémie イポエミーか hypémie イペミー と書いて，hyphémie イフェミー とは書きません．hydrohémie イドゥロエミーや hydrémie イドゥレミー と書きますが，hydrhémie イドゥレミーとは書きません．したがって，ギリシャ語の名詞を使って分泌物を指示する必要を感じる場合は，apohémie アポエミーや apémie アペミーと言えますが，aphémie アフェミーとは言えないのです．

　先生の最後の反論にはかなり感激いたしました．先生がおっしゃるように，「フランス語と同じ位ギリシャ語も分かる」最も高名なギリシャ語学者のお一人であるリトレ氏[24]から発せられたものだからです．しかし，それでもまだ十分とは

いえません．リトレ氏は派生の法則――動詞を含む合成語は直説法現在という特定の形式によってではなく，その動詞の語根によってつくられるという法則――に基いています．したがってリトレ氏によれば，否定辞ア α とフェーミ φημί（je parle 私は話す）から成る aphémie は，不適切な語となるわけです．

　ここで親愛なる先生，私は，リトレ氏が簡単な会話の中で相談を受けられて，記憶を呼び起こす時間がそれほどなかったのではないかと恐れています．「語り」という意味の名詞フェーミス φῆμις，その属格フェーミオス φῆμιος，「私は話す」の意味の動詞フェーミクソー φημίξω，「発話」という意味のフェーマ φῆμα があると考え，要するにフェーメー φήμη が「名声」や「神託」を意味する以前に，「語」や「発話」を意味すると考えられたなら，リトレ氏は，同じ観念を説明し，フェーム φημ で始まるこれらの語が，フェーミ φημι と同様に，アフェミー aphémie という語をつくるのに使えると疑いなく認識したでしょう．特に，リトレ氏が，アーフェーモス ἄφημος がギリシャ語の形容詞であり，その同義語の形容詞アフェーモーン ἀφήμων が古語辞典の中にあり，そして，「黙って」という副詞アフェーモース ἀφήμως が詩人たちに使われていることを考慮されたなら，何千年も前に正真正銘のギリシャ人がつくり，私がつくったわけではない語を受け入れがたいとはおっしゃらなかったでしょう．それゆえ，この点について，あえて私はリトレ氏自身のためにリトレ氏に異議を申し立てます．私がこのように確信できているのは，人類学協会の博識な私の同僚であり，学士院でリトレ氏の同僚でもあるルナン氏が，アフェミーという語は彼の目からみても全く正しいと認めてくれたからです．したがって，トゥルソー先生，あなたの興味深い講義の目下の主題である疾患は，無教養とみなされることもなく，今まで通りアフェミーという名によって示すことができるのです．しかし，科学にとって実際に有益なら，別の名を選ぶのも依然として自由です．私は先生に，この科学用語がすでに十分役目を果たしていること，そしてまた，すでに流通している名を変更するには，ほぼ完ぺきで断固たる動機が必要であることを分

24）〔訳註〕Émile Littré, 1801-1881. フランスの言語学者・哲学者．父親の影響でギリシャ語やサンスクリット語などの古代言語に親しむ．1872年，不朽の『フランス語辞典』（通称「リトレ辞典」）を完成・出版．語源の説明と古典的文学作品からの引用例が豊富．

25）〔訳註〕Joseph Ernest Renan, 1823-1892. フランスの作家，文献学者，哲学者，歴史学者．著書に『言語の起源について』，『イエス伝』など．

かっていただきたいだけです．例えば，ある語が，説明を求められている観念
をかなり不正確な仕方でしか示していなかったり，間違った理論と共犯している
なら，その語をより正確な語に置き換えることによる利益のほうが，同義語
が増えてややこしくなる不便さに勝るでしょうし，そのために新造語をつくる
ことになるでしょう．そこでこの点から，リトレ氏が提案されたアファジー
aphasie という新たな名について検討しましょう．

　しかしその前に，語は理解されるためにつくられること，そして新しい語を
選ぶときには読者を混乱させないようにしなければならないことを指摘させて
いただきたいと思います．私はアロジー alogie を外していますが，それは，ロ
ゴス λόγος という語が現代語では語尾が logie となっており，誰もが知ってい
て，私が勝手に変えてはならない意味を持っているからです．アファジー
aphasie にもこの点で，同じ欠点があります．この語は，辞書にないファシア
φάσια から来ているのではなく，二つの語根があるために二つの意味を持って
いるファシス φάσις に由来しています．ファシス φάσις が詩的な動詞ファオー
φάω（私は輝く）（フォース φῶς（光）の語根，ファイノー φαίνω（私は見せる）の語
根）から来ている場合，その意味は，出現 apparition，外見 apparence，相・
段階 phaseという意味になります．ファシス φάσις が逆に，廃れた動詞・使わ
れていない動詞ファオー φαω（私は話す）に由来する場合には，語 mot あるい
は発話 parole を意味します．この動詞ファオー φαω は，ギリシャ語が組織化
されると共に消失したのですが，文法家が動詞フェーミ φημι の活用形からたど
ることによって見出したのです．フランス語の名詞ソン son に，ラテン語ソー
ヌス sonus（物音）か，後期ラテン語法で小麦粒の皮を指すスッムム summum
かの二つの語源に応じて，二つの違った意味〔音（おん），糠（ぬか）〕があるの
と同様です．〔古代〕ギリシャ語では，ファシス φασις の最も普通の意味はファ
オー φαω（私は話す）から派生する意味です．しかしこの語はラテン語に入っ
た後，例外なく，ヨーロッパ近代の言語ではすべて，ファオー φάω（私は輝く）
から派生する意味を担っています．まず天文学者たちが月やその他のいくつか
の天体の様々な見かけ apparences を示すのにその語を使い，その後，医師た
ちが病気の経過の諸局面 aspects を表すのに使い，そして進行の諸段階
phases，議論の諸段階，歴史の諸段階などと言うようになりました．こうして
この語に日常の言語使用でも，結局，変化 changement とほとんど同義になっ
ています．どうぞ，どなたかギリシャ語学者以外の人に聞いてみて下さい．フ

ランス語でもドイツ語でも何でも，現代語の用法をひも解いて下さい．どの言
語の定義をみてもファーズ phase〔相・段階〕という語には，継起する様々な多
様な事態という観念が見出せます．ギリシャ語学者は反論するかもしれません．
しかし，ここにはすでにしたがわなければならない既成の状況があります．あ
る医師に，アファジー aphasie と呼ばれる一つの事態があると言えば，その医
師は一つの病気，一つの症候，一つの損傷，一つの機能のことかどうかを考え
ずに，頭を使うでしょう．そしてその医師が段階の停止——これはいくつかの
初期段階の停止であり，ついでに言えば，すでにギリシャ語の名詞にはない
——について考えるよい機会となるでしょう．もちろん，このアファジー
aphasie という語は，おそらくプラトンを暗記している碑文・文芸アカデミー
の会員たちを困らせるためにつくられているわけではありませんが，ファーズ
phase という語について，言語活動の概念と少しも重ならない語義を当ててい
るごく普通の人には，かなり分かりにくいでしょう．

つまり，このアファジー aphasie という語は明快さに反しており，今問題に
している疾患を少なくとも正確には表わしていないのではないでしょうか．まっ
たく表わしていないのです．先生ご自身もこの疾患をアファジー aphasie,
αφάσια と言われましたが，この語は，議論が底をつき，答えるものが何もなく
なった人間の状態を指しています．プラトンは，反対者をそうした状態にする
のを好んでいたと言われています．まさにプラトンはある日のこと暴君ディオ
ニュシオスをそうした状態にしたために，殺し屋にあやうく引き渡されそうに
なったり，奴隷として売られたのです．弁論術が進歩した結果，現代ではアファ
ジー aphasie はほとんど稀です．そうは言っても，試験の場合を除いてですが．
アファジー患者に欠如しているのは，発話ではなく，観念なのです．彼は何も
言うことがなくても話せるでしょうが，沈黙するでしょう．それが良識のしる
しです．彼が捜している観念を彼に耳打ちすれば，彼はすぐに話をして，あな
たの耳を疲れさせるでしょう．反対に，アフェミー患者は表現すべき観念はあ
るのですが，発話が欠如しているのです．創意工夫に富むデジュネットが，アファ

---

26)〔訳註〕ブローカはここから以下，アファジー aphasie という語が，失語症者の言
  語活動の諸困難を説明するのに如何に不適当であるかを説明している．

27)〔訳註〕このプラトンとディオニュシオス1世との会見とその後の顛末については，
  プラトン自身の「第七書簡」(1976) や，プルタルコス (100-200=1956, 176-177頁)
  に描かれている．

ジー候補者がアフェミー患者ではないことを同僚に示すために，どのような検査をしているのか，先生も御存じでしょう．彼はアファジー候補者に，名前，年齢，生誕地，父親の職業を尋ねました．そして振り返り，他の評価者二人に向かって言いました．「あなたたちは評価の仕方を誤っています．彼はちゃんと話していますね．では，彼にどのように質問すればよいでしょうか．彼には彼が知らないことをいろいろ尋ねればよいのです」[29]．思い違いをしていましたが，先生，私はあなたのおかげでこの話を知ったのです．アファジーとアフェミーの違いはこれ以上明確にはできそうもありません．同じ名前を違う二つのものに使えないのは御存じの通りです．プラトンが認めているアファジア ἀφάσια という語の意味はもう変えられませんので，発話の能力の喪失を指し示す別の言葉を探さなくてはなりません．

　私はアフェミーに決めました．私はこの語に対する様々な異論に対して上手く論駁したと思っています．しかし私自身にも，一つ異論がありますので，それをあなたの評価に委ねたいのです．絶対的な意味にとれば，否定接頭辞ア ά は，あるものが全くないことを意味します．つまりアフェミーという語は，厳密には，患者が一言も話さないことを想定させるでしょう．また，実際にはアフェミーの程度というものがありますが，その究極にあるのが無言症ですので，アフェミーを，あらゆる種類の発話の完全な消失を示す特定の名であると考えたくなることもあり得るでしょう．語法からいえば，当然そうでしょうが，私は否定接頭辞ア α を相対的な意味にとり，たんに減少・減退の観念をあらわすために使っています．例えば，貧血 anémie は血管中に一滴も血液が残っていないという意味ではありませんし，衰弱 atrophie は栄養の排除ということではありません．また，無力症 adynamie，失調 ataxie，失声 aphonie なども，ほぼ完全にそうだということにすぎません．そこでアフェミー患者 aphémique という名も，まだ数語を発する人たちに対して，同じ使い方を適用しています．しかし，私はすでに，文 phrase をつくれないということを示すアフラジー aphrasie という語が他のどの語よりも，問題の疾患を特徴づけていると言いました．

　アフラジーが望ましいことは分かっていますし，明らかです．というのは，その語幹フラーズ phrase はラテン語，フランス語，英語，イタリア語など，ど

28）〔訳註〕Antoni Dufriche-Desgenettes, 1804–1878．ブローカと同時代の民族誌学者，詩人，音声学者．おそらくこの人物のことであろう．

29）〔訳註〕原著p. 50（本書48頁）も参照．

の言語でもつねにそのままの形で受け入れられているからです．従って，アフラジー aphrasie は素晴らしい語であり，私がそれを採用しなかったのは，まったく二次的なちょっとした動機からなのです．そこで先生，アフラジーを，もっともだと言われるほど古くはない語アフェミーに代えてみるだけの価値があるどうか，ご検討ください．私としては，先生の決定におまかせするつもりです．私はこの二つの語の間で迷いました．私はアフェミーのほうへ傾きましたが，もう一方へ戻るかどうかは，先生にかかっています．そこで今度は先生に，この名の変更から生れるちょっとした利点について，そのために現われる言葉遣いの多少の混乱も含めて，比較検討していただきたいのです．

　先生へお書きすることはもうほとんどありません．私がお伝えしたいことはほぼ以上でございます．どうぞ，先生，この長い手紙をお許しください．ご返事がいただければ幸いに存じます．

敬具．

【言語の大脳局在──ブローカ vs. フロイト】

「これは神経のせいですよね，先生」．

　これは言葉のあやである．神経のことに通じているからと言われ呼びつけられるのが医者だとしても，医者でなくてもそれは分かることである．精神科医，医師，一般医，臨床心理士……．一つの要求を表明しているこの言葉を聞いて，精神分析家はそこに隠された問題がどのようなものであろうと，それを解くよう求められる．本当は医学的ではない別の問題であると推測しなければならない．

　しかし，本当に現実に神経の問題であることが起きているのかもしれない．この時まさしく主張すべきなのは，それがまさに神経学的過程であると同時に，まさに，その点でその過程が現実的なものであるがゆえに，その表明はもはや全くその通りではないということである．なぜなら現実に神経であることが，同時に，正確には，正真正銘全くの神経であるというわけではないからである．基本的な食い違い décalage が存在しているのである．今私は話すことの障害について述べているが，それらは部分的にせよ，より全体的にせよ，あらゆる面での偶然の出来事たち accidents の結果生じるものである（アルマン・トゥルソー教授以来，それらはアファジーと名指されている）．私はこの点において，ポール・

ブローカ教授にしたがい，次の名称を使うことに決めている．つまり，アフェミーである[30]．

「これは神経ですよね，先生」．神経，それは話すことでもあり，言葉たちでもある．フロイトを含めて，事——最後に精神分析という名によって締めくくられる事——が始まるのはここからである．

アルマン・トゥルソー宛の驚くべき手紙の中で，ポール・ブローカ——彼の名は，話すことの一つのタイプの障害にだけでなく，言語の大脳局在のテーゼにも結び付けられている——はその症状に対して一つの呼称を提唱している．ブローカは，左半球第三前頭回における発話の局在というテーゼを表明しているが，同時に，矛盾すると思われるのだが，話すことと語についての一つのテーゼを提示している．不思議なことに，フロイトは27年後（1864年から1891年へ），そのテーゼを，あのざわめき bruisure を名指すための呼称の選択をめぐってブローカが提起した問題を，すべて見落とし，おろそかにしている[31]．フロイトは語に関する一種の無知によって，アファジーという用語を採用している[32]（Freud, S., 1891=2009）．いわゆるブローカ失語 aphasie de Broca を検討する時にも，フロイトは，ブローカが系統的に使い絶対的に手放さなかったアフェミーという用語を取り上げていない．フロイトは，ブローカによって着手されたアファジーについて論じている．しかしブローカは，アファジーという呼称を拒否し続けており，その名が意味するもの故に，アファジーという語を認めていない．ブローカはブローカ失語を批判しているのであり，ブローカ失語は，ブローカにとって，その用語においては存在しないのである．「ブローカの発見

---

30) T. アラジュアニヌ〔Théophile Alajouanine, 1890-1980. フランスの神経学者〕はこの論争に関心はもっていないが，次のように指摘している．「（ロルダは）失語症研究の真の始まりとしてみなされている古典的な時期——ブローカ，ジャクソン，シャルコーなどの研究——の数十年前に，失語症 aphasie について最初の価値ある臨床的記述をもたらしている．ロルダはさらに，トゥルソーがアファジー aphasie という用語を定める前にブローカがアフェミー aphémie について語ったように，アラリー alalie について語っている」（Alajouanine, T., 1968, p. 304-305）．

31) 第4章「ざわめき」，第7章「自閉症者と声」を参照．

32) 脇へ置かれた語，アフェミーは「真正の運動失語（である）．これはかなりよくみられる言語活動の障害であり，かなり容易に純粋な状態で見出される」．〔訳註〕この箇所は『失語症の理解にむけて』には見当たらない．著者アイルブルムの勘違いではないか．

に対する異論は決して完全には消滅しなかった．ブローカのテーゼを逆からも辿ることができる——構音言語活動 langage articulé の喪失や障害があれば左第三前頭回に損傷が存在すると結論できる——というやや安易な要請によって，そうした異論が正当化されたためだった」(Freud, S., 1891=2009, 4頁)．しかしブローカは，自分の基本的立場だと断言している人類学者の立場[33]では，即ち，言語の大脳局在の理論を表明した人物[34]との位置づけの外では，言語活動を注意深く読み取り，自分から問題提起をしているのである．逆にフロイトは問題をやや安易に考えている．フロイトは神経学固有の説明の必要性から，大脳とその推定上の領域と言語活動とを関連づけるのに明確さと区別，事実上の一義性を導入しているのだが，彼が実際に示しているのは，言語活動は，大脳領域によって構成される言語活動をはみ出すということである．フロイトの場合，言語活動が生じている時にはその根拠となる場所が必然的に喚起される，というように問題を提起している．しかし，ブローカは明らかに異なる仕方で進めて

---

33) ポール・ブローカが初めて人類学協会を創設した〔1859年，ブローカは中心メンバーとしてパリ人類学協会（Société d'Anthropologie de Paris）を設立〕．この設立の本当の理由には，彼がオネットム honnête homme（誠実な人間）であることに加えて，次のことがあった．ブローカはその当時，生物学会でいくつか発表することになっており，そのテーマは動物および人間における交配であった．生物学会は彼の三つ目の講演以外の講演を聞くことを拒否した．E. ダリー〔Eugène Dally, 1833-1887. フランスの医師.人類学協会の学会長を務めた〕はこの事態を次のように要約している．「人類 espèce humaine の同質性という定説を公然と攻撃すること，数種 plusieurs espèces が認められるのを望むこと，それら人類 races humaines はすべて無限の多産性を持つことを疑うこと，人種というジャンルをつくること，こうしたことは，誰もが思っているように，最近まで大胆不敵なことだった」．要するに生物学会は，人類 espèce humaine という語の代わりに人種 genre humain という用語を使うのは耐え難いことだと見なしたのである（元学会長ダリーによって厳粛な会議において表明された．「人類学協会の創立者ポール・ブローカへのエロージュ」(Dally, D., 1884, p. 6)）．つまり，この反目は，種 race や人種差別 racisme の問題，人間の種 un genre humain の主張を根拠にしている．以下はブローカが1859年7月21日，人類学協会の会合で行なった講演の引用である．「全く確実なことですが，二種か数種 espèce を交配し，あらゆる程度で繰り返し交配できて，交配種すべてがあらゆる方向に等しくひろく繁殖力があるなら，交配種はあらゆる比率で混合し，非常に多くて非常に多様な種 races, さらに数多い下位種 sous-races, ほとんど際限のない多様性を生み出し，最後は融合できるでしょう」(Dally, E., 1884, p. 9に再録)．Monod-Broca, P., 2005, p.19（「そうではない，彼の情熱は他に向いているのだ．それは人類学である」），Schiller, F., 1990も参照のこと．

いる．ブローカは，自分にとっての神経学である人類学の立場では，主体の次
元を導入しているのである．対照的にフロイトは，様々な促通，特に生理学的，
神経学的促通の痕跡erresが記入される一つの地図として示される，声・発話・
言語活動に関わる大脳の探求に関して論じている．

　ポール・ブローカは，書きながら知るというのにかなり近い知によって，大
脳の一つの場所，即ち一つの部位に，語 mot と構音化 articulation を登録し
ている．彼は，例えばもっと後の人類学の仕事で，スペインのバスク人〔ピレネー
山脈の西端にかけて，ビスケー湾岸一帯に居住する民族〕に独特だとされる長頭型の頭
蓋によるバスク語の分布図を作ろうとしている (Schiller, F., 1990)．頭蓋の形が
言語の境界を示すのに利用できたのかもしれない――例えば，リグリア人〔ガ
リア地方南東部，現在のマルセイユからリビエラ海岸付近に居住した古代民族〕は，彼ら
の短頭型の頭蓋がたとえバスク人と結びつけられるとしても，バスク人ではな
い――．逆に言語の境界がバスク語の地名の起源を裏付けたのかもしれない
――第一にリグリアという名である．リグリアとリグリア人という語はバスク
語であるというのが著作家たちの仮説の一つだったのだから．

【「一対一対応の不可能性」と「主体」】

　しかしブローカは指摘している．「イベリア人種の類型を見つけても，イベ
リア人の言語を見つけることにはならない．イベリア人の言語を見つけても，
イベリア人種の類型を見つけることにはならない」(Schiller F., op. cit., p. 10)．ブ

　34）ブローカ自身が局在の理論，言語野の理論に設定した限界を読み取ることも必要で
　　　ある．例えば，彼は次のように書いている．「もし仮にあらゆる大脳の諸機能が上述
　　　したもの（構音言語活動という特殊機能）と同じように明確に限定されるなら，激し
　　　く論争されている大脳局在の問題に取り組める確実な出発点にはなるだろう」(Broca,
　　　P., 1861=1969, 25頁)．〔訳註〕このあと続けてブローカは次のように述べている．「し
　　　かし，あいにく実情はそうではない．この分野の生理学の進歩を阻んでいる最大の障
　　　害は機能の分析が不十分かつ不確実なことにもとづいている．諸器官と各機能とを関
　　　係づける研究では，必ずそれに先立って機能の分析が行われていなければならない」
　　　(25頁)．
　35）ブローカは「頭蓋骨学」に没頭した．人類学者として参画するには，「頭蓋骨学」
　　　という補助は必要だったが，同時に「頭蓋骨学」の行詰りも感じていた．後述を参照
　　　のこと．

ローカは自著において，言語活動と身体——神経系や大脳・頭蓋——とを両立させて対応させている点で，最後までこの論理にしたがっていない．しかし違いやずれ écart を含んだ結びつき・関係を明確に示していることは否定できない．全て残らずイメージ image すること，すべてをしくじりなく一対一対応させること，そして完全な可逆性，これらが根本的に不可能であること[37]——これらの点がアフェミーの提唱において極めて重要である——において，声，発話，言語活動について主体が確認されるのである．

【フロイト ——「二重の勘違い」からブローカの主張へたどりつく】

フロイトは語に欺かれて対象を間違えている．しかし対象を間違えたことによって，フロイトは，あらゆる面で精神分析の端緒である態度——精神分析治療をなすのは，声だけがもたらす発話しかない——によって，ブローカがアフェミーという語を通して主張した本質的な点にたどりついている．詭弁的な理屈だが，語と対象に関する二重の勘違いによって，適切な答えにたどりついたということである——やや場違いな別の問いへの答えだが．いずれにせよ，唯一声が転移の関係を引き受けなければ，話すことによる治癒 talking cure は精神分析に開かれないことに変わりはない．眼差しや触れることなどでは駄目な

---

36) この記述は言語と身体との継ぎ目に入り込み，人種をめぐるあらゆる妄想，人種差別主義者に対して，十分根本的な批判となっている．〔訳註〕なお，このアイルブルムのコメントとは対照的に，人類学者竹沢（2005）は，ブローカの創始した人類学は「人種主義人類学」であるとして次のように述べている．「それは，人間の頭蓋や身体各部を計測し，一連の数字にまで還元することで，人びとを絶対的な人種の境界のあいだに分割することをめざした人種主義的性格の強い人類学であった」（1頁）．「白人と有色人種とのあいだの身体的差異をそのまま知的および文化的差異へと敷衍させ」（12頁），「白人を頂点におくナルシスティックな自己像／国民象」を提出したのである（1頁）．19世紀後半，「ブローカの率いた人類学派」が発展し「強い社会的影響をもった」（1頁）のは，その「人種主義的性格」が当時の第三共和制による共和主義的帝国主義と呼応したからでもあった．アイルブルムのコメントとこの竹沢の批判を併せて考えれば，ブローカの人類学は，白人種内では差別は解消可能だが，白人種とその他の人種との間は差別するということになる．この二重性は依然としてアクチュアルな問題であろう．ラカン（派）の「主体」概念はこうした二重性にどう処しているのだろうか．

37) このことを，フロイトが，『失語症の理解にむけて』（1891＝2009）において投射 projection と代理 représentation との違いを導入し，引き継ぐことになる．

第2章　ブローカと失語症——「ざわめく」発話における主体　　37

のである．つまり，この真理が真理である限り，詭弁も成り立つのである．フロイトは対象-声 objet voix を発見し，同時にそれを取り上げていない．フロイトが着手し，ラカンによって確立され明確化された精神分析での発話と言語活動の領野では，声とは対象の真理として，失われた対象なのである．

　フロイトは二重の勘違いを通じて一つの対象を取り出し，その対象をアファジー aphasie と名づけられたものへと置き換え，後に再び現われもてはやされるもの，すなわちファーズ phase（段階・相）へと導き入れることになる．そしてブローカが述べているように，アファジーという語によってもたらされる概念は，例えば，アファジーによって説明されると想定された対象——口唇期の対象のような，話すことに関わる様々な身体的障害による発音の問題としての声——と混同され，「アファジー」という名がすでに或る置き換えの結果であることは無視されるのである．トゥルソーが主張していることとは逆に，この語は推敲不十分で適切ではない（Trousseau, A., art. cite, p. 193）．つまり，アファジーという語によって要請され擁護されるような「ファーズ」の概念〔＝発話〕を前面に押し出すことにより，対象についての無知が生まれ定着することになる．ファーズの概念の根本にあるのは変化という時間性である．ブローカはそのことにきちんと気づいており，ファーズの一般的概念〔＝相・段階〕にしたがって，アファジー aphasie の派生や同化について語っている．「そして進行の諸段階 phases……と言うようになりました．……ある医師に，アファジーと呼ばれる一つの事態があると言えば，その医師は一つの病気，一つの症候，一つの損傷，一つの機能のことかどうかは考えずに知恵を絞るでしょう．そしてその医師が段階の停止——いくつかの初期の段階の停止——について考えるよい機会にはなるでしょう」．事後的にみれば，ブローカは，ファーズの医学

38）ここで露呈するかなり重要な疑問ははっきりと次のように言える．一つの対象 objet に一つのファーズ〔相・段階〕phase が対応するのか？　ブローカにしたがえば，対象とファーズは別であることは確かである．例えば，欲動 pulsion としての声には，いかなる特定のファーズも対応しない．このことから，声を諸欲動のそれぞれの対象（例えば分泌物のような）によって把握することが可能となる．本書第7章「自閉症者と声」も参照．〔訳註〕二重の勘違いとは，フロイトがまずアファジー apahasie という不適切な語を選択していること，そしてそれにより，対象に関しても，リトレがすでに「ファーズ」について「相・段階」ではなく「発話」という観念に置き換えていたため（本書45頁），「ファーズ」を「発話」であると勘違いして解釈していることを指している．

médecine de la phase——それは生じなかったか，あるいは不完全にしか起こらなかった——に縛られない言説を喚起していると言えよう！　これは精神分析となるものへの驚くべき幕開けである．

【ブローカ vs. トゥルソー】

　ブローカのテーゼは一つの語，アフェミーと結びついて語られている．アフェミーは声・発話・言語活動の障害全体に対する名である．1864年に刊行されたトゥルソーへの手紙の中で，ブローカはたんに言語の局在に関するテーゼを主張しているだけではなく——トゥルソーはこのテーゼに異論がないかのように装っているが，実際にはかなり対立しており，このテーゼを捨てるふりもみせている——，さらにブローカにとり，このアフェミーという名は正しいものであり，現実を説明するものなのである．

　一つの症状の発見とその命名による名声への意志にもとづいて，ブローカの力説を押さえ込むことは，無理解や無視に結びつく下劣さを示すものだろう．このうわべだけの論争について，私は自分の立場ではない立場，つまり医師，神経学者，神経学史家などの立場から取り上げることなど到底できない．しかし精神分析にとって，この論争やその争点たちにはこの上なく興味をそそられる．それらに注目しないこと，それはつまり「対象として考えられる声」により開かれる発話や言語活動という領野が存在することで始まる諸問題を考えないことである．しかし精神分析家はそれらの諸問題に取り組むことに関心がある．

　1861年の論文と同様，1864年のこの手紙で，ブローカはアフェミーという用語をかなり執拗に主張している．1861年，彼はこう書いている．「麻痺もなく，重度の知的障害もない人々にみられる，発話のこうした消滅 abolition はかなり特異な症状なので，固有の名をつけるのが良いと思う．そこで私はそれをアフェミー aphémie（アαは否定接頭辞で，フェーミス φῆμις は「私は話す」，「私は発音する」の意）と呼ぶことにした．なぜなら，こうした患者に欠けているのは，たんに言葉を構音化する機能だけだからである」（Broca, P., 1861＝1969, 23頁）．1864年，彼は次のように主張している——数あるなかから一例だけ挙げよう——．否定接頭辞ア α に言及したあと，彼は書いている．「そして，フェーミス φῆμις が『私は話す』という意味であることを知らない大学入学資格者な

どおりません」．アフェミーは，一つの消滅 abolition に対する名である．

　ブローカはアルマン・トゥルソーをどのように批判しているのだろうか．ブローカは次のような正確なポイントから始めている．「**アファジー aphasie** は，この点から全く欠陥があります．アファジーは，辞書にはない語であるファシア φάσια からではなく，二つの語根を持つため二つの意味があるファシス φάσις から派生しています．詩的動詞ファオー φάω（私は輝く）（フォース φῶς（光）の語根であり，ファイノー φαίνω（私は見せる）の語根）に由来する場合，出現，外見，相・段階という意味になります．ギリシャ語の組織化によって消えて化石化し使われていない動詞ファオー φάω（私は話す）から派生する場合は，全く違って，語とか発話という意味になり……」．

　基本的にこの論争はかなり単純な仕方で定式化できる．ブローカの立場では，この発話の障害は，事実上主体の声である限りで，即ち，声によって主体を現わしている限りで，話すことの領域に属している．つまり，この障害は，単なる発話の障害ではなく，主体の分節化としての，そして大脳の一定領野を通して／において局在化されている構音化自体としての，「私は話す」の障害・話すことの障害である[39]．一方，トゥルソーの立場では，この発話の障害は，「完璧に話すこと」として輝くこと・見せること・見させること・現われることに属する障害，つまり「完璧な文の変質」である．ここでは主体は全く問題にされず，自我の立場が問題になっているのである．この意味の派生を辿ってみよう．例えば，ギリシャ語の変遷をたどることによって，ブローカは一つの結論を強調している．「〔古代〕ギリシャ語では，ファシス φασις の最も普通の意味はファオー φάω（私は話す）から派生する意味です．しかしこの語はラテン語に入った後，例外なく，ヨーロッパ近代の言語ではすべて，ファオー φαω（私は輝く）から派生する意味を担っています．まず天文学者たちが月やその他のいくつかの天体の様々な見かけ apparences を示すのにその語を使い，その後，医師たちが病気の経過の諸局面 aspects を表すのに使い，そして進行の諸段階 phases……などと言うようになりました[40]」．あたかも，ギリシャ語からラテン

39）ブローカが述べている構音化の障害が，まず第一に言語 langue における一つの障害であることは確かである．しかし，その言語の障害によって，「言表内容の主体」が影響を被るだけで，「言表行為の主体」というもう一つの分節化には影響しないというわけではない．それゆえ，こうした障害によって影響を被った人の理解力，知能，精神をめぐる論争が絶え間なく繰り返されるのである．

語へ，話すことが，声という特性を離れて，眼差しの中，輝くものや見えるものの中に住みつき，意味を見出してゆくかのようである．ギリシャ語では，ファオー φαω（私は輝く）は副次的で，使われていない語だったが，ラテン語に入ってから中心的な語となった．この変化は，主要な語源との切断とはいえないにせよ，ねじれであり，輝きや眼差しを意味する語源的派生を際立たせる断絶であろう．こうしてアファジー aphasie という語が必然的に要請されてくる．それゆえ主体はもはや問題とされず，解剖学や剖検，もちろん電気的描出，そしてその後，様々なイメージングの方法が取り上げられてゆく．科学と医学では，話すことの混乱はイメージ image の領域に属しており，それを可視化できるとずっと思い込み続けることになる．話すことの障害，ざわめきながらも話し続けていること bruisé mais toujours parler は，大脳損傷の随伴物として，即ち，もはや医学領域には事実上属さない症状として片づけられることとなり，医学的説明ではハンディキャップとされ，リハビリテーションのアプローチが必要と見なされる．話すことは，言語治療，リハビリテーション——医学の領域外にある，不確かな治療手段——の対象となる．ざわめき bruisure に関するトゥルソーの多数の症例の考察は，ブローカの含蓄に富み鋭い症例の考察——例えば，反復して発せられる音の響き bruitage から，症例タンと名付けられたルボルニュ氏という，端緒となった一例の考察——に比べると，貧弱である．

　アルマン・トゥルソーが定着させつつあった名に反対して，ポール・ブローカが展開した語彙記述的な議論が正確かどうか，それはほとんど重要ではない．トゥルソーはもちろんブローカと対立しているが，それは，どれほどのものか

40）「アファジー aphasie」という用語の選択において導入された「段階（ファーズ）phase」という医学用語は，フロイトによる〔リビードの発達段階についての〕精緻化の後，重要なものとなる．リトレは「ファーズ phase」について次のように説明している．「太陽の光の受け方に応じた，月や諸惑星の様々な見かけ．語源はギリシャ語のファシス φάσις で，光る（ファイネイン φαινειν）作用」．

41）これをブローカは決して軽んじてはいない．彼は温度測定冠 couronne thermométrique の発明によって，脳波が生まれるもとを作っている．「温度測定冠は脳内温度測定の始まりであり，これがEEG（脳波計）となるのである」（Huard, P., 1961, p. 27）．

42）ポール・ブローカは言語 langue とその局在に大きな関心を寄せていた（「失語症の一例にもとづく構音言語機能の座に関する考察」（前出）を参照）．ほかでも言語の局在を問題にしている．不十分だが，バスク人とガスコン人に関する注釈を見れば分かるように，彼は文字 lettre に対してもかなり関心を持っていた．

は分からないにせよ，嫉妬によるものだった．ブローカの知性を羨み，妬むことしかできないというのが本当のところである．[43] 誰も論争を人と人との対立という窮屈さの中に閉じ込めておくことはできないが，トゥルソーは初めから権威をかさにきて，ブローカの提唱している呼称を葬り去ろうとしている．「1861年にブローカ氏は，アフェミーという名によって名付けなければならないと考えた．しかし，ギリシャ語でアフェミーaphémieは，『アンファミー（恥辱）infamie』を意味するのであり，この語は明らかに不適切である．（……）非常に権威のあるリトレ氏，そしてブリオ博士[44]はどちらも，アファジーが最もふさわしい語であると考えた．彼らはどちらもアフェミーという語を最も厳格な方法で放棄している点で一致している」(Trouseau, A., *ibid.*, p. 193).

　こうして，妻を一方的に離縁するように，語を捨て去ることができるのだろう！　フランス語の発音ではまさに類音的な接近作用によって，類義語——アフェミー aphémie／アンファミー infamie——が生じる．この類義語——アフェミー／アンファミー——は，意味作用のバイアスによって，アフェミーaphémie（「私は話す」を失った）とアファジー aphasie（「発話」を失った）の間での類義語的変化のなかで，あいまいな中間的な語義，ἄφημος アーフェーモス（話題にのぼらない）を出現させる．ブローカは自分の分析を裏切るように続けている．「女性にとってはおそらく賛辞の言葉でしょう．しかし，男性は自分のこ

---

43)　トゥルソーは次のように強調している．「1863年に G．ダックス氏が述べていることは，お分かりだろうが，ブローカ氏が先般明らかにしたこととほとんど変わっていない．G．ダックス氏が限定する損傷の箇所はすべて島葉と前頭葉の第三脳回後部の近傍である．したがって「アファジー aphasie は前頭葉の損傷によって生じる」という見解はブイヨー氏のものである」(Trousseau, A., 1864=1969, p. 224-225)．要するにアファジー aphasie は，アフェミー aphémie ではないし，ブローカのいう失語症ではないのである！　ダックスの文献に対して，アフェミーに関するブローカの分析は1861年に発表されていることを思い出そう．確かにブイヨー博士は1825年から1848年の文献で前頭葉に局在化する主要中枢の原理を提唱している．これが最初の一歩である．したがってトゥルソーは，ブローカに対する無分別な敵意によって過ちを犯しているのだが，歴史的には全く誤っているわけではない．〔訳註〕G．ダックスの父親M．ダックスが「言語機能を左大脳半球に定位すべきことをはっきり述べた最初の人」といわれており，このM．ダックスの説は，子のG．ダックスが1863年に公表するまで知られていなかった．ブイヨーは1825年に前頭葉を「言葉の立法器官である」と述べている（大橋，1987，3-4頁，145頁）．

44)　〔訳註〕René-Marie Briau, 1810-1886. 内科医であり，医学アカデミーの図書館司書も務めた．古代医学史に関する著作を公刊している．

とが話題になるのは好きですから，多くの有名な男たちの記憶を持ち続ける国では，結局，形容詞アーフェーモス αφημος が悪い意味になるのは確かでしょう」．このトゥルソーに対する陰険さ——ブローカは，トゥルソーは自分が人々の話題になってほしいのだ，と言っているのだ——に加えて，次のことを指摘できる．アーフェーモス αφημος は男性形と女性形が似ている形容詞だが，その意味は，女性形——賛辞——，男性形——不名誉——に応じて変化する．同音異議語の作用は性についての作用を前提としている（しかし，どのような方向づけにしたがっているのだろうか？）．ブローカは，語の選択には性的なものの問題もあることを示しているが，それ以上考慮したり話題にしたりしていない．トゥルソーの性的な暗示的意味——男としてトゥルソーが話題にのぼること——を十分知らしめたからである．

　さらに新たな反論がなされる．「アフェミーには先生の聴講者の一人から別の反論もありました．彼は粗雑な思考の規則を完璧に身につけており，その規則をこの語の解剖に適用し，アフェミー aphémie は血液以外の分泌物 άπο-αῖμα アポ-アイマという意味であると言っています．しかしここで分かるのは，粗雑な思考ではなく陽気なガリア気質が少しでもあれば，フランス語のようにギリシャ語の語呂合わせをしているだけだということです」．さらにブローカは，文字，hの文字の使用規則によって答えている．ギリシャ語では「前の文字が子音の場合は，語尾 hémie」のhは削除され，分泌物は，apohémie か apémie と書かれ，aphémie とはならないだろう，と．声や「私が話す」ことの障害は，息 souffle となるぎりぎりの声をあらわす文字アッシュ h があるという僅かな違いにより，分泌物——みだらでエロチック，それゆえ隠された，人間の一部としての分泌物——の障害ではないのである．今われわれが追求し認めることができるのは次のこと，即ち，わずか h の一文字があるおかげで，声や「私が話す」ことは，それらが人間的なもの自体の分泌であるがゆえに，欲望や対象の表明 déclaration をもたらすのだということである．精神分析治療という装置において，今日把握すべきは，声から，最も排泄的な形態たち——おなら，げっぷ，ため息，鼻汁——，そして発汗や多くの音〔おと〕たち bruits まで，何が享楽として循環するのかということだろう．

【ブローカ vs. リトレ】

アルマン・トゥルソーは，ちょうどその頃，辞書の編纂に着手していた医師であり翻訳家，辞典編集者のエミール・リトレの権威に訴えている．「ブローカ氏にならい，私はアフェミーという語を認めていたが，ブローカ氏と私が共にしたがわなければならない学者の権威の前では，私は譲歩しなければならなかった」(Trousseau, A., art. cite, p. 193-194)．ブローカが，ギリシャ語の語源学と語形成のメカニズムの領域にもとづいて，自分自身をリトレと対立させてまで問題にしているのは，このリトレへの依存であり，権威への避難に対してである．「従って私はあえて，この点に関して，直接リトレ氏に異議を唱えているのです」．言語 langue の領域において，ブローカが躊躇せずに自分をリトレと同等に位置づけていることは記憶にとどめておいてよい．ブローカは人類学協会において，前述したように，バスク語の起源や分散，そして様々な言語や未開小部族について研究している．しかしブローカが一つの発見を名付ける新造語を提唱した際，ブローカは，呼称統制していると反論されるのである．

エミール・リトレが権威としてこの論争について決断を下し，ブローカの発見に対する名付けに参画している以上，リトレに関してふれておかなければならない．

リトレは，学位論文と宣誓により付与される資格はなかったが，医師として医業を営むのをやめず，医学アカデミー会員でヒポクラテスの翻訳者（1834年から）であり，医学の領域で生理学者，解剖学者であり続けた[46]．彼が辞書編纂を始めたのはこの領域においてである．リトレは，医学研究，診療，医学史研究，そして宮に参照されるヒポクラテスの医学の読解と翻訳による医学の知識によって，辞書という形式のもとに語彙研究——言語の一種の解剖と剖検——を行なった．解剖学者にとっての身体から，言語研究者にとっての語へ，そこ[47]

---

45) 第7章「自閉症者と声」も参照のこと．

46) リトレがヒポクラテスの翻訳に取り組んでいた頃，彼の弟がビシャ〔グザビエ・ビシャ（Xavier Bichat, 1771-1802）．フランスの18世紀の解剖学者，生理学者〕と同じように，一種の死体中毒によって1838年に死亡している（Sainte-Beuve, 1863, p. 28）．

47) リトレは1880年にディディエ社から刊行した『フランス語史に続くための研究と覚書』というタイトルの選集の中で一つの論文を発表した．彼はその中で書いている．「何年もの間，多くの患者の臨床を経験した医師がその経歴の最後に自分の持っている雑誌に目を通して，自分にとって参考になると思われる論文をいくつか引っ張りだすよ

には連続性の途切れ，裂孔がある．サント・ブーヴはリトレの無言の茫然自失[48]について，発話の欠如として語っている[49]．この話すことからの撤退，無言症，そして医師としての資格が付与されたはずの学位論文と宣誓の断念を強いたのは，死の存在である．サント・ブーヴによってよく分かることだが，リトレは喪の悲しみによって，家族に後押しされながら，長い間，諸言語，諸翻訳に夢中になり辞典を編纂するまでに至ったのだった[50]．

それゆえ，内的・外的な連関をふまえて，主体を意味し語の機能不全も意味する語をつくり出さなければならない時，また，その語の意味を，語の機能不全と共にブローカが大脳の一定領野の障害について明確にしたばかりのこと——アルマン・トゥルソーも折よく同意している結論——に依拠させなければならない時，そして，大脳の一部の破壊・障害・死と関わる「話すことの欠如」だけを示す語を見分け決定しなければならない時，エミール・リトレは，自分が自己を失い茫然自失になった時のような，大脳の一定領野の破壊による主体の消滅 abolition を意味する，アファジーという用語を選ぶことしかできなかったのである．しかし，ブローカが主張するアフェミーという用語は，言葉やその構音化が困難な者でも主体として保たれている点で，構音化の消滅 abolition[51]

うに，私も同様に自分の雑誌，即ち自分の辞典を開いて，そこから，自分がそれを書いた時驚き，多くの場合困惑した，一連の異例なものを選んだ」．この論文のタイトルは「言葉の病理学——語法の推移における特定の語たちの損傷」(Littré, É. 1880=1986, p. 8) である．

48)〔訳註〕Sainte-Beuve, 1804-1869. フランスの文芸評論家・小説家・詩人．ロマン主義を代表する作家の一人で，近代批評の父と言われている．

49)「彼は弟を亡くした．才気とセンスにあふれた弟だったが，一種の死体中毒の結果死亡したビシャと同様に，解剖学の研究に我を忘れて没頭し無理をし過ぎて亡くなった．リトレ氏は，家族が皆亡くなり，言い表すこともできない悲しみにくれた．弟が死に，少しして母親が亡くなり，彼はじっとして暖炉のそばから動かず，頭をうなだれ，茫然自失し，ものも言わず，何か月もまったく仕事をしないままで，ペンにも本にもふれず，全く死人のようだった」(Sainte-Beuve, art. cité, p. 28).

50) サント・ブーヴは書いている．「彼はいろいろな登録はすべてしており，持っていない資格は一つか二つにすぎない．彼は今，医師の資格を持っていない．彼はいつもそれを取ろうとしなかった．彼は医学アカデミーの会員だが，医師ではないのである！」(Sainte-Beuve, ibid., p. 16). しかし，リトレは医学辞典の主要な著者の一人であることを指摘しておかなくてはならない．

51) 消滅 abolition は，ポール・ブローカが好んで使っている用語である．例えば「麻痺も重度の知的障害もない人々にみられる発話の消滅 abolition de la parole はかな

第2章　ブローカと失語症──「ざわめく」発話における主体　　*45*

としての発話という方向で解釈できる障害を意味している．リトレが，大脳との関連における声の機能不全，語や文での声の構音化の機能不全を名付けるためにアファジーという語の提唱に与した時，忘れられ追放されたのが主体である．こうした忘却・追放の中でフロイトは1891年，自らの仕方で大脳回たちの中枢への旅路に滑り込み，声の問題を見出し，そして顧みないのだが，結局は，主体とそれを根拠づけるものをもたらすものとしての発話と言語活動への道を開くのである．

　アファジーは発話のメカニズムにおけるしくじりたち ratés を示す用語だが，[52] このしくじりたち，欠如たちはどれも，言語の構造と人間の神経学的組織とが空白なく直接対応する完璧なコラージュであることを証言している諸障害 accidents なのである．エミール・リトレはアファジーを次のように定義している．「医学用語．構音言語活動 langage articulé の消滅 abolition である．表情，発声機能，聴力，喉頭筋や顔面筋の随意収縮は保たれている．語源はアファシス aphasis で，ア a が接頭否定辞，ファシス phasis は発話」．リトレにとって，トゥルソーと同じく，アファジーにより人間が話すことを失うことは，顔を，主体という顔を失うことなのである！　そして，リトレにとって都合がよく，さらに喜ばしいことに，科学主義的・実証主義的世界観の領域の中に余すところなく発話や言語活動がおさまるのである．

【再びアフェミー vs. アフラジー vs. アファジー】

　こうして19世紀半ばには，科学として発展することを切望していた言語と思考の神経学の内部において，主体の理論が主張されているのである．「アフェ

　り特異な症状なので，この症状に特別な名をつけて示すのが有効だと思われる．私はこの症状をアフェミー aphémie（ア α は否定接頭辞，フェーミー φημι は，私は話す，私は発音するの意）と呼ぶことことにする．こうした患者に欠けているのは，言葉を構音化する機能だけだからである」（「失語症の一例にもとづく構音言語機能の座に関する考察」，前出，23頁）．

52）このことを，例えばT．アラジュアニヌ〔1890-1980，フランスの神経学者〕のような人物は否定していないが，次のように言っている．「こうしてわれわれの二人の芸術家の失敗 échec の原因は，ある技術の破綻であるように思われる．失語症によって破壊され変化したのは，文学や音楽の芸術作品を技術的に実現するのに必要な機構である」（Alajouanine, T., *op. cit.*, p. 297）．

ミー」という名をブローカが強く主張し切り開いた道は，後にフロイトが見出すことになるもの，即ち「アファジー」という用語を検討してゆくなかで，誰でも読み取ることができる．ブローカの理論は人類学的である．それはいわば人間の自然性を考慮に入れた理論であり，医学に限定されるものではない．ここでブローカの立論を再び詳しくとりあげることをお許し願いたい．「それゆえ，他の語よりもアファジーという語が気に入りました．私は初稿の編集段階でもこの語を使いました．私がそれを断念したのは，印刷の段階で，ギリシャ語で一番使われない語はしりぞけたいという願望からでした．古代ギリシャ語についての話であって，私の発言権のない近代ギリシャ語のことではありません．αφήμος アフェーモスという語がギリシャ語にあります．男性形と女性形が似ている形容詞です．二つの意味があります．①話題にのぼらない（こと），②話さない（人）．副詞の αφήμως アフェーモースは，「話さずに」という意味か「黙って」という意味ですが，専ら使われているのは二番目の意味のほうです．αφήμος アフェーモスという語は科学の分野でまだ使われていませんが，私は適切だと思ったこの語を思い切って採用しました．この語を **aphémique アフェミク**という形容詞としてフランス語に翻訳し，そこから，そのまま **aphémie** アフェミーという名詞を作りました」．

　ブローカは「aphrasie アフラジー」という用語を選ぶのを躊躇している．ブローカはアフラジーについてどう言っているのか？「**アフラジー**という語に特にひきつけられたのは，この語が，私が示したい病者を十分に特徴づけるからであり，また唯一厳密に特徴づけているからでした．動詞フラクソーφφράξω は，たんに「私は話す」ではなく，「私は明確に話す」を意味しています．ここから，ギリシャ語，ラテン語，フランス語，その他ほとんどの近代語では，phrase〔文〕という語は，完全な意味をなす語の一続きの言葉たちを意味しています．さて，アフェミーの患者たち（とりあえず仮にこの名前を使うことをご了承下さい）が障害されているのは，ある特定数の語を言う能力ではありません．ご存知のように，そうした患者のほとんどは少しの語彙があります．しかし，正しい文章をつくるためにそれらの語たちをつなげる能力を失っているので

---

53) こうした用語についてはすべて，エミール・リトレの大辞典をもっぱら参照している．リトレは同時代的であるだけでなく，どれほど相違があったとしても同じ言説の領域内にいるからである．1960年から始まるポール・ロベールの大辞典を参照しても無意味だろう．

す」．アファジーは正しく**明確に結合する**ことの障害であり，「一種の完璧な本来の言語」の障害である．この意味で，話すこととは，あらゆる形の曖昧さを排除して——できるかぎり曖昧さを排除することはトゥルソーへのこの長い手紙の目的でもある——，連結，つまり自由な連鎖を最も入念に実現することだといえよう．こうして自我は，語となる音同士の連鎖や，観念の結合となる語同士の連鎖，即ち文を理解するのである．

ブローカは，自分は議論したり反論に答えられないわけではないので，トゥルソーに対して，自分はアファジー患者ではないとユーモアをもって強調している．「先生ご自身もこの疾患をアファジーと言われましたが，この語は，議論が底をつき，答えるものが何もなくなった人間の状態を指しています．プラトンは，反対者をそうした状態にするのを好んでいたと言われています．まさにプラトンに，ある日のこと，暴君ディオニシオスをそうした状態にしたために，殺し屋にあやうく引き渡されそうになったり，奴隷として売られたのです．弁論術が進歩した結果，現代ではアファジーはほとんど稀です．そうは言っても，試験の場合を除いてですが．アファジー患者に欠如しているのは，発話ではなく，観念なのです[54]」．ブローカは続けて次のように付け加えている．「創意工夫に富むデジュネットが，アファジー候補者がアフェミー患者ではないことを同僚たちに示すためにどのように検査するのか，先生も御存じでしょう．彼はアファジー候補者に，名前，年齢，生誕地，父親の職業を尋ねました．そして振り返り，他の評価者二人に向かって言いました．「あなたたちは評価の仕方を誤っています．彼はちゃんと話していますね．では，彼にどのように答えてもらえばよいでしょうか．彼には彼が知らないことをいろいろ尋ねる必要があります[55]」」．

【ブローカはなぜアフェミーに決めたのか？——「主体」の措定】

ブローカは，「アフラジー」という用語が自分の主張と正確に対応しているのに，なぜ「アフェミー」という名に決めたのだろうか？　ブローカは慣例という理由をあげている．考慮している唯一の言語，もちろん古代ギリシャ語と

---

54)〔訳註〕「トゥルソーへのブローカの手紙」（本書25頁）．

55)〔訳註〕同上．

いう慣例である．私たちは別の理由をあげよう．主体のいかなる措定も，闇の不在や一義性を前提とする「話すことの明確さ」とは両立し得ない．まさにそのために，ブローカは印刷の瞬間まで躊躇し，結局「アフェミー」という語にすることに決めたのである．つまり，主体の措定のためにそうしたのである．主体は，声，発話，言語活動が，明確さ，多義性の欠如という想像的なものに閉じこもっていないことと一致している．アフラジーでは，話すことの一義性における主体，つまり，ある自我空間 espace moïque に捕らえられた主体が想定されているが，アフェミーはざわめく発話 parole bruisée において主体を示している．

　アフェミー患者には，知っていることを言うように尋ねればよい．「言えない ne pas savoir dire」というのは，知能低下を示しているのではなく，不可能なものの中で可能なものに頼って，知っていることでも知らないことでも口を開くことである．つまり先ず喋るのである．アファジー患者に対しては，話すことの障害の中に隠れ変質した非‐知にふさわしい整形外科がお勧めである．

　無礼になるべきはトゥルソーに対してである．トゥルソーは，身体の変形，切断によって苦しめられる運命と厳密に関連し得るものとして，アファジー患者の運命を拘束する判断を下している．「アファジー患者では，身体の半側半分がそうであるように，彼の理解力は永久に障害されたままである．知能もずっと不自由だろう」――これに対して，フロイトなら，不自由であることは欠陥があることではないと答えるだろうが．あたかも，人生の定めにより，不自由な身体に傷つき，人格はゆがみ，永久に苦しめられるかのように，アファジー患者は世間に受け入れられそうな役割――自らの主体の次元のうちの現実的なもの Réel と一体となった，永久に欠如した現実性 réalité――を求めながら，彷徨することを余儀なくされるのだろう．

　ホセ・デ・リベーラの絵，『えび足の少年』[56]では，片麻痺を思わせるえび足の少年の肖像はアファジーに結びつけられて，今も依然としてそのように解釈されている．「右手が片麻痺で，左手に紙切れをもっているのは，この少年がアファジー患者であることを示しているようである．これは歴史的に初めて描かれたアファジーの人の肖像であろう」（Ponzio, D., Degiovani, R., and Joanette, Y., 1991, p. 5）[57]．彼は，右半身にマヒがあり，つくり笑いをみせ，鑑賞者に眼差しを向け，自分の周りに寄せ集められた自然や地平線上に自分を知らしめている．右手に包みを抱え，左手で紙切れを持ち，杖を肩にかけている彼はシンプルな

背景から浮き出ているように見える．それほど彼とそうした世界との関係自体が歪んでいるようにみえる．彼は鑑賞者を見つめ，身体の異常とされる奇形の世界の中へ引き寄せ，見世物となるもの，つまりショーへと誘っている．この少年の眼差しが，巨大な怪物のような身体の大きさによって制限され縮んだ地平線にとらわれた鑑賞者をひきつけ，そばに来て加わるよう招いている．その眼差しの作用はこの絵からはみ出ている物乞いの許可証の紙切れによって締めくくられ集約されている．この許可証があるおかげで,耐えがたいものに耐え，認めがたいものも認められる．様々な奇形に囚われた眼差しに不快感を抱く眼にヴェールがかかり，その眼は可能的なもののほうへと向っている．この絵の読み取りやすい部分によって，読み取りは結果的に異様なものを拒絶し，落ち着き安定したものとなり，不快感を与えず，どのような応答も可能となる．

　描写の対象になると想定された**声や発話**は，結局は見られるものである．つまり，この絵はブローカとトゥルソーとの間の激しい論争と論理的連続性があり，アファジーを描写していると考えられる．「アファジー」という名によって声と発話が眼差しにしたがうとき，絵はおそらく，声と発話の機能低下を描写するものとして読み取られるだろう．それらは身体の奇形，その醜さと同じものとされるのである．トゥルソーにとって，身体-大脳が傷つき変形したアファジー患者は奇妙な「身体の右側半分」と同じように知能が不自由なのであり，〈他者 Autre〔大文字の他者〕〕〔象徴的次元における他者．以下この他者は〈他者〉と表記する〕と調和しない知能や感情によって主体は不安定な状態となり，発話はアファジー患者の支えとならない．アファジー患者はもはや話すことの主体 sujet de parler ではないのである．ブローカのアフェミー患者は，発話の分節化に不可欠な側面は障害されているが，話すことの主体としては依然保たれている．ブローカは，語源と同音異議語的な派生語を参照し名付けるという方法を用いている点でアカデミックであり，根本的な議論がなされ，まさに主体，主体の知能，主体の狂気といった問題を措定し引き入れている．のちにフロイトがこうした点に関してかなり注目すべき一例をもたらすことになる．二[58]

---

56)〔訳註〕José de Ribera, 1591-1652. 17世紀前半，バロック期のスペインの画家．生涯のほとんどをイタリアのナポリで過ごし，大部分の作品は宗教画である．代表作の『えび足の少年』も単なる風俗画ではなく,カトリック信徒の務めとしての「慈善」を勧める意味があるものと言われている．

57) 同書の冒頭にこの絵が掲載されている．

つの立場の違いは，ピエール・マリーの次のような見解をみれば，分かる．「ア
ファジー患者では，語の意味の喪失よりも，はるかに重大ではるかに深刻なこ
とが生じており，一般的に知的能力にかなり明らかな低下がある．もし，私が
失語症の定義をしなくてはならないなら，何よりも知能の低下 la diminution
de l'intelligence を明らかにするだろう」．

　アファジー．アファジー患者が提起する問題は，知能 intelligence はどう彷
徨するのかという問いにおいて，狂気 folies の問題と本質的に結びついている．
必要なことは，この問題提起に付き従い，欲望という争点を浮かびあがらせ，声，
発話，言語活動の領野と，これらの機能をすべて可視化しようとする神経学と
の間のずれを示すところまで行くことである．アフェミーという用語の放棄に
よって失われるのは主体である．

　1891年，フロイトが失語症の問題を取り上げて，この主体を再び浮かび上が
らせるのである．

58）〔訳註〕症例シュレーバーのことではないか．フロイトはシュレーバーを考察した
　　論文の最後で，妄想と理論（狂気と知）の関係について次のように述べている．「私
　　が思う以上に多くの妄想が私の理論に含まれているのか，あるいは，この妄想には他
　　の人びとがこんにち信じている以上に多くの真理が含まれているのか，この問いに判
　　断を下すことは将来に委ねられるであろう」（フロイト，1911=2009，183-184頁）．
　　なお『失語症の理解にむけて』ではフロイトは自験例を提示していない．

59）〔訳註〕Pierre Marie（1853-1940）．フランスの神経科医．20世紀初頭，古典論（大
　　脳局在論）の代表者であるデジュリーヌ夫妻らとの間で激しい論争を行ない，失語症
　　に関する大胆な修正論を展開した（大橋，1987，7頁）．マリーは，真の失語はヴェ
　　ルニケ失語だけであり，それは感覚言語中枢の損傷によるものではなく，言語に関係
　　する特殊な知能障害によるものであるとした（同上，172頁）．

60）〔訳註〕本書75-77頁．

第3章　ユダヤ人，神経学者，そして精神分析家
──口ごもる言葉たち

【口ごもる言葉たち──イディッシュ語，下手くそドイツ語】

　私はルシアン・イスラエル[1]を知らなかった．個人的に知らないし，私にとり範とすべき師であったこともなく，精神分析家としての彼の仕事も知らなかった．ルシアン・イスラエル，その名は東方 Est からの風，息吹，私にはすでに名高い香りさえする空気のようなものとして，私のもとへやってきた．誤解してそう思っているのでも，記憶のフィルターがかかっているのでもない．アンリ・メージュ[2]の著作（Meige, H., 1893=1993）にイスラエルが書いている序文から想起されるユーモアある筆致からも読み取れる親しみのある香りである．「『リンゴは木から遠くには落ちない Der Apfel fällt nicht weit von Baum〔この父にしてこの子あり〕』．しかし私の子供の頃，周囲では次のようなユーモアとして語られていた．『リンゴは梨の木から遠くには落ちない Der Apfel fällt nicht weit von Birnbaum』[3]（Meige, H., *op. cit.* p.7）」．

---

1 ）本論文は，1997年6月ナンシーでのシンポジウムで，ルシアン・イスラエルへのオマージュとして発表した．〔訳註〕Lucien Israël (1925-1996)．フランスの精神科医，精神分析家．ドイツと国境を接するバイリンガル地域，フランス北東部ブレ＝モゼルの伝統的ユダヤ人家庭に生まれ，ストラスブールにて死去．ストラスブール大学精神医学教授，医療センター部長を務めた．精神分析家としては1954年から活動を開始し，医学心理学へ精神分析を応用するなど，ストラスブールとフランス北東部に精神分析を根付かせた．ラカンが立ち上げたパリ・フロイト学派 (EFP, 1964-1980) の会員だった．

2 ）〔訳註〕Henry Meige (1866-1940)．フランスの神経学者．サルペトリエール病院でシャルコーの弟子であり助手を務めた．メージュの著書（学位論文）については，訳註133を参照．

3 ）〔訳註〕ルシアン・イスラエルによる序文のこのくだりは，シャルコーとフロイトの関係に言及した箇所で現われる．イスラエルは，シャルコーとフロイトの関係は，リンゴの木とリンゴの関係＝「この父にしてこの子あり」ではなく，リンゴと梨の木の関係＝「父にないもの・父が見誤ったものを子が発見する」といった関係にあるこ

私の幼年時代は，今やあり得ない言語，つまりピチポイ Pitchipoï と呼ばれて[4]
いた所で主に話され，東方のどこかで空しく消えていったイディッシュ語に[5]
よって，つくられている．ピチポイでは，そこで生きている人々が大量に焼き
殺されたが，一つの言語が焼き殺されることなど，まだ思いもよらなかった．
この不可能なものによってつくられた私の幼年時代は，曖昧なものをつかんで
おく，予想もしていないものも捨てない，誤解をつくり出す，こうしたことす
べてが生きるのに何より欠かせないものだった．それは言語——フランス語と
イディッシュ語——の空気によって，〈他者 Autre〉の命令をくじく手段であっ
た．言語の空気，即ち，多くのイディッシュ語の名残りが物語や小話のテンポ，
歌のリズムの中で維持され伝わっているということである．

　ルシアン・イスラエルが想起させるユーモアの特徴がこの言い換えの中に刻
まれているとしても——私はこの場合，むしろこの言い換えを，ドイツ語から
イディッシュ語へ翻訳したものであると考えたい．この翻訳は意表をついた的
確さをもっており，何のそばに落ちるのかをはっきり示しているだけでなく，
リンゴが何のそばのどの辺りに落ちるのかまで示しており，そのため〈他者〉

　　　とを示唆している．しかしアイルブルムはこの箇所で，以下に続く本文で分るように，
　　　イディッシュ語とドイツ語の関係を想起している．

　　4）〔訳註〕イディッシュ語で「失われた穴」，「ほんの小さな村」，「どこにもない国」
　　　などを意味する．フランスのユダヤ人たちが，未知で秘密の恐るべき行先，どこかか
　　　なり遠い「東方にある」強制移送の行先を示す通称として使い，ドランシーの通過収
　　　容所で，最終的な行先について特に子供たちを安心させるために使われるようになっ
　　　た言葉といわれている（1941年か1942年頃）．例えば，そうした子供の一人だったジャ
　　　ン–クロード・モスコビチ Jean-Claude Moscovici（1936-. フランスの小児科医，ユダ
　　　ヤ人）は，後に自伝的物語『ピチポイへの旅 Voyage à Pitchipoï』（1995）の中で次
　　　のように書いている．「かなりあとになって，ピチポイと呼ばれていた場所，即ちそ
　　　の本当の名前がアウシュヴィッツ–ビルケナウ収容所だった所から自分が帰ってきた
　　　ことを知りました」．

　　5）〔訳註〕中世ドイツに生まれ，のちに中東欧で発展した言語．居住地の言語をユダ
　　　ヤ風になまらせてつくった「ユダヤ語 Jewish languages」の中で最大の話し手と文
　　　化的遺産を有する．中東欧社会におけるイディッシュ文化を築き上げたが，第二次世
　　　界大戦中，その文化はナチス・ドイツのホロコーストによって激減し，イスラエルへ
　　　の移住や中東欧社会そのものの共産化，アシュケナジーム（ヨーロッパ中部・東部に
　　　定住したユダヤ人たち，またその子孫の総称）自体の言語変革・言語同化により基盤
　　　を失い，崩壊したとされる．しかし現在もなおイスラエル，ロシア，南北アメリカを
　　　中心に，世界各地のユダヤ共同体で用いられている．

第3章 ユダヤ人，神経学者，そして精神分析家——口ごもる言葉たち　53

の特徴を突きつけている——，そしてまた，私にとり，リンゴはかじられてお
らず，科学の対象つまりニュートンの対象でもなく，まさにリンゴそのものだ
としても，別の思い違いがこれまでに付け加えられてきたし，今もまた同じよ
うに付加されている．その別の思い違いによって，ユーモアは一掃され，その
時，まさに耐え難いもの——即ち，猥雑なもの——の中で生皮を剝がされた者
のように〈他者〉が登場しなおすのである．周知の通り，精神分析はそうした
表現を十二分に利用している．「ガリツィアの駅で，二人のユダヤ人が車中で
出会った．『どこへ行くんだね？』と一人が尋ねた．『クラカウ〔クラクフ〕へ』
ともう一人が答えた．『おいおい，なんて嘘つきなんだ』と最初の男がいきり立っ
て大声を上げる．『あんたはクラカウへ行くと言って，わしにはあんたがレン
ベルク〔リヴィウ〕に行くと思わせたいんだろう．だけど，わしは，あんたが
ほんとはクラカウに行くことを知ってるよ．それなのにあんたはなんで嘘をつ
くんだ？』」(Freud, S., 1905=2008, p. 137-138)．この小話もユーモアであり，フロ
イトはこれをノンセンスのカテゴリーに分類しているが，今なら怒りを爆発さ
せただろう．なぜなら現実的なものを無視できないからである．つまりユダヤ
人にとって鉄道がポーランドのアウシュヴィッツやその他の収容所へ向かう列
車を運ぶとき，鉄道は決して嘘をつくことがないのだから．

　つまりリンゴの木から梨の木に変わっていることにより，同時にドイツ語か
らイディッシュ語へ，ドイツ語圏からイディッシュの地域へ，そうとは言わず
に変化しているのである．おそらくそう認識しておらず無意識のうちに．ルシ
アン・イスラエルは「周りでは」と述べているが，「ユダヤでは」と言うほう
がより正確だろう．このユーモアへの彼の言及を私はそのように理解する．ド
イツ語社会の中でのイディッシュ語の存在と影響力に関して，私が投げかけた

---

6)〔訳註〕アイルブルムはここで例えば，次のような事態を暗示しているのではないか．
1943年，ナチス・ドイツはソ連に敗北し総退却を余儀なくされ，占領地に設置したユ
ダヤ人居住区や収容所を撤収してゆく．撤収とはそこに残っているユダヤ人を抹殺し，
さらにユダヤ人迫害の痕跡を抹消することを意味している．東ガレツィア，レンベル
ク〔リヴィウ〕のヤノフスカ収容所の解体直前，最後の段階で「一握りのユダヤ人に
与えられた最後の労働が，ピアスキ（砂地）の穴に埋められた四万近くの銃殺体を一
体一体掘り出し焼却する作業だった．素手でつかんだ腐乱死体からは，ぬるぬると皮
膚がはがれ落ち，周囲にはすさまじい臭気が漂う．石油をかけて燃やしてもなお焼け
残った人骨は，特別に開発された骨粉砕器で徹底的に粉にされ，まき散らされた」（野
村，2006，p. 239-240）．

疑問に対し，アルザス〔度々フランスとドイツの紛争地となった地域で現在はフランス領〕出身の中産階級の知識人家庭に育った知人が次のように答えたことがあった．彼は私に，「祖母は「私はイディッシュ語は話さなかったよ」と言っていた」と語った．このように否定することで，彼の祖母はイデッシュ語を，アルザスのゲルマン語やドイツ語の話し方とは違う，全く独自の言語だと認めていた．しかしその孫〔アイルブルムの知人〕によれば，それでも祖母の言葉にはイディッシュ語に由来する異なった抑揚があるのだった——私はそれを言語の空気，言語の音楽と名付けたのである．

　私の幼い頃，母親と父親は口ごもることが多かった．ちょうど思い出すのは，セーヌ河岸を散歩していて数人のドイツ人観光客と出会った時のことである．彼らは私の両親にドイツ語を話すのかどうか尋ねてきた．両親は少し下手くそに「はい」と，口ごもりながら答えるのだった．両親はこの困惑の時，はっきりと**下手くそドイツ語 malallemand**——もはやそうとしか言いようのない言葉の苦しみ——を喋るのである．彼らがたどたどしく返答する時——言おうとした瞬間に閉じ込められ自由が奪われ，口ごもる時——，言いたいことが浮かんでいても，同時に声にならず絶対に言われることがない．こうして苦しみに締めつけられ，もはや言語の穴としてしか存在できない名前たちすべてが重みを増すのだった．今まで決して存在したことさえなく，これからも存在しないであろう——死体で一杯か，空っぽの，ほとんどどうでもよい——墓たちすべてが大切となる．決して石碑とはならず，人間の痕跡を決して示すことのない石たちが重要となるのだった．歴史と記憶のために，人生と碑文のために，まさしく死の可能性のために，なくてはならないものが大切なのである．即ち，ルシアン・イスラエルが自身の現実から断言しているように，人生というカードを賭けている以上，今日も下手くそドイツ語を話すのをやめてはならない．

7）〔訳註〕ハスカラ（ユダヤ啓蒙主義）の影響下，イディッシュ語は「隠語（ジャルゴン）」，すなわちゲットー生活の闇のシンボルとして過小評価される．例えばN．W．ヴェセリー〔ドイツのヘブライ語作家〕は，イディッシュ語を「歪められ，損なわれたドイツ語」と定義し，この言語の使用は，ユダヤ人をドイツ社会へ同化させる妨げと見なしている（ジャン・ホームガルテン，1993=1996，34頁）．

8）〔訳註〕こうした「下手くそドイツ語」も，自閉症者の音たちや失語症者の発話と同様，「ざわめき」だといえよう（第4章参照）．

【アンリ・メージュとルシアン・イスラエル
──イディッシュ語は追放されているのか？】

　なぜイディッシュ語に関する回想をこのように長々と紹介しているのか？
疑問はメージュの本文やルシアン・イスラエルの序文の中にある．私をあなた
がたに向かわせたテクストの中で，イディッシュ語という言語，この言語が特
に忘れられているのか？　脇へ置かれているのか？　無視されているのか？
ドイツ語によって，そしてドイツの土地によって**追放されている**のか？　いず
れにせよ，ここで逆説的にだが，ルシアン・イスラエルがユダヤ性に依拠し，
根を下ろしていることが分かる．それゆえ，消え去り脱落したイディッシュ語
によってもたらされた下手くそドイツ語というテーマのもと，私としては，ア
ンリ・メージュのテクスト『**サルペトリエールの彷徨えるユダヤ人 Le Juif-
errant à la Salpêtrière**』──名と体をなす奇妙なハイフンのついた彷徨える
ユダヤ人 Juif-errant──について，口ごもりながら一つの解釈を述べることに
しよう（お分かりのように，すでにもう始めているが）．この二語の結合は，ルシアン・
イスラエルが序文で問題にしている神経学と精神医学の結合のように，ほとん

9）〔訳註〕アンリ・メージュがシャルコーの監督下に1893年に執筆した学位論文である．
当時ロシアにおけるポグロム〔ユダヤ人居住地に対する，殺戮・略奪・破壊・差別な
どの集団的迫害行為〕を契機に多くのユダヤ人難民がロシアからパリに流れ込んで来
ていた．こうした社会現象を背景に，メージュはパリに流入してきた襤褸〔ぼろ〕を
まとう浮浪者の多くを，放浪神経病質者 névropathes voyageurs と名付けて論じて
いる（江口，2007，204-205頁）．メージュがこの論文で取り上げている神経病質者の
「五症例はみなシャルコー氏の診察を求めて遠方から来ており，いずれもユダヤ教徒
である」（Meige, H., 1893=1993, p. 43）．また，以下少し長いがシャルコーの『火曜
講義』（初版1887）をまとめ，注釈したC．G．ゲッツ（1987=1999）からも引用し
ておこう．「メージュによると，「放浪癖」は特異な神経疾患であり，絶えず，家から
家，あるいは母国から他国へと放浪せずにいられないという特徴があるという．この
病気はユダヤ人だけに見られるものではないが，ユダヤ人，特にドイツ系や東欧系の
ユダヤ人に非常に多く生ずるというのである．メージュはサルペトリエール病院で見
られる数例を紹介し，「彷徨えるユダヤ人」伝説の起源と展開を分析した後，この疾
患の頻度と症状の重さは2つの要因からうまく説明できると述べている．第一は，ユ
ダヤ人は概してあらゆる遺伝性神経疾患にかかりやすいということ，シャルコーもこ
うした見方をしていて，火曜講義でも何度か説明している．第二に，他の場所でのよ
りよい生活を期待して家と財産をすすんで放棄するという傾向は，ユダヤ人が生来もっ
ている特性だということ．この考えは次のようにまとめられている．ユダヤ人はすべ

ど結合双生児同然であり分割することは難しい．それは，1993年パリのヌベル・オブジェ社から限定版として出版された本の中での，神経学と精神医学は互いにとり何であるかにもとづく，両者の出会いに関する一つの読み——アンリ・メージュの主張する神経学vs. ルシアン・イスラエルの主張する精神分析という形での読み——でもある．メージュの本が出版されたのは1993年のちょうど100年前，1893年である．この年は，シャルコーの死〔1893年8月16日，68歳で死亡〕の直前，神経学が勝ち誇っていた時期であり，同時に，フロイトが『**失語症の理解にむけて**』（1891年）やヒステリーに関する初期の試み（1893年）に基き，別の方法，別の領域での仕事をすでに始めていた時期でもあった．

　つまり，すでに書き出しから始めていることだが，私が取り組んでいるのは，本 livre という語に一つの意味があるとして，この本 livre の読解，即ち，一つの著作と一つの序文，そしてミシェル・シアルディの挿絵からなるテクストを読解することである．このテクストが掲載されたシャルコーの雑誌『新サルペトリエール写真図像集』の編集秘書ジル・ド・ラ・トゥレットの同僚（アカデミー会員として）でシャルコーの助手である神経学者と，「曖昧な精神医学」（Israël, L., 1984）という形でしか精神医学の教育を支持していない精神分析家とが連続性をもって一つにまとまっている．このことがいかにスキャンダラスなことに思えようとも，私はそれをはっきりと支持する．なぜなら，ここでは梨の木のそばに落ち続けるリンゴが問題にされ，そしてまた，ドイツ語の傍らで使い続けられている言葉たち，フロイトの『**機知——その無意識との関係**』の中の多くの例のように，イディッシュ語の事例に属する言葉たちが取り上げら

　　て遺伝性神経疾患の犠牲者なのか？　彼らはみんな先祖の特徴を受け継いでいるのか？　けっしてそんなことはない．幸運なことにたくさんの例外がある．……もし神経疾患がユダヤ人によく見られるというならば，彼らは知能が高く，思想がすばらしく堅固であり，第一級の科学的才能や芸術的才能があることも認めなくてはいけない．ユダヤ人は他の民族よりも変動法則の影響を受けやすいのだ．どのような変化が出現するかは予測不能である．その結果，桁外れに高い知能と精神の異常とが1つの人種のなかに混在するようになったのだ」（C. G. ゲッツ，1987=1999，58-59頁）．

10）〔訳註〕イスラエルは，序文で次のようにも述べている．「私は神経学診療部長と精神医学診療部長を次々と務めて，この二つの専門分野の中で育った．このカップルの離婚は奪ったというより，奪われた離婚だったが，それにより，精神科医たちは情熱を掻き立てられ，一方，神経学者たちはむしろしぶしぶ従ったのだが，全体としては潔く認める態度を示したのだった——今日なお神経精神医学へのノスタルジーにとらわれた人々がいるとしても」（Meige, H., *op. cit*, p. 2）．

れていて，両義的なものが生き続けており，それによって発話が誤解されるものに仕立てあげられ，互いにしゃべり合う可能性に開かれているからである．

であるならルシアン・イスラエルと共に，雑誌『EFP-EST』第 1 号（創刊号）[12]の「マニフェスト＝東方−出現 Manif-Est」をもたらした東方の風自体に誘われてみてはどうだろうか，読者に提案しよう．（正規直交軸のように）ハイフンによって組み合わされ，二つの道路標識をもたらす二つの言葉．まず EFP はギトランクール経由のパリ，ヴァンセンヌ，ニューヨークを指している．EST はエ[13]

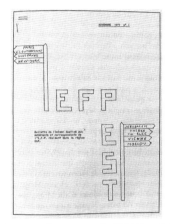

図 3-1 『EFP-EST』創刊号の表紙
出所：Hors la voix, 2006, p. 57 より転載．

---

11)〔訳註〕本書53頁の話もユダヤの小話である．フロイトは何年もかけてユダヤ・ジョークを収集していた（中岡，2008, 316頁）．最初は気取ってフランス語やドイツ語で陣痛の苦しみを訴えるが，ついにはイディッシュ語で叫びだす男爵夫人の小話も『機知──その無意識との関係』に出てくる．フロイト自身はイディッシュ語を話さず，解さなかったようだが，母アマーリアはウィーンに来て年取ってからもガリツィアのイディッシュ語を話していたという（Israël, L., 1984, 325頁）．

12) EFP-ESTは，L. イスラエルが創刊したアルザス−ロレーヌ地方限定の雑誌の名である．EFFは，ラカンによって1964年創設されたÉcole freudienne de Paris〔パリ・フロイト派〕の略号である．

13) ギトランクールは，〔パリ郊外の〕ラカンの住居があった場所である．ヴァンセンヌは1968年の五月革命の後，1969年パリの間近につくられた大学の名前である〔パリ第8大学とも言う〕．〔訳註〕ラカンは1969年12月にヴァンセンヌで講演を行っている．また，ラカンは1975年に三度目の渡米をし，コロンビア大学（ニューヨーク），マサチューセッツ工科大学，イエール大学などで講演している．

ルサレム，エレア経由のテーベ，ウィーン，モスクワを指している．この『EFP-EST』が重要なのは，それが精神分析の始まりの線を表しており，さらにメージュの著書にみられるユダヤ人の彷徨の線——それがペストの線にせよ——を示しているからでもある．『EFP-EST』表紙の道路標識，結合と分散の標識の見出しの遊びによって，そうした場所や名前への方向を指示する岐路が分かる．これらの言葉たちから，そしてルシアン・イスラエルがこのリエゾンした会報第1号に署名入りで書いた論説「マニフェスト＝東方-出現 Manif-Est」からの引用——「期待が運命を制御し，現実的なものの恐怖をよりよく追い払う」（Israël, L., 1977）——によって，メージュの論文を理解することができる．

【アンリ・メージュ『サルペトリエールの彷徨える-ユダヤ人』】

メージュのテクストの最初の観察記録は，日常生活のドラマには収まらない現実的なものの残酷さがあり得るという驚きと無知を引継いでいる．例えば「クライン氏〔症例1〕，ユダヤ教徒，ハンガリー人，23歳〔男性〕」に関するシャルコーの観察記録[14]がそのことを示している．メージュはシャルコーの記録を，活版印刷のごく細かな部分にいたるまで，作劇法では拒まれる残酷さに関する無知と茫然自失を示す疑問符（？）まで引用し書き写している．「彼は1848年ロシアで[15]『笞刑 knoutによって（？）』[16]死亡した自分の祖父の話をわれわれに語った．この状況から十分推測できるのは，ともかく彼の家族が一度ならず劇的な感情の衝撃を受けながら生きていかなければならなかったことである」[17]．シャルコーが付けた疑問符（？）は言葉の無知を示している——笞刑という言葉は1797年

---

14) 以下，アンリ・メージュのテクストから引用・参照している．

15) 〔訳註〕ロシア帝国は18世紀後半から末に行われたポーランド分割以後，約500万のユダヤ人を編入したが，ツァーたちのユダヤ人政策は厳しく，またポグロム（ユダヤ人居住地に対する，殺戮・略奪・破壊・差別などの集団的迫害行為）も頻発した．1848年当時はニコラス一世（在位1825-1855）の時代，ユダヤ人には姓の強制，西洋風の衣服の強制，苛酷な徴兵制などを課していた（上田，1996，84-85頁，鈴木，2003，142頁）．

16) 〔訳註〕ロシア帝国で行なわれていたムチ打ちの刑．

17) 〔訳註〕Meige, H., *op. cit,* p. 48.（訳者によってメージュの原著頁数を示した．以下同様）．

第3章　ユダヤ人，神経学者，そして精神分析家——口ごもる言葉たち　*59*

以来すでにフランス語で知られ使われていたのだが，つまりこの疑問符は，物
による暴力についてではなく，絶対的なものの一形式であるような残酷さにつ
いての無理解から生じる特有の無知をよく示しているのではないか？　現実的
なものの残酷さは，人間にかんする作劇法の定型的表現による常に穏健な場面
——まさに低俗な作品を書く作家たちの場面がそうだが——によって展開され
ることはない．「サルペトリエール病院でわれわれが作成した簡略なデッサン，
写真，クロッキーと同様，われわれの患者たちの観察所見にみられる彼らの素
朴な言動を，昔からの話〔彷徨えるユダヤ人の伝説に関わるような〕と関連付けるの
は興味深いことに思われた」[18]．ポリツェルのような人物が自らの精神分析批判[19]
を基礎づけ展開する方法を見出しているが，それは日常生活のドラマでの残酷
さの描写や理解の場面についての思い違いに基いている[20]（ポリツェル，ジョルジュ，
1928＝2002）．

　つまり言葉 langue が問題なのである．もちろんそれは言明され主題となっ
ている論点ではない．問題意識はおそらく曖昧に始まっていて，途中で注目さ
れなくなっているのは確かである．精神分析家たちはいつからそうした細部
——即ち，フロイトのあと，ラカンが無意識の形成物と名付けた，あらゆる逃
れゆくもの——を忘れ去ってしまったのだろうか．そこに耳を傾けなければな
らない，まさしく一つの書かれたもの un écrit に．アンリ・メージュは観察
記録2で，ワルシャワ近郊生まれのポーランドのユダヤ人38歳，モーセと呼ば
れているB．モゼ〔症例2，男性〕について書いている．「彼はほとんどいつも

18）〔訳註〕H. Meige, *op. cit,* p. 28.

19）〔訳註〕Georges Politzer, 1903-1942. ハンガリー出身のフランスの心理学者，マル
　　クス主義哲学者．「具象心理学」を提唱し唯物論的心理学の構築をめざした．

20）〔訳註〕ポリツェルはこの書で精神分析を批判的に検討し自らの「具象心理学」の
　　立場を明らかにしている．ポリツェルは精神分析を「特定の個人の特定の具体的な生
　　活」＝ドラマの次元にとどまり個人の心理的事実を捉えようとしている点で評価して
　　いるが，「無意識の仮説」による理論構築については二元論として批判する．ポリツェ
　　ルが提唱する心理学は，人間のドラマだけに専念し，これを説明するときも，人間の
　　行為を表象している諸概念しか用いない心理学，要するに，事実の探究においても，
　　その理論的な練り上げにおいても，こうした次元を決して放棄しない心理学であった
　　（寺内礼「あとがき」より）．したがってポリツェルにとって，「日常生活のドラマに
　　は収まらない現実的なものの恐怖」はあり得ず，認められないのである（なおここで
　　の「現実的なもの réel」とは精神分析の概念であり，普通の意味での現実 réalité と
　　は異なり，現実 réalité の世界ではとらえられないものの次元のことである）．

ドイツ語でゆっくりした調子で話している．しかし彼は英語，トルコ語，ロシア語，ヘブライ語も知っている」．さらに観察記録3では，ヴィリニュス〔現在リトアニア共和国の首都．19世紀末当時は帝政ロシアの統治下にあった．第二次大戦前はヨーロッパのユダヤ人の中心地の一つだった〕近郊生まれのM．ゴットリープ〔症例3．42歳．男性〕についてこう書いている．「豊富な身振りが幸いにも彼の貧しいドイツ語の理解を助けている」．イスラエルは序文の中で，神経学と精神医学の合体と密接に絡んでいるドイツ嫌いについて最初に強調している．「この〔メージュの〕テクストの重要性は，知識，学説，偏見，人種差別——復讐心に燃えていた当時のフランスで特にみられた外国嫌いの人種差別——が無頓着に混交しているところにある」．さらに少し先で「観察記録は1880年から1890年のもので，1870年の普仏戦争からそれほど経っていない．ドイツ人が悪く思われていただけでなく，人々がデルレードのラッパを聞き始めていた頃である．メージュのいくつかの観察記録では，ドイツ嫌いのほうが反ユダヤ主義よりも際立っている」と述べている．ドレフュス事件が1894年に始まっていることも付け加えておこう．

　ドイツ嫌いとはどのようなものか．アンリ・メージュは書いている．「皆〔＝メージュが取り上げている5症例〕，ほかの言語よりもどちらかと言えばドイツ語を話している．しかし皆，祖先＝伝説の彷徨えるユダヤ人と同じように多言語使用者である」．メージュは，こうした彷徨える-ユダヤ人たちについて，彼らが「フランスではあえてそのことをそれほど声高には言わない」にしても，同じドイツ語圏出身であるとの仮説を提出している．ここに言葉の間違い

---

21)〔訳註〕Meige, H., *op. cit,* p. 2 - 3．この文章に続く箇所も私訳しておこう．「メージュの論文を読もうという内科医，神経学者，精神医学者たちにとって，このテクストは明らかに新鮮だろう．100年以上も前のテクストだが，この観察記録は我々の実習医・研修医の時代には模範として役立ったかもしれない」．

22)〔訳註〕Paul Déroulède（1846-1914）．フランスの作家，政治家．普仏戦争とパリ・コミューンの鎮圧に参加し，1872年詩集『兵士の歌』を発表し，ドイツへの復讐を呼びかけた．82年には，フランスの復讐を誓う「愛国者同盟」を結成．

23)〔訳註〕Meige, H., *op. cit.*, p. 13-14.

24)〔訳註〕フランス陸軍参謀本部付砲兵大尉のユダヤ人，アルフレド・ドレフュスに対するスパイ冤罪事件．1894年フランスで起き，当時フランス世論を二分した．事件が最終的に決着し，ドレフュスの無罪と名誉回復がなされたのは1906年であった．

25)〔訳註〕Meige, H., *op. cit.*, p. 86.

26)〔訳註〕Meige, H., *op. cit.*, p. 85-86.

maldonne de langue に結びついたドイツ嫌いの契機がある．つまり，問題な
のは名をもつ言語〔＝ドイツ語〕ではないのである．それを証言するものとして，
番号をつけられ詳細に説明されている彷徨える-ユダヤ人たちの症例がある．
症例１：クライン〔23歳，男性〕．ハンガリーのユダヤ教徒．症例２：B．モゼ〔38
歳，男性〕．ポーランドのユダヤ人，症例３：M．ゴットリープ．ヴィリニュス
近郊生まれ．症例４：S．ジークムント〔49歳，男性〕．ドイツ人の父とイタリ
ア人の母をもつ．症例５：ロシア生まれのA．ローザ〔47歳，女性〕．メージュ
は書いている．「サルペトリエール病院では治療中の異国のユダヤ人をいつも
見かける．ロシアやハンガリーから，あるいはトルコやアルメニアから，多く
はオデッサ〔現ウクライナ共和国南西部，黒海に臨む港湾都市〕や，その他英国支配
下のインドから来ている．そうした人々の中の一人，テトゥアン〔ジブラルタル
海峡近くのモロッコ北部の町〕出身の貧しいラビ〔ユダヤ教の聖職者〕が数か月間，
来ていた」．

　ここで何より第一に，ルシアン・イスラエルがわれわれに残している問題を
あげておきたい．イスラエルは，メージュのテクストの一行——「いずれにせ
よ，ドイツ語圏出身であることは否定できないように思われる．彼らは皆おそ
らくドイツ人だが，フランスではあえてそのことをそれほど声高には言わな
い」[27]——に大まかにしか出てこないドイツ嫌いというテーマをなぜ重要な問題
として取り上げたのか．ルシアン・イスラエルはこうした考察を根拠にしてい
るが，彼がさらにはっきりと述べている箇所をあげよう．「観察記録は1880年
から1890年のもので，1870年の普仏戦争からそれほど経っていない．ドイツ人
が悪く思われていたというだけでなく，……」[28]．なぜルシアン・イスラエルは，
解釈の方向として，ドイツ語によって忘れられ外されて脇に押しやられた言語
——そこに在り続けているのに，メージュのテクストでは言及されていないイ
ディッシュ語——について読み解こうとしていないのか．なぜイスラエルは，
一つの言語〔ドイツ語〕をおろそかにすることにより，結局その言語〔＝イディッ
シュ語〕もおろそかにしているのか？[29]

27）〔訳註〕Meige, H., *op. cit.*, p. 85-86.

28）〔訳註〕Meige, H., *op. cit.*, p. 13.

29）〔訳註〕確かにメージュにもイスラエルの序文にも直接「イディッシュ語」という
　　言葉に一度も出てこない．メージュの本文には，普仏戦争後の空気を背景に，ドイツ
　　語とイディッシュ語を対比させるより，フランス対ドイツという意識のほうが強く感

もしどんな言語でも彷徨について強制的に禁止をする力があるなら，如何なる言説もそれ自体で彷徨をテーマとすることは許されない．メージュはブルターニュの伝説まで想起し援用している──「間もなく私〔イエス〕は父なる神のもとで休息するだろう．しかし君〔彷徨えるユダヤ人〕はこの世界で休息できないだろう．君は世界の果てまで歩いてゆくことになろう！〔以上イエスの言葉〕．われわれの救世主が二人の泥棒に挟まれ十字架にかけられ無限の苦しみを被りながら死ぬのを見たとき，私〔彷徨えるユダヤ人〕は終わることのない自分の旅を始めていた[30]」．彷徨は，私の考えでは，病的旅と呼ばれているもの[31]──これは言語 langue の問題である──を裏付けることにもなるだろう．病的旅という概念は，病院精神医学的な実践での確かな通貨の一つだが，再検討しなければならないであろう．

　以上，イスラエルが序文を書いているこのメージュの著作では，言葉 langue が問題なのだと言えよう．言葉について，精神分析家たちでさえ，そのものとして考察しかねたり，なおざりにしていることが多い．

　メージュのテクストで現実的なものの恐怖を証言しているのは，期待，それも一連の誤解が付きものの常軌を逸した期待であることが分かる．つまりそれは，口伝てに国々を巡る風聞に出会う期待，噂に出会う期待，シャルコーという固有名詞に出会う期待である．旅の逸話をあげよう．「チュニジア〔アフリカ北部で地中海を臨む〕やトリポリタニア〔リビアの地中海沿岸から内陸部にかけての地域．大半は砂漠地帯〕」で幸運にもシャルコーと共にした旅では，数人のユダヤ教徒をいつも思い出す．シャルコー自身もかなり驚いていたことだが，彼らはスース〔チュニジアの中東部．地中海を臨む都市〕，トリポリ，マルタの街中で，シャルコーを呼び止めたのだった．彼らは以前に地中海を越えてシャルコーのところへ神経症の治療を求めてパリまでやってきたかつての患者だった[32]」．しかし期待にかんして次のことも強調しておかなければならない．現実の病気が回復する期待，それは，たとえメージュが次のように彼らに告げることになっても──「私

じられるし，イスラエルの序文でも，ドイツ語とイディッシュ語の対比より，シャルコー，フロイト，ラカンが対比されている．こうした中，アイルブルム自身はイディッシュ語の在りように目を向けているのである．

30)〔訳註〕Meige, H., *op. cit.*, p. 32.

31)〔訳註〕voyage pathologique.　精神病状態において病的体験に促されて行う旅行．

32)〔訳註〕Meige, H., *op. cit.*, p. 26.

たちは旅する神経病質者の精神状態の調査に来ています．ここでも神経衰弱が
みられます．精神的衰弱が知的障害や道徳的障害を引き起こすのです」——，
確実に存在している．ここで大切なのは，精神医学によって名付けられるよう
な諸症状を説明する言葉たちのリストである．回復を期待する理由に戻ろう．
ハンガリー人のクライン氏〔症例1〕——「神経系の損傷からあらゆる症状が生
じている」，ワルシャワ出身のB．モゼ氏〔症例2〕——「持続性の頭痛」，ヴィ
リニュス出身のM．ゴットリープ氏〔症例3〕——「彼はかなり長期にわたり頭
が痛くて……」，ドイツ人のS．ジークムント〔症例4〕——「夢の中で彼は左半
身全体の麻痺になっていた」，デュルナウ〔南ドイツにある村〕出身のロシア人A．
ローザ〔症例5〕——「2年前に突発した多量の喀血．そしてすぐ不規則に数回
喀血が続いている」．以上の5症例すべてがメージュによって詳述されている．
症例たちは皆，サルペトリエール病院の噂の人，期待の人シャルコーに出会っ
ている．

　どのようにしてこの人々は噂や期待と出会ったのか？　クライン——「クライ
ンはパリに1888年12月11日に来た．その翌日，サルペトリエール病院に姿を現
わした……」，B．モゼ——「1892年に，サルペトリエール学派の評判を聞いて，
パリにやって来た」，B．ゴットリープ——「彼は以前から話に聞いていたサル
ペトリエール病院を受診することを自分で決めた」，S．ジークムント——「シャル
コーを最も信頼していたので，パリへの旅を決心し……」，A．ローザ——「キ
エフのロシア人たちがサルペトリエール病院を称賛していたので……」．

　以上は，境界を越えて異郷に門戸を開いているシャルコーへの風変わりなオ
マージュを通してメージュが明らかにしている通り，広大な東方のイディッ
シュ語の土地，あえて言えば，ヴィリニュスの東部にせよ，キエフにせよ，イ
スタンブールにせよ，チュニジアにせよ，そしてドイツにせよ，東方のどこか
で語られていた噂と期待なのである．その門戸はパロディや悪意あるイロニー，
軽蔑を越えて，あえて言えば，もう一つの言語 une langue autre をもたらす[33]
言葉たちの往き交いにあふれた門戸である．アンリ・メージュはシャルコーか
ら正確に書き写し，今日，片言フランス語 petit nègre の人種差別と呼ばれて
いるものを記述している．モーセと呼ばれているワルシャワ生まれの38歳ポー

　33）〔訳註〕「もう一つの言語 une langue autre」とは，直後に出てくる「片言フランス
　　語」，「下手くそドイツ語」などを指している．

ランドのユダヤ人B．モゼ〔症例2〕．「彼の声は嗚咽に満ち，その眼は涙にあ
ふれ，両手を組みはげしく哀願する．「ああ，かみさ Mon Di！〔神様 Mon Dieu！
と言うところ〕，ああ，かみさ Mon Di！おたずけを Soulachez moi〔おたすけを
Soulagez-moi と言うところ〕，ああ，モーゼ mon bon Mossi！」とシャルコーに向かっ
て飛びつきながら訴えたのである」[34]．B．モゼは「英語，トルコ語，ロシア語，
ヘブライ語も知っているのに，ほとんどいつも哀れな調子のドイツ語で喋ってい
る」[35]．こうした知識や声，発話，外国語が綯交ぜになった話し方には，恐ろ
しさや奇妙さが感じられるものである（奇妙さには「その下手くそドイツ語の理解力
をうまく助けている過剰なジェスチャーを伴う彼の感覚すべてが集約」[36]されている）．メー
ジュは完璧な正確さで，ヴィリニュス生まれのM．ゴットリープ〔症例3〕の
イディッシュ語について，ただ下手くそドイツ語 malallemand としてだがよ
く調べている[37]．またメージュは，その当時よく知られていた失語症に特徴的な
健忘のことも含め，外国語のことも調べている（S．ジークムント〔症例4〕自身は
気づいていないが，「知っていた外国語の記憶も失っていた」[38]）．

　言ったことに対して，まずどのように言葉が返ってくるかが問題である．い
くらか奇妙な場で[39]，こちらの言ったことが拒否されれば，同時に，観察を意味
あるものとするはずの言葉も語られないままになってしまう．M．ゴットリー
プ〔症例3〕，「彼は完璧な従順さで検査されるがまま，写真を取られるがままだっ

---

34)〔訳註〕Meige, H., *op. cit.*, p. 53.

36)〔訳註〕Meige, H., *op. cit.*, p. 52.

36)〔訳註〕Meige, H., *op. cit.*, p. 58. この引用部分はモゼではなく，次に出てくるゴッ
トリープに言及した箇所からの引用である．

37)〔訳註〕ゴットリープは自分の苦痛，今まで受けてきた治療のことなどについて，「下
手くそドイツ語」でシャルコーにとめどなく喋るのだが，その時，ゴットリープの言
葉を理解するのに彼の豊富なジェスチャーが助けになった，とメージュは書いている
（Meige, H., *op. cit.*, p. 58）．メージュはこの箇所で，このゴットリープの言葉につい
てイディッシュ語とは指摘せずに，下手なドイツ語 mauvais allemand とだけ表現し
ている．それをアイルブルムは「イディッシュ語を，下手くそドイツ語 malallemand
としてだが，よく読み取っている」とイディッシュ語の側から言い直しているのであ
る．

38)〔訳註〕Meige, H., *op. cit.*, p. 65. ジークムントは習得していた諸外国語の記憶だけ
ではなく，"最近の記憶" も障害されていた．諸外国語とは英語，フランス語，イタ
リア語である．その後も習得していた諸外国語の記憶は戻らなかったが，ドイツ語だ
けは話せた（Meige, H., *op. cit.*, p. 75）．

39)〔訳註〕シャルコーによる診察という状況を指しているのだろう．

第3章　ユダヤ人，神経学者，そして精神分析家——口ごもる言葉たち　　*65*

た……」。そしてまたこの同じ人物に対して「彼がここにいる間，われわれは彼の履歴を収集できたし，彼をスケッチしたり写真を撮ることもできた」。さて私が読者に語ろうとしたのは，出会い——現実的なものの恐怖に陥ることで必然的に生じる出会い——についてである。のちの個人的な，サルペトリエール病院での神経学臨床講義のただ中での出会いは，私には依然として鮮烈なものだった。

　彷徨において目標を維持するというのは，多少パラドックスである。ハイフンなしの彷徨えるユダヤ人 juif errant について，ロベール辞典〔フランス語の代表的辞書〕の記述を忘れないでおこう。「彷徨えるユダヤ人，キリストを十字架にかけ，罵倒したために，世界の終末まで彷徨うことを余儀なくさせられたとされる伝説上の人物」。メージュに疑いはない。あらゆる期待，あらゆる承認，あらゆる知を介して，一つの目標が定められ選ばれる。それがシャルコーのサルペトリエール病院である。そしてメージュが，ハイフンのついた彷徨える-ユダヤ人 juif-errant を病院に引き留めておくのは，再び彷徨の旅へとよりよく送り出すためなのである「いつも同じ話である。ほとんどいつも同じ顔つきである。……かなり遠方，ポーランド方面やドイツの奥地で生まれ，子供の頃，いたるところで不幸と病気にみまわれ……。そして何リューも何リューも〔lieue. メートル法採用前の距離の単位で 1 リュー＝約 4 km〕雨風，寒さ，そしてぞっとするような貧窮の中，歩き回り，彼らはようやくサルペトリエール病院にたどりつく。その名声が彼らを呼び寄せるのである」。まさに，旅をしていれば間違いはない。

───────────────

40）この点に関してディディ＝ユベルマンの見事な著作は見逃せない（Didi-Huberman, G., 1982＝2014）。

41）〔訳註〕例えば，ロジャー・パルバースは「彷徨えるユダヤ人」について次のように述べている。「何がユダヤ人なのか……。日本には風土という単語がありますけど，ぼくが考えるには，ユダヤ人には風土がないんですね。風しかない。土がない。風に乗って生きている民族だと思います。「彷徨えるユダヤ人」と言われるように，流人，追い出された民族です。聖地から，よその国から，追い出されているわけです。すべてのユダヤ人は，風の又三郎みたいなもんだ」（パルバース, R., 四方田, 2014, 16頁）。

42）〔訳註〕Meige, H., *op. cit.*, p. 22. 以下にアイルブルムが省略した部分（下線部分）も訳出してみた。サルペトリエール病院をめざした彷徨える-ユダヤ人たちの様子がよりはっきりと浮かんでくる。「いつも同じ話である。ほとんどいつも同じ顔つきである。毎年，みすぼらしい身なりの哀れな男たちが病院にやって来る。深く悲しげな皺が刻まれ痩せこけた彼らの顔は，手入れしてないほうぼうの髭でよく見えない。彼

【声・発話・言語活動は人間的なもののために存在する】

イスラエルが述べていることをここで言うつもりはないが，「新たなものを生み出すよりも，あるグループに属していることを示すことが大事である．シャルコー効果はラカン効果の始まりである．師の名を三行ごとに引用しなければ，その統語法と語彙を真似しなければ，ラカニアンではないのである」(Meige, H., *op. cit.*, p. 10)．失礼にも言葉遊びをするなら，私はイスラエリアンではないし，これまでもイスラエリアンではなかった．現実的なものがそのものとして明らかになる見込みがあるという期待は，私には全くなかった．神経学は生命や言語活動の現われすべてを，依然として神経回路という内奥まで暴かれた身体の中に見出そうとしており，彷徨を認めない．神経学が彷徨を理解するのは，ただ名付けられた場所への旅としてのみ，固有の名詞があれば，その固有な場所への旅としてのみである．神経学は宛先を忘れたとしても，宛先があり受取人の名前がある場合にしか彷徨を認めていないのである．

私にとって，ラカンもイスラエルもその他の誰も，イスラエルが正当にもからかう意味での師ではなかった．しかし私は，一方でラカンから，他方で私が知る必要のあったイスラエルの読みや彼が提唱していることから，そして，お払い箱のように捨て去りたくはない神経学者たちから，次のことを教えられた．即ち，声，発話，言語活動は，精神分析において存在しているだけではなく，人間的なもののために存在していることを．イディッシュ語の歌をうたう若い歌手，モッシュ・ライザー Moshe Leiser が自分のレコードについて書いた次の言葉を結びとしよう．「記憶の欠落．イディッシュ語は私の母語ではありません（私の母語はフランス語であり，母親にフランス語を教えました）．でも両親は互いにイディッシュ語で話していたので，私もイディッシュ語を覚えました（しかし父親とはヘブライ語で話しています）．私はゲルマニストでもありません（私はアン

らは哀れを誘う調子で辛く波乱に富んだ話を語り始め，もし誰も止めなければ，いつまでも決して終わらないかのようである．かなり遠方，ポーランド方面やドイツの奥地で生まれ，子供の頃，いたるところで不幸と病気にみまわれていた．彼らは故国を出奔し，あちこちの国を渡り歩く．しかしどこへ行っても，自分たちに合った仕事も，探し求めている薬も，見つからないのだった．そして何リューも何リューも雨風，寒さ，そしてぞっとするような貧窮の中，歩き回り，彼らはようやくサルペトリエール病院にたどりつく．その名声が彼らを呼び寄せるのである」．

43)〔訳註〕Meige, H., *op. cit.*, p. 10. ルシアン・イスラエルによる序文での指摘である．

ヴェールで生まれたので，フラマン語〔ベルギーで話されているオランダ語〕で教育を受け
ました）……．だから，この録音がなんらかの「記憶の欠落」で潤色されてい
ても驚かないで下さい．例えば，「der Rebbe ラビ」と言うべきところが「die
Rebbe」〔イディッシュ語の定冠詞の誤り〕となっています．けれどもイディッシュ
語は私の記憶の中にある言葉です．こうした「欠落」もすべて私のイディッシュ
語の一部なのです．なぜなら私がイディッシュ語を身につけているのは，まさ
にこの欠落した記憶を介してだからです．このレコードは今日のパリでの記憶
の反映であり，ワルシャワでの昨今の民族学的な録音とは違います．ハシディ
ズム〔18世紀初頭ポーランドで起こり東ヨーロッパに根を下ろしたユダヤ教の革新運動〕
のある話に次のようなものがあります．ヨム・キプル〔ユダヤ教の贖罪の大祭日〕
のお祈りを読めない文盲のユダヤ人がシナゴーグ〔ユダヤ教の集会堂〕から出て
きて，畑の真ん中でアルファベットの字句を一文字ずつ叫びました．その文字
たち lettres を思う通りに並べて下さるよう，神様にお願いしながら……．文
字たちは天空に昇り，祈りは神様のお気に召したのです！ 保守主義の人たち
はお気に召さないでしょうが」(Leiser, M., 1985).

---

44)〔訳註〕Anvers(フランス語)．オランダ語でアントウェルペンAntwerpen．ベルギー
北部のフランデレン地域・アントウェルペン州の州都．アンヴェールには大きな正統
派ユダヤ人，（ハレーディー）のコミュニティがあり，「西のイェルサレム」といわれ
ている．

45)〔訳註〕ヴァイオリン，アコーディオン，ヴォーカルのトリオ編成によるイディッシュ
語の歌曲集．モッシュ・ライザーはディレクター，ヴォーカルとして参加している．

第4章　ざわめきたち——失語症と自閉症[1]

　手足が麻痺して言葉も出せないまま，私はしばらくこの光景を見つめた．三度，私はあまりにも強烈な感情に襲われた者のように，仰向けに倒れそうになった．三度，なんとか踏んばってもちこたえた．体じゅうの繊維という繊維が，動かずにはいなかった．そして，私は，火山内部の溶岩が鳴動するように，震えていた．とうとう胸がぎゅっと圧迫され，生命を与える空気をすばやく吐き出すことができなくなって，唇が半開きになり，私は叫び声をあげた……悲痛きわまりない叫び声だったので……私にはそれが聞こえた！

　　　　　ロートレアモン[2]『マルドロールの歌』第二歌（1869=2005，94頁）

【ざわめきたちとしての失語症】

　私は失語症の諸困難を「ざわめきたち bruisures」と呼んでいる[3]．このざわめきたちを通して，精神分析領域での対象-声 objet voix の問題に近づくこと

1）私はフランソワ・ボドゥリのおかげで，1996年6月，当時私の側の事情がかなり厳しかったなかで,「精神分析と悟性の改善」と題された国際哲学コレージュのセミナーの一環として，この研究の発表をお願いすることができた．

2）〔訳註〕ロートレアモン伯爵（Le Comte de Lautréamont, 1846-1870）．本名はイジドール・リュシアン・デュカス（Isidore Lucien Ducasse）．フランスの詩人，作家．フランス人の移民を両親として，南米ウルグアイの首都モンテビデオで生まれ，世に知られることなく，わずか24歳の若さで死す．その短い生涯は社会的にも文化的にも「越境」の連続であった．ヨーロッパとアメリカ大陸，フランスとウルグアイ，フランス語とスペイン語のあいだで，イジドール・デュカスとロートレアモン伯爵の生涯は次々と跳び移ることにほかならなかった（石井，2008，4頁）．この「越境」の概念は本書の「彷徨」を想起させる．

3）〔訳註〕通常の神経心理学では，失語症の諸困難をむろん「ざわめき」とは言わず，「諸症状」あるいは「諸障害」などと言う．アイルブルムは精神分析の立場から，失語症の諸困難を「ざわめき」と呼ぶことによって，自閉症と同じ様に，失語症者の主体の問題，発話にならない声の問題などを主題化しているのである．

ができる．ジャン-ポール・グランジャン・ド・フシーが18世紀末にすでに強調しているように，声の崩壊も発話の崩壊も，声や発話がわれわれにもたらす手段自体によってしか理解できない．このド・フシーの立場は，スウェーデンのリンネの医学的・学問的立場とは対照的である．リンネは固有名詞の忘却に関心を向けているが，失語症には特別関心を示していない[4]．失語症の問題は記憶の障害ではないのである．

　自己観察によって失語症を理解する方法の重要性は，1891年に出版されたフロイトの『**失語症の理解にむけて**』を通して，今からみれば，確かに間違ってフロイトの自己分析[5]（Freud, S., 1891=2009）と呼ばれているものの根源とされることになる．間違いといえば，シャルコーが，フロイトから火曜講義のドイツ語翻訳と『失語症の理解にむけて』を送られたことへの返礼としてフロイトに宛てた最後の手紙の中で，フロイトを以下のような夢想——まさしく転移によるといえるような夢想——の宛先であり原因であると認めていると考えるなら，それは確かに間違っている．「親愛なるフロイト先生，あなたは私にこの数日，真の喜びを与えてくれました．火曜講義の最初の分冊を端から端まで読みました．どこかドイツの大学で，どこだか分かりませんが，おそらくウィーンの大学でしょうか，自分がドイツ語で講義をしているのを聞いているかのようでした．皆非常に熱心に私の講義を聞いてくれていました．皆を納得させたのでしょう．言葉も流暢でした．そのことに私は驚きませんでした．なぜなら，眼で受け取ったあなたの言葉をすべて繰り返しながら，私はあなたが話すのを聞いていたからです．それは夢のようでした．心地よい夢でした．私は，あなたが私に夢を下さるためになさったあらゆる御苦労に心から感謝いたします．実は失語症に関するあなたの著作はまだしっかり読んでおりません．でも，あなたがヴェルニケとリヒトハイムによる緻密だが自己満足的な小図式を批判されていることは承知しています[6]」．

　精神分析の出発点は，翻訳と美しいドイツ語とを操る夢想の巧みさにあるが，それをシャルコーはそれほど分かっていなかった[7]．今日どのような分析主体が，

　4）〔訳註〕本書第1章を参照．
　5）フロイトの自己分析については，例えば，Anzieu, D., 1959を参照．
　6）フロイトへのこのシャルコーの手紙の日付は1892年6月30日である（Charcot, J.-M., 1988）．〔訳註〕この手紙のほぼ1年後の1893年8月16日，シャルコーは67歳で亡くなっている．

第4章 ざわめきたち——失語症と自閉症 71

自分に夢をもたらそうと苦心し身を捧げてくれる精神分析家に感謝するのだろうか．この短い手紙のやりとりから，精神分析家とは無意識の可能性に開かれた者であるといえよう．フロイトは，たとえ1891年に自分の立場を正しく認識していなかったとしても，シャルコーに直面しそこから逃げなかった．精神分析は変わらぬ巧みさによって進んでゆく力を受け取ったのである．

「ざわめきたち bruisures」は，フロイトが指摘しているようなヒステリー性の無言症とは違い，器質的なものに属する声の諸困難に関連している．言いよどみ，吃音，失声，さらに様々な声門狭窄があり得るし，ちょっとした障害物によって生じる無意味な息 souffle，そしてすべてのタイプの失語症がある．これらは，機知や言い間違いなど——フロイトが精神分析をつくり上げてゆく際，拠り所としたもの——とは異なり，意味作用の領域で直接つくり上げられたものではない．脳の障害に関連するこうした障害はすべて，言語活動と神経学的構造から考えられる身体との間のつながりを示している．

フロイトが発話と声という特有の次元を明らかにしているのは，まさに失語症がもたらす問題に関して医学的理解の論理に潜入しながら，その袋小路を切り開くことによってである．しかしこの次元は，無意識の措定によって句読点が打たれるまで，器官と機能という対照的な二つの観点によって研究されてい

7）第3章「ユダヤ人，神経学者，そして精神分析家」参照．

8）『失語症の理解にむけて』（Freud, S., 1891=2009）で，フロイトは，マイネルトとヴェルニケが失語症を定式化するのに依拠している原理の一つである「潜入 immersion」の観念を批判し疑問を投げかけている．フロイトは次のように書いている．「神経線維はそもそも，それが辿る経路のすべての区間を通して，ただ生理学的産物にすぎず，生理学的機能修正に従っているものなのに，そうした神経線維の末端が心的な領域に潜入し immerger，この末端に特定の表象なり記憶心像なりが割り当てられる，ということが正当化されうるものであろうか？」（同上，68頁）．少し前の箇所でも，この潜入について，フロイトはまったく本質的な疑問を投げかけている．「線維の連絡に関してにもっぱら皮質との連絡を強調していたマイネルトにとって，特定の線維，もしくは線維群は，たとえどんなに多くの灰白質を通り抜けてきたにしても，依然として同じものである．「線維が灰白質を通過する」というマイネルトの表現はそのことを示している．線維はその長い道のりを経て皮質に辿り着くのだが，マイネルトのこの表現からは，当然ながら，この長い道のりのあいだ線維には何も変化は生じず，ただ何度かの中継の機会が得られるだけであるかのような印象が生ずる」（同上，65頁）．この潜入理論の枠組みの中で，自己同一性，非-侵襲，非-修正に関する問題が提起されている．フロイトは最初に自己同一性の問題，次いで非-自己同一性の問題を検討している

くことになる．フロイト，ラカンの理論形成において，発話は精神分析の根拠そのものとして練られてゆくが，声の問題は，つねに現われてはいるものの，真に主題化されたり概念化されてはいない．

【言語活動と大脳組織との間】

フロイトは失語症へ接近することにより，言語活動崩壊の様々な形に結びつく神経学の臨床領域で出現し定義されるような声，言語活動，発話の諸問題が，同じ神経学の臨床による諸発見・諸仮説にそれほど重なっていないと仮定するようになった——フロイトがのちに『夢の解釈』において，無意識や夢として取り出したものが，無意識と夢に関する文献の全体と重なっているわけではないとするように，つまり言語活動と大脳組織との間に一対一の対応は存在しないのである．

フロイトが主張しているのは，**ざわめく発話 parole bruisée** と障害された大脳との間にはどれほど望んでも鏡のイメージはないということである．フロイトはそのことをかなり強く強調している．「身体が皮質に投射されるという仮説は，それが文字通りの意味，つまり局所解剖学的に相同性をもつ完全な再現という意味であるなら，斥けることができると思う[9]」．またさらに「灰白質を経由して大脳皮質に到着した線維は，依然として身体末梢部に対する一定の関係を維持してはいるが，もはや局所的に身体末梢部をそのまま映し出してはいない[10]」とも述べている．

ラカンは精神分析を身体性に関連づけるというフロイトの絶えざる関心を引き継ぎ，鏡像段階を支えるものに関する初期の考察で「精神外科的な方法では，大脳皮質を生体内的な鏡像として考えざるを得なくなる[11]」（Lacan, J., 1966b=1972, p. 97/129頁）と言い，神経学の原理的な主張に反対している．

フロイトは，ヒューリングス・ジャクソンの仕事に依拠しながら，ヴェルニ

9）〔訳註〕Freud, S., 1891=2009，63頁．

10）〔訳註〕同上，66頁．

11）「〈わたし〉の機能を形成するものとしての鏡像段階」．

12）〔訳註〕フロイトは『失語症の理解にむけて』第5章で，ジャクソンについて「私がこれまでに述べた注釈のほとんどすべては，この研究者の見解に依拠するものであり，彼の見解を導きの糸として，私は言語障害に関する局在論的な理論に対抗しようとしてきたのだった」と述べている（前出，76頁）．

第4章　ざわめきたち──失語症と自閉症　*73*

ケと同じ臨床や論理の方法を用い，様々な矛盾や不可能性を指摘して，失語症に関するヴェルニケの諸仮説を批判している（例えば「最初に我々がヴェルニケの伝導失語を分析して分かったのは，この失語はヴェルニケの図式自体からしても，ヴェルニケが考えたのとは別の特徴を持っていることになるはずだということである」(Freud, S., 前出，123頁)）．フロイトはヴェルニケの仮説に対する批判によって，人間的なものにとり核心的位置にあるのは，あらゆる鏡像化を構成するしくじり raté，即ち欠如 manque であると主張したのである（「身体の末梢からの欠如のない投射の条件は脊髄（およびそれに類する神経核）においてしか存在しない」(Freud, S., 同上，64頁)）．ラカンは，このしくじり・欠如によって，成熟を性急に先取りすることの不十分さを明らかにしており，「ついには，疎外的同一性によってあてがわれた甲冑」(Lacan, J., 前出，p. 97/129頁) を身につけるよう強いられるのである．

　フロイトは当初から，このしくじり ratage が自我をつくるという考え，あるいは，さらに別の言い方をすれば，イメージ image というしくじりによって形成されたものとしての自我という考えを述べている．ラカンはこの疎外的同一性の措定を受け継ぎ，自然との関係は，人間の場合，その内部でのある種の裂開 déhiscence によって変容していると仮定し，そこから次のように結論している．「こうして内界 Innenwelt から環境 Umwelt への回路の破壊は，自我の確認検査という果てしない円積問題を生じさせる」(Lacan, J., 同上，p. 97/129頁)，すなわち自我とは終わりのない確認検査であり，その意味でパラノイアの次元にある．

---

13)〔訳註〕Carl Wernicke, 1848-1905．ドイツの臨床脳病理学・精神神経学者．師であるマイネルトの大脳解剖学を基盤に1874年に執筆した『失語症候群』は，失語研究史上，また神経心理学史上において，ブロカの発見と並ぶ「記念碑的著作」と言われている（金関，1995，9頁）．ヴェルニケはこの著作でブロカ失語と対をなすヴェルニケ失語を報告している．

14)〔訳註〕円積問題とは，古代の幾何学者たちによって定式化された「与えられた長さの半径を持つ円に対し，定規とコンパスによる有限回の操作でそれと面積の等しい正方形を作図することができるか」という問題．1882年にリンデマンによって，円周率が超越数であることが示されたことにより，円積問題は実現不可能だと証明された．「ここでは，自我の確認回路がすでに内界という閉じられた世界から環界へと決壊し，もはや内界と環界の照合によって自我の全体を決定することが不可能であることを，円と正方形を一致させる「円積問題」の不可能性に重ねている」（藤田，1993，294頁）．この自我が終わりのない確認検査に陥るのは，そもそも自我が鏡像という他者のイメージによって成立しているためである．そこでは「他者のイメージが自分のイメー

次のことを忘れてはならない．即ち，ラカンが想起させてくれることでもあるが，見せかけ semblant の再認をイマーゴと同一視することにより人間にあてがわれるのは，市民という顔でしかない群れの野蛮な集団性である．ラカンが鏡像の契機の重要性を推敲していたのは，1933年から1945年にかけてヨーロッパの現実全体に野蛮さが拡張していた時期である．彼は「精神病院の壁のあいだにひそむ狂気，そして大地を喧騒と憤怒で疲弊させる狂気」（Lacan, J., 前出，p. 99/132頁）について述べることを忘れていない．

　フロイトは最初から，声と発話について，言語装置と身体機械（ここでは言語諸領野 zones に相当する大脳諸領野によって表現される）との間のどんなイメージ image の理論においても「しくじる rater」ことを原理的に見出し明らかにしている．こうしたしくじり ratage——言語のいわゆる諸領域・諸境界・諸連絡・諸領野の地図，局在地図における，一方の声・発話・言語活動の諸側面と，他方の（この章での関心である）神経学的医学によって理解される身体との間でのしくじり——の核心を考察することにより，やがて精神分析となるものが導入されることの重要性を認識すべきである．この地図の解釈によって，説明すべき対象との関係に一つの謎が導入され，その謎が反論としての解決策をもたらすのである．

　　ジとなるなら，反対に自分のイメージは他者のものだともいえ」（向井，2016，26頁），そこからパラノイア的な認識に導かれ，「自己と他者の間でのイメージの奪い合いという愛憎入り乱れる闘争」（片岡，2017，51頁）が呼び起こされる．

15）〔訳註〕ユングの用語として一般的だが，ここでは初期のラカンが用いた用語としてのイマーゴであり，鏡像段階において外部の他者によって与えられる自我のイメージのことである．

16）例えば，フロイトは次のように指摘している．「しかし，ある複雑な概念や特定の心的活動全体の局在化，あるいは，ある心的な要素のみの局在化を試みること自体，根本的に同じ原理的な誤りを犯すことにならないだろうか」（『失語症の理解にむけて』，前出，68頁）．〔訳註〕この先も引用しておこう．「神経線維というものはそもそも，それが辿る経路のすべての区間を通して，ただ生理学的な産物に過ぎず，生理学的な機能修正に従っているものであるのに，このような神経線維の末端を心的な領域に引き入れて，この末端に特定の表象なり記憶心像なりを割り当てるということが正当化されるものであろうか？　……神経系における生理学的な事象の連鎖は，おそらくは心的な事象に対して原因と結果の関係にあるわけではないだろう」（同上，68頁）．

第4章 ざわめきたち——失語症と自閉症　　75

【対象-声 vs. 固有なもの】

　フロイトがこの最初の著作で探ろうとしているのは，対象-声——失語症に
関する研究では，声それ自体はテーマとなっていないが，折にふれてはっきり
とその姿を現わしている——は特有で固有な領野 zone という観念すべてに対
する反論であるということである．[17)]彼は『失語症の理解にむけて』を次のよう
な基本的定式によって締めくくっている．「失語症にとって局在という因子の
重要性が誇張されすぎており，あらためて言語装置の機能的条件に注意を向け
るのがよいと思われる[18)]」（Freud, S., 前出，127頁）．のちにフロイトのテクストで
の徹底作業や展開の中では，欲望と享楽がこの反論を担うことになる．例えば，
私の- 君の- 彼の- 欲望といった所有物や財産という言葉で定義できる私有物
としての固有の欲望は存在しないとの反論がなされる．欲望は固有なものや所
有物とは相容れない[19)]．どんな持ち主からでも切り取ろうとするほど，人は欲望
の虜になる——このことをハンス少年がフロイトに対して，自分の恐怖の出来
事にそって見事に詳しく説明している[20)]．『失語症の理解にむけて』以降，
フロイトのテクストは，対象-声の観念は，特に領野 zone の観念との関連で
位置づけられ，のちには性感帯 zone érogène のテーマのもとで理解されるこ
とにもなるように，固有の場所とされる領野の観念に対する内在的な反論に満

---

17)〔訳註〕ここでアイルブルムが，フロイトにおいて折にふれ「対象-声」の姿が現われ
　　れているとしたのは，フロイトが言語残余を取り上げ，次のように論じているからで
　　あろう．フロイトは，言語残余は，言語装置が被る機能的修正の強度に関わっている
　　のであり，「表象の局在化」という観点とは完全に矛盾していると述べている（同上，
　　76頁）．アイルブルムはこの言語残余において「対象-声」をみているのである．

18)〔訳註〕フロイトはこの一文によって『失語症の理解にむけて』の最後を締めくくっ
　　ている．過大に評価されすぎた「局在という因子」に対して，フロイトは「機能的変
　　化」に注目し，「（損傷が皮質自体にある限り）同じ場所にある損傷が，これほどさま
　　ざまな臨床像をつくり出すことに対する説明が必要であった．我々はその説明を，い
　　わゆる言語の諸中枢は，部分的に破壊する損傷に対して，総体としての機能的変化を
　　もって応じるという仮説に求めた」（同上，123頁）と述べている．なお，その副題は，
　　当時支配的だった大脳局在論，ヴェルニケの失語症論に対する批判であることを意味
　　している．

19)〔訳註〕欲望はそれ自体が目的であり，さらなる欲望のみを求めて，特定の対象に
　　固着しない．欲望の換喩，即ち欲望が絶え間なくずれていき，動いてゆくことから喜
　　びが生じることによって，ある固着を手放すことができる（フィンク，1997=2008，
　　38頁）．

ちている.

　このことを別の形で述べてみよう.「ファーズ phase, stade〔段階〕」(ラカンのいう「鏡像段階」も含む) の観念を,「時間」の観念や「区切り」の観念,そして,かなり誤解されているがわれわれの議論にとり重要な「連関」の観念,これらの観念の漠然とした隠喩としてではなく考える限り,ある特定の段階・対象・領野間の関係 (例えば,肛門という排泄の身体的領野に糞便的対象 (糞便) を組み込んだ[21]肛門段階〔期〕)のような一対一の関係というのは,対象がもたらすもの——即ち,固有な場所としての器官の場所とされる場所にそうした関係を割り当てることに対する反論[22]として対象がもたらすもの——に関する無知に基いている.失語症の言語領野の位置決定はブローカに負うべきものであり,それによって彼は名を成したが,ブローカ本人は言語領野 zone du langage という観念の一般化についてはすでに躊躇しており,トゥルソーへの手紙の中で,ファーズphaseという観念に強く反対している[23].

　フロイトはのちに,私が「強力な」と形容している次のテーゼに再び戻ることになる.「器官の一致が……幾重もの回り道を経た後に,無意識的な同一物として心的なもののなかに再び現れることは興味深いことである[24]」(Freud, S., 1917=2010, 342-343頁).つまり,フロイトは器官的なものにではなく,器官的なものの回帰において同一性を再びもち込んでいる.器官の器質性とは何かという問題は,器質性というテーゼに関するブローカのような躊躇に照らして理解すべきではないか？　ラカンは,リビードが問題の器官であると提唱し,それに答えようとしている.

　対象の問題,およびその対象に固有な領野の問題——現実的なものréelと混同される現実性réalitéの問題——が欲望の変転,快の変転,欲望や快の対象た

---

　20) フロイトを参照のこと (Freud, S., 1909/1966=2008).
　21) 排泄の別の場所について考えられるのではないか.皮膚の発汗,よだれなど口から出るもの,など.この点については本書第7章「自閉症者と声」を参照.
　22) この反論は拡げなければならないだろう.対象は,固有なもののあらゆる側面,特にあらゆる対象における固有な文字 (a)〔小文字の a〕と対立する.
　23) ブローカについては本書第2章を参照.(Schiller, F., 1990).特に第5章「一種の無言症」も参照のこと.
　24) 「欲動変転,特に肛門性愛の欲動変転について」.〔訳註〕フロイトにしたがって,より具体的に言えば,例えば,肛門—男性器—膣という器官の一致が心的なものの中で無意識的な同一物 (糞柱＝ペニス＝子供) として再び現われる,ということである.

ちの変転に置き換えられ導入されるのである．今やすでにはっきりと言えるのは，精神分析が対象という次元から始めることによって，固有なものに異議を申し立てている，ということである．フロイトをフロイトの根本的態度において読まなくてはならないのは，彼が失語症の障害とその障害に特異的な神経学的領野との間のずれ écart やしくじり ratage を取り出しているからである．即ちフロイトは固有なものという観念を疑問に付し解体しているのである——神経学はこの観念によって，声，発話，言語活動と身体との間にイメージや類似性，同一性の関係を想定し，自らの根拠を確立しようとしているのだが——．

【声のない人間——声の向こう】

　ここで「自閉症 autism」の形容詞化 autiste によってピン止めされている人たちの傍らへと赴き，異論，自己との非同一性，固有なもの le propre とそうでないものが引き起こす戯れの中を彷徨うことにしよう．レオ・カナー[25]はリチャードの問題を取り上げてこう述べている．「彼は私に沈黙の英知という印象をもたらした」．カナーは沈黙について，そして引きこもりについて語っている．33歳の時「彼は引きこもりつづけていた[26]」(Kanner, L., 1943=2001, 22頁；1971=2001, 184頁)．「自閉症」といわれるものの領域では，声と発話は存在しない，つまり，叫びcri，音〔おと〕bruit，脱線 embardée，そして彷徨の軌跡たちの地図上の錯綜点 chevêtres[27] としてしか存在しないことを認めざるを得ない．そこでは，固有なものとして生じ続けるものは身体とその彷徨 erres にとどまっている．逃走は線を引くこと tracer の中で読み取れる．

---

25)〔訳註〕Leo Kanner, 1894-1981. オーストリア系アメリカ人の精神科医．オーストリア＝ハンガリー帝国のガリツィア地方（東ガリツィア）の小村クレコトフ（現在はウクライナに属する）で生まれた．両親はユダヤ人であり伝統的なユダヤ人家庭で育つ．自閉症の研究で知られ，児童精神医学における最初の専門的教科書を著した．1913年ベルリン大学医学部に入学したが，第一次世界大戦のためオーストリア軍に召集され，学業を中断したが，敗戦後ベルリン大学に戻り1921年に卒業した．しかし戦後のワイマール共和国下でのインフレーション，経済情勢悪化の中，1924年に米国に移住し，サウスダコダ州ヤンクトン郡の州立病院の医療助手となる．1930年，ボルティモアのジョンズ・ホプキンス大学の小児病院に小児精神科を新設するように依頼され，1933年精神医学の准教授に任命される．これは世界で最初の小児精神科の開設であった．

傷つけられていない固有なものの重さに結びついて，眼や声の追跡から逃げ続ける身体に対して，ドゥリニーは自分の人生を捧げ，そのことについて語っている．[28]

声のない人間は，フェルナン・ドゥリニーが指摘していることだが，言語活動の不在の中にいる．私はそれを「**声の向こう hors la voix**」と呼ぶことを提案しよう．

ある関係が結ばれることは可能である．それがフェルナン・ドゥリニーの仕事だった．「あそこから私たちはそこへ行き，そこへ移動し，あそこを通って，そこへ行った……．軌跡を戻ったり新たにたどるなかで，〈われわれ〉が微かに存在する．……しかしそれはどのような〈われわれ〉なのだろうか？」

声は固有なもの le propre，固有な領野とは相容れない．つまり，固有なものといえる彷徨は，声の向こうで，個人的なもの le personnel からわれわれ nous へという戯れの中で生じる．こうしたことは彷徨の地図から読み取れる．ドゥリニーは書いている．「「線を引く（TRACER）」という行為にふさわしい不定詞．右側に「du transcrit〔書き写されたもの〕」．この語は辞書にはない．それは言葉によって語っているかのようである．私は次のように書くこともできたかもしれない．「ここで〈他方のわれわれ nous autres〉，書き写されたもの transcrits」．私は複数を表していると思われる s を見落としたのだ．書き写すべきもの，それは可能である限り，〈われわれ〉なのである」[29]（Deligny, D., 1975, p.

26）〔訳註〕この２つの引用箇所についてアイルブルムはカナー自身の言葉として引用しているが，実際には，前者は，リチャードの母親の記録を，後者は，リチャードが33歳時に入所していた施設の所長の記録を，カナーが引用した箇所である．

27）〔訳註〕本章註29を参照．

28）〔訳註〕Fernand Deligny, 1913-1996．フランスの作家・教育家．1960年代後半から，フランス南部のセヴェンヌ山脈一帯で，実験的に繰り広げられた自閉症児たちとのコミューン的な共同生活と，そこから着想を得た多彩な活動によって広く知られる．特にドゥリニーの独創をよく表すものとして，彼の代名詞として知られているのは「地図 cartes」の実践である（武田，2016, p. 57）．

29）「錯綜点 chevêtre」は，ドゥリニーが子供たちの彷徨 erre の軌跡たちの結び目を示すのに使用している語である．彷徨の地図はこの論文から転載したものである．〔訳註〕「地図を作ること」とは，子どもたちの日中の移動や行動の痕跡を，平面図の上に描線（線を引くこと）によって写し取る（転写する）作業である．コミューン内で自閉症児たちと生活をともにするボランティアの一人が，彼らが繰り返す予想外の行動に不安を覚え，ドゥリニーに相談をもちかけたことをきっかけに，ドゥリニーが提案し

第4章　ざわめきたち──失語症と自閉症　　79

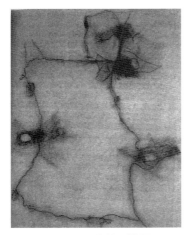

図4-1　彷徨の地図
出所：Deligny, F., 1975より転載．

17)．

　〈われわれ〉において声が寄与して，見ること，読むこと，そして身体の彷徨による地図を作ることができる．地図はカンバスであり，〈われわれ〉はそのカンバスによって「一つの身体が存在する」と言える．逆に声は，主体を示すエロス的なものを素描する欲望・リビードの地図の場所として身体を浮き出させることによって，対象として構成される[30]．

　「自閉症」といわれるグループにはしくじり ratage は存在しない．この意味で固有なものしか存在しない．そこでは声は対象として構成されていない．ラカンはこのしくじりの次元を精神分析の根源に置いたのである．ラカンは声を退けて，しくじりをイメージの次元に位置づけ，疎外-分離の領野に属する

　　たのがこの「地図を作ること」だった（武田，前出，p. 57）．武田は「地図は，言語によるコミュニケーションではなく，むしろ子どもたちの「身ぶり〔移動や行動〕geste」の軌跡を，つまりドゥリニーの言うところの「放浪線〔彷徨線〕lignes d'erre」を，彼ら〔自閉症児たち〕とのコミュニケーションのよすがとしようとする意図から出発したものではないか，と推察される」（武田，同上，p. 58）と述べている．

30)〔訳註〕武田は，ドゥリニーの地図作成は言語によるコミュニケーションによらないと述べている（本章註29〔訳註〕参照）が，アイルブルムは，彷徨線による地図作成に，あくまでも声という媒体が関わっていることを強調している．

80

図4-2　ドゥリニーのメモ書き
出所：Deligny, F., 1975より転載

ものと見なし，遅れ retard と名付けている．「視覚的知覚の早すぎる成熟が機能的な先取りという価値をもつのは，この発達の遅れとの関連によってです」(Lacan, J., 1966c=1972, p. 186/250頁)．

【対象aとしての声，呼びかけとしての声】

　声や発話はいったん理解されると，その理解が使われる時からイメージ image に置き換わり，発話や言語活動となった声や発話の核心をつかまえ損ねる．この置き換えによって，声によって音から発話と言語活動を抉り出すことがめざされ，同時に，イメージとしての対象の繋がりの中で対象-声も生じるが，そのかけら éclat をつかまえ損ねる．声はイメージではないのだ．
　1974年，ラカンはローマでの『三人目の女』という講演で次のように述べている．「私が空回りディスク ourdrome と言ったのは，私が『a〔小文字のアー〕』

---

31)〔訳註〕ラカンの造語．「空回りディスク」という訳語は荻本の試訳（2008）による．ラカンはこの引用の少し前の箇所で，「空回りディスク」とは単調に続く持続音 ronron のことであり，ララング lalangue の一種といえると述べている（Lacan, J., 1974）．このララングも後期ラカンの造語で，喃語 lalation と掛けている．ラカンは

と呼んでいる四つの対象の項目にただ声を加えるため，つまり，声が生み出す音〔おと〕bruit の中にあるとされる物質性から，声を取り出すためにすぎませ
ん」(Lacan, J., 1975, p. 178). つまり，声は音〔おと〕から取り出されて生じるが，例えば眼差しのモデルのような全き一つの対象と見なされることへの異論であり続けるのである.

　声から音〔おと〕へ，そして折り返して音〔おと〕は声をめざす. そこが境域 confins である. 対象-声の生成過程と関わっているのは，(a) と書かれる空を埋める際のような別の対象ではなく，対象を呼び出す残余の部分——つまり部分 part としての対象，不在 parti としての対象，子供たちが「ない pa'ti」と言う際の対象，まさに対象の分割による完全にかけら éclat の状態にある部分——である.

　人間的なものをかけら éclat と結びつけるのは，アンドレ・ルロワ-グーラン (Leroi-Gourhan, A., 1964=1973)のような先史学者や古生物学者たちしかいない！だから声—発話の関係が発話—言語活動という新たな関係に置き換えられると，もはや声はすべてかけらの状態で想起される限りでしか把握されない. 例えば，戒律や神の怒り，角笛〔ショファール〕Shofar の耐えがたさ，ソプラノ歌手のハーモニーやカウンター・テナーの声の恍惚はそうしたかけらたちであり，それらは去勢による切断という混乱の中での恐怖や，失語症者の躓き，雄弁家の詭弁の流暢さなどを想起させる. いずれにせよ『マルドロールの歌』の中で，ロートレアモンがそう書いているように，声は苦しみのもう一つの顔である

　　この概念を用いて，言語の基本的機能は，伝達の道具であることではなく，自体愛的に享楽を得ることだとしている（片岡，2017，p. 149-150）.

32)〔訳註〕この直後に続く箇所を私訳しておこう.「即ち，声を，換喩の効果とはっきり言えるシニフィアンの操作へと託すのです. こうしてこの時点から声は自由になる，物質性とは別のものとなることによって自由であるのです」.

33)〔訳註〕ラカンの眼差しモデルでの「花瓶に納まった花束」という虚像は「全き一つの対象」である.

34) フロイトの糸巻き遊び，ハンスの分析を参照している. 第 7 章「自閉症者と声」を参照.

35)〔訳註〕ここで対象-声は対象aとして生成されることが説明されている. 対象aは原初的な享楽を部分的に代理する，欲望の対象であり，欲望が生じる原因である. ラカンは対象aとして，乳房 sein，糞便 excrément，眼差し regard，声 voixをあげている.

36)〔訳註〕André Leroi-Gourhan, 1911-1986, 20世紀フランスを代表する先史学者・社会文化人類学者.

——このことはラカンからは，ほとんど読みとれないだろう．

　この観点からは，驚くべきことだが，失語症の諸障害は，それらが声の存在を証している点で，つねに，有効な手立てが急激に放棄されたという状態にすぎないのである．対象aとしての声のたどる道も同じ次元にある．声は，たとえ指示され誘われ促されたとしても，呼びかけ invocation としてしか生じない——最初から声を呼びかけ欲動 pulsion invoquante として位置づけられる[38]わけではないが．こうした呼びかけは，**談話療法**の理論や実践にとり，未知にせよ慣れ親しいものであるにせよ，まさに不可欠なものである——精神分析治療や，声によってもたらされる発話すべてが，その根底では，呼びかけでしかないことが明らかであるように．

　別の言い方をすれば，声とは，残余としての対象の理論の／における，対象の残余 vest d'objet なのである．フランソワ・ボドゥリ[39]がイヴ・ボヌフォワ[40]の詩『キャスリーン・フェリアの声に』に依拠して主張しているように[41]（Baudry,

---

37)〔訳註〕第７章冒頭を参照．「女がソプラノで，流れるようなふるえ声を発するとき，その人間臭いハーモニーをきくや，心の中で荒れ狂う焔が僕の眼からほとばしり，苦悶の火花がとびちり，……」（ロートレアモン，1869=1987，91頁）．

38)〔訳註〕欲動はその起源においては構造的なものでも生物学的なものでもなく，私たちの欲求が周囲の人物（通常は両親）へ向けられるとき形作られる．また，そうした人々によってなされる私たちへの要請（食べなさい，排便しなさい，など）の相関物として形作られる．例えば，肛門欲動は，子どもがトイレをきちんと使えて，排泄機能もコントロールできるようにという両親の要請によって生じる（フィンク，1997=2008，301頁）．呼びかけ欲動も，例えば母親が子どもに声をかける，子どもが母親に声を出すことによって生じるのである（訳者解説「２．自閉症と音〔おと〕たち」を参照）．

39)〔訳註〕François Baudry, 1943?-1998．フランスの哲学者，精神分析家．

40)〔訳註〕Yves Bonnefoy, 1923-2016．フランスの詩人，美術評論家，翻訳家．20世紀後半から21世紀前半の主要な詩人の一人と見なされている．Kathleen Ferrier, 1912-1953はイギリスのコントラルト歌手．彼女の歌った有名な作品としてはJ．S．バッハの「マタイ受難曲」，「ミサ曲ロ短調」などがある．ボヌフォワは若い頃から，このキャスリーン・フェリアの声でうたわれた「大地の歌」（グスタフ・マーラー）をとても好んでいたという（清水，2014，7頁）．以下にボドゥリ（2000，p. 62）がその数節を引用している『キャスリーン・フェリアの声に』を拙訳した．「灰色がかった声を讃えよう．消え去った歌の彼方でその口ごもった声が聞こえてくる．端正な形の彼方で，別の歌が，そして唯一絶対的なものが震えたかのように．おお，それは光と光の無．おお，それは不安や期待よりも高らかに微笑む涙．おお，それは白鳥，非現実のくすんだ水の中の現実の場所．おお，それは泉，深い夕暮れの時」．

第 4 章　ざわめきたち——失語症と自閉症　　*83*

F., 2000, p. 59-68），それはまさに対象における二番目の底の例である．声はかけ
らである，つまり，ラカンによって（a）と呼ばれている対象のかけらなのであ
る．対象としての声は，（a）の文字によって提起されているような対象の単
一理論とは相容れない．

【話すことの残余——主体の到来】

　フロイトは，失語症批判の最初から，声，発話，言語活動について新たな理
解の仕方を提起している．一方に，ヒューリングス・ジャクソンによって検討
し直された「言語残余 restes du langage」という観念がある——私はそれを，
さらに進めて「**話すことの残余 reste de parler**」として，つまり「話すこと
が残存している reste de/du parler」と同時に，「話し続けている reste à
parler」こととして理解している．他方，様々な失語症の困難である主要な諸
症状を通して，大脳諸領野とその連関の一般理論における発話，言語活動の領
野を体系化する試みには，必ず袋小路や残滓が生じる，という事実がある．フ
ロイトはこの事実から，こうした領野の観念への準拠を無効にするべく駆り立
てられている．
　フロイトは，鏡像化 spécularisation におけるしくじり ratage，つまり同類

---

41)〔訳註〕ボドゥリは次のように述べている：「対象か〈他者〉か"見分けにくい
indécise'領域，そこで部分欲動の"かけらたち"をもとにしてそこに近づくことによっ
て，時に対象の二番目の底 deuxième fond の次元に気づくことができる．この対象
における二番底の次元を私はボヌフォワの詩『キャスリーン・フェリアの声に』にも
見出している」（Baudry, F., 2000, p. 62）．ボドゥリはこの論文集で「対象の二重底
double fond」という用語を用いて，精神分析における対象の問題を探究している．「分
析において，対象はどの欲動の対象たちからも区別されなければならない．部分欲動
の対象たちが対象aとして作用するのは，それらが対象aを代理し，様々な仕方でそれ
に近づく限りにおいてである．一連の区別や切断たちによって，生成されるものが対
象aから差し引かれ，対象a——誰も想像もつかない対象としての——は身軽になり，
くり抜かれる．この対象のくり抜き，この窪みによる結果は…空としての対象の生成
そのものである．そしてこの空としての対象は"残余"の機能を保ち続ける」（*Ibid*, p.
36）．空としての対象aと部分欲動の対象たちとのこうした「緊張やズレ」が「対象の
二重底」をもたらすという．なおこの『Éclats de l'objet（対象のかけらたち）』は，
ボドゥリが亡くなった2年後の2000年に刊行された論文集である．アイルブルムは，
ボドゥリにこの論文集を献呈した編者の一人として名を連ねている．

イメージ image semblable であり空隙のない**投射 Projektion** と対立する**代理 Repräsentation** という名のしくじりに結びつく残余の観念に依拠し，精神分析や無意識を生み出す現実的なものという別の次元に開かれた，声や発話の道へ進み始めたのである[42]．以上は，フロイトのテクストから読み取れることであり，また，フロイトのテクストから少し後に公表された失語症領域の論文——サロ博士による『ある失語症者の記憶』であり，その最初のページには1911年12月という日付が入っている——を通じて紹介したいことである．「……遠い内的なこだまが聞こえるようだった．そのこだまは私に繰り返し聞こえてきて，語 mot や文字 lettre を思い出させてくれた．そしてまた語や文字がやって来たが，かなり苦労して考えなければならなかったし，多くの場合，むなしい努力だった．それは，話される言語活動の表出をある種先取りした外在化によるように，私に知らせる内的な声たちのようだった」(Saloz, J., 1918)．ここで自閉症の幻覚的な特徴に迫ろうとしたラカンの説も思い出しておこう[43] (Lacan, J., 1985, p.5-23)．さて略さずフロイトに戻ろう．「こうした例からは，これらの**言語残余**（Sprachrest）は，言語装置がその罹患前に——もしかしたら既に罹患しつつある最中出会ったのかもしれないが——，形成した最後の言葉だったのではないかという推測を抱かせる．内的に大きく興奮した瞬間に引き起こされたこうした最後の機能修正が持続して残る現象を，私はその機能修正がもつ強度

---

42) ここで「投射」とは同類イメージ image semblable の次元にあり，「代理」は同類ではないもの，空白のあるもの，欠如しているものの次元にある（フロイトは代理の領域全体を示すのに，いくつかの用語を使っている）．〔訳註〕101-102頁，106頁も参照．

43) ラカンはこの講演で次のように述べている．「その名が示している通り，自閉症者たちは自分で自分自身〔の声〕を聞いているのです．彼らは多くのことを聞いています．それがごく普通に幻覚に至るのです．その幻覚は多少なりともつねに声の特徴をもっています．自閉症者なら誰でも声が聞こえるというわけではありませんが，彼らは多くのことを言いますし，彼らが口にすること，それをどこから聞いたのか，それを知ることが重要なのです」(Lacan, J., 1985, p. 17)．〔訳註〕「彼らが口にすること，それをどこから聞いたのか」という問いについて，松本（2017, 138頁）は，自閉症と精神病での対象aとしての声のあり方を比較し，次のように答えている．「精神病者は声という対象aを外部の他者から到来したものとして聞いている．他方，ラカンが言うように，自閉症者は「自分自身〔の声〕を聴いている」．つまり，声を自分自身から到来したものとして聞いている．ここでラカンは，自閉症における声がもつ自体性愛的な性格を指摘しているのである．

第 4 章　ざわめきたち──失語症と自閉症　　*85*

から説明したい．これと関連して私が思い出すのは，二度までも私が陥った生
命の危機のことである．それを感じ取ったのは二回ともまったく突然であった．
どちらの場合にも私は考えた，「もうお前はおしまいだ」と．私の内的な発話
は普段であれば，非常に不明確な音心像と，それとは分からない程度の唇の動
きを伴って起こるのであるが，危険に陥っていたときの私はこれらの言葉を，
まるで誰かが私の耳に向かって叫んでいるかのように聞いたのである．そして
同時にこれらの言葉を，ひらひらと舞い落ちる紙片に印刷されているかのよう
に，見たのである」(Freud, S., 1891=2009, 77頁)．

　フロイトは失語症ではなかった．だがフロイトはここで，幻覚といえる瞬間，
つまり現実的なものが切迫してくる経験について，失語症と関連させて──正
確に言えば，失語症によって考察の対象となった話すことの残余 restes de
parler において──語っている．フロイトはこうした限界点にわれわれを誘
い，次のこと，即ち，その限界点において，話すことの残余は，一つの経験
──少し後〔1918年〕にサロ博士がその内面性を「外在化の先取り」として定[44)]
義した経験──によって再構成されることを告げ知らせている．その経験は一
回限りの偶然の出来事ではなく，そこで作用する原則は一般的である．つまり
フロイトは，その経験が「二度までも」「二回とも」起きたと言い，その原則
を明確に述べている．失語症において話すことの限界に達する時，言語装置は，
その機能自体が限定される地点，ここでは特に声を発したり，ひらひら舞う書
字écritureを叫び，読んでいるという地点に到達する．ここでフロイトはわれ
われに発話機能の根源を示している．発話機能の根源では，読みへ向かいつつ
叫びとなった声によって内的な発話が発せられる瞬間だけが待ち受けているの
である．

　フロイトが語っているこの大胆で驚くべきことから，次のような指摘をした
い．失語症は，その根底では，失語症を被った者によって自己観察されるしか
ない．その理由は次のことから明らかとなる．失語症者にとって失語症が現前
するのは，研究の対象としてではなく，フロイトやサロ博士の場合にみられた
ように，ほとんどの失語症者が自覚できるギリギリのところで，叫び，声，書
字が織り成す中，声・発話・言語活動の機能自体が戯れる限りにおいてである．
精神分析に関わることだが，自己分析と呼ばれているものは精神分析だけに閉

───────────

　44)〔訳註〕本書84頁，参照．

86

じられているわけではない——この点について，私はシャルコーによる証言を示した[45]．失語症者たちも自己分析によって同様の〔発話機能の〕根源を見出し，その語りの中で表明するのである．彼らは，主体形成の余地を与えないような発話・言語活動の装置をすべて裁断し，裂け目を入れ続けているのである．つまり，ここでの焦点は，罵り言葉たちや話すことの自動症というざわめきたち bruisures の最たるものを介してさえも，主体は到来するということである．したがってここで十分に読み取っていただきたいのは，フロイトが1891年に，声，発話，言語活動の機能の原理を示す体験をなぜ読者に公表したのか，即ち，障害や自動症としての話すことの残余しかもはや問題にならない瞬間に，主体が到来することをなぜ書き記したのか，である．罵り言葉，冒瀆的言葉，激しい非難の言葉，そして話すことの残余としての侮辱的言葉，言葉のたどたどしさ，そして幻覚の噴出と密接する言葉たち，これらの言葉たちは，他者 autre〔想像的他者を意味する小文字の他者〕との想像的関係から生じる攻撃性を示しているのではない．それらは，精神自動症や言語性幻覚のメカニズムというえぐられた部分において，〈他者〉Autre〔象徴的他者を意味する大文字の他者〕から主体を生じさせるものの極限にある[46]．声への跳躍により（声が発せられて），折り返し，音〔おと〕bruit や話すことの自動症が明確になる．また，声は言語活動の機能の中では発話として現われる．声は，この跳躍により，絶えず発話や言語活動の残余となるものとして，常に話すことの領域や音〔おと〕の領域との親密さとして現われる．

【声の向こう——残余としての音〔おと〕】

この親密さは，例えばフロイトがフェティシズムを研究する際に対象の理論として提唱していることの核心にとって重要なものである．（幼児）精神病あるいは自閉症と呼ばれる[47]，神経学的なものに近い領域において，われわれは，話

45）〔訳註〕本章の最初のほうでの，フロイト宛のシャルコーの手紙を取り上げた箇所（本書70頁）の記述のことを指していると思われる．この箇所でアイルブルムは，シャルコーは，転移によるといえるような自分の夢想の宛先であり原因はフロイトであると認めているのではないか，と指摘している．

46）Lacan, J., 1978b, p78-97を参照．この発言に関する文献は，ELP（École lacanienne de psychanalyse）のサイトでも見ることができる（http : //www. ecole-lacanienne. net）．

すことから退却しているとは言えないが，要求された場所にともかく単に居ることができない人たちとずっと関わってきたが，そこでは声の向こうでの際限のない彷徨しか読み取ることができない．この領域は，言語活動の残余自体に関わる特徴をもつと解釈できるヒステリー性の無言症を越えている．しかしこの領域は，声・発話・言語活動の諸機能において神経学がすでに示しているものと明らかに交差している．なぜなら，彷徨は，発話-言語活動の関係として置き換えられて生じる声-発話の関係の残余としての音〔おと〕だからである．

　声の向こう les hors la voix とは，この置き換えの／における残余としての音〔おと〕bruit である．残余としての音——おなら，げっぷ，大汗，叩き打ちつける音，擦れる音，滑る音，尿漏れ，下痢，腹鳴り，震え，ため息，さらに，生気のない皮膚のざらざら，あるいはずたずたに切断された身体と呼ぶべき生身……．生きた身体は，えぐられた木のように排泄がすべて止まり乾いてしまい沈黙するなどといったことは決してない．こうした音〔おと〕の響きたち bruitages によって，身体は発話-言語活動関係の残余あるいはかけらである（となる）．[48]

　こうしことは，オスカルが，ギュンター・グラス[49]の小説の中で，話すこと自体をある期間ずっと葬っていた歴史の同伴者という自分の立場について，自分のブリキの太鼓の鼓動を通して訴えることによって，われわれに思い出させてくれることではないか？　この急激な変化の瞬間の断片を，グラスが書いている通りに引用させていただきたい．「ぼくは2個の60ワット電球という姿をし

---

47) ロジェ・ミゼ〔Roger Misès, 1924-2012. フランスの精神分析家，児童精神医学者〕のような精神科医でも，自閉症を幼児精神病ときちんと区別するのは難しいと感じているようである．彼は『フランス精神医学レター』(1996年3月第53号)で「……カナーの自閉症**や他の精神病**と比べて……」(Misès, R., 1996)〔強調はアイルブルム〕と書いている．

48)〔訳註〕ここで自閉症者において，彷徨＝残余としての音〔おと〕＝固有なもの＝音〔おと〕の響き＝ざわめき＝身体という等式が成り立つだろう．音〔おと〕の響きbruitageもざわめきを示すキーワードである．

49)〔訳註〕Günter Grass, 1927-2015. ドイツの小説家，劇作家．自由都市ダンツィヒ（現ポーランド領グダニスク）で生まれ，ドイツ，ポーランドなど様々な民族の間で育った．1999年，ノーベル文学賞受賞．代表作『ブリキの太鼓』(1959)は，子供のまま成長の止まった主人公オスカルの視点から20世紀前半の激動のダンツィヒなどを描いた作品．2006年（78歳）に，17歳の時（1944年）ドレスデンでナチスの武装親衛隊に入隊していた過去を自ら明らかにし，大きな波紋を呼んだ．

たこの世の光を眺めた．……しかしながら，その光と影のたわむれはあまり僕の記憶に残っていない．むしろ記憶にあるのは蛾と電球のあいだで立てるあの大きな騒音のほうだ．蛾はしきりに羽音をとどろかせた，まるで自分の知識を急いでかなぐり捨てるみたいであり，……．これらすべては，ぼくの誕生を機会に二つのありふれた60ワット電球の上で蛾が催した，太鼓による乱痴気騒ぎと異なるものではない．……ぼくは……ぼくの誕生のときのあの茶色の鱗粉をまとった中ぐらいの蛾を標準にし，それをオスカルの師匠と呼ぶことにする．この蛾のおかげで，ぼくは太鼓を叩いて，しかもふざけた」[50]（Grass, G., 1961=1978，55-58頁）．

　死によって乾燥したものは，目立たなくなるギリギリのところで一貫性なくブレながら消えてゆく．このブレは，大気中によくスケッチ模様ができるげっぷや，身体の穴という窪み，すなわち反転した大気中で生じることもある．ご存知のようにこの反転 retournement は，アントナン・アルトー[51]がタラウマラの国で書き記し経験したものである[52]．「司祭のあの叫びはあたかも空中で杖の軌跡を持続させるために発せられたかのようだった．……あるとき風のような何かが巻き起こり，空間たちはたじろいだ．私の脾臓があるあたりに巨大な空虚が穿たれ……，そしてこの空虚の底に，漂流していた根の形が現れた．それ

---

50)「蛾と電球」．

51)〔訳註〕Antonin Artaud, 1896-1948．フランスの俳優，詩人，小説家，演劇家．『演劇とその分身』(1938)，『社会の自殺者ファン・ゴッホ』(1947) など．1936年，メキシコの先住民タラウマラを訪れ，シグリ──深夜に行われ，ペヨトル（古くから知られた，幻覚作用をもつサボテン科に属する植物）の吸引をともなうシャーマニズム的祭儀──を体験する．1936年アイルランド旅行中に精神錯乱を起こし精神科病院に収監されたが，1947年に退院するまで病院内で多数の著作を書き上げた．

52) さらにセルジュ・ルクレールも〔強迫神経症の症例の〕Pôor(d)j'e-li〔ポールジュリ（ドゥリ）〕という発語 jaculation を詳細に分析してゆく際に，この反転 retrounement に最も接近している（Leclaire, S., 1968=2006, p. 112/108-109頁）．〔訳註〕セルジュ・ルクレール（Serge Leclaire, 1924-1994）はフランスの精神分析家．ラカンの最初の弟子と言われている．症例の発した Pôor(d)j'e-li という発語は，様々な音素の集合から構成された無意味のシニフィアンだが，ここからルクレールは，症例の人生のさまざまな局面や無意識の形成物を導き出している．これらの形成物は特異性や主体の内密性の本質それ自体に触れている（松本，2015，399-400頁）．こうした分析をルクレール自身は「一種の逆行的分析」（Leclaire, S., *op. cit.*, 110頁）と言っている．アイルブルムは，このルクレールの分析を「反転に最も接近している」と指摘しているのであろう．

は一種の J であり，その頂点には三つの枝があり，その上には悲しげな，一つの目のように輝く E があった．J の左耳から炎が吹き出て……」(Artaud, A., 1947=2007, p. 27, p. 32 ／ 24頁, 29頁)．レオ・カナーも最初の論文で，症例１と呼ばれたドナルドの事例を通して自閉症を提唱し定義づけた．ここで私は自閉症という用語によるピン止めを通して流布していることを紹介したいと思う．「しかし彼は絶えず空中に指で文字たち lettres を書き続け，「セミコロン」，「頭文字」，「12，12」，「殺される，殺される Slain, Slain」などと単語を不意に書き出す éjaculant des mots のだった」(Kanner, L., 1943=2001, p. 222/15頁)．

　このようなブレたちの中から特に，写真技術の一つとして格上げされるべきしくじり maladresse を示す言葉を取り上げよう．それは反響 résonance である．イメージ image と音は交わり合い反響する．暗室に引き込まれるのは微かな「カチッカチッ」といった音があってこそである．その音はサン-タンヌ病院での講義の際，ラカンも取り上げたトリックトラック〔西洋すごろく〕の魅力の一部である音たちを想起させる．ミケランジェロのモーセ像という名のもと，反響によって，コルソ・カヴールの急勾配の階段を上がってくる無頼の徒フロイトを迎え入れる時，大理石は裏切り，喧騒，そして歓喜の叫びを引き起

---

53) A. アルトー「タラウマラ族におけるペヨトルの儀式」．ペヨトル（の儀式）は19世紀末から20世紀初頭にインディアンの絶望の中でメキシコからもたらされた．アルトーとサウスダコタのインディアン，特にスー族で行われるトゥトゥグリの踊り・祭儀との結びつきはまったくの空想ではないようである．

54) ヒューリングス・ジャクソンが失語症に関する論文の中で，失語症者の自動的発話を「不意の発話 jaculations」と呼んでいることを指摘しておこう．〔訳註〕ジャクソンは失語症で障害を受けるのは命題的価値をもった知性言語であり，習慣や感動によって発せられる感情言語は保たれやすいとした．第２章の言語残余「タン」や罵り言葉などは「不意の発話（英語で ejaculation）」であり感情言語といえる．

55) 『ブリキの太鼓 Die Blechtrommel』がそれを喚起するように，「ブリキの声で Mit blecherner Stimme」は「低く響く声で d'une voix creuse」を意味する．太鼓 Die Trommel は，解剖学的な意味では「鼓膜」であることを付け加えておこう．

56) 〔訳註〕1972年１月６日，サン-タンヌ病院での講義で言及されている（Lacan, J., 1971-1972）．トリックトラックは西洋すごろくであり，あらゆる室内ゲームのなかで最も古く．起源は紀元前3000年にも遡る．17世紀以降，バックギャモンと言われ，現在も世界中で盛んに行われているすごろくである．「トリックトラックの魅力の一部である音たち」とはゲーム中に転がるダイスの音や駒を置く音のことであろう．ラカンはこの講義で，分析主体と分析家の行方を"上がり"をめざすトリックトラックの駒になぞらえている．

こし，反響する[57]（Freud, S., 1914＝1933/2010, p. 8頁）．以上すべては，耐え難いほど
みだらで，発話−言語活動の領域にはそぐわない声−発話の残余としての音〔お
と〕である．

　まさにこのことをわれわれに示し続けているのは，ありとあらゆる多様な囲
い（精神医療的なものも含め）の中に閉じ込められた統合失調症とされる人たちで[58]
ある．前述した自閉症者たちの場合，判定者たちをうんざりさせ，騒ぎを起す[59]
ことにより，今日では家族が法律に訴えて，障害の順序集合をつくるほどになっ
ている．そして結局，彼らは社会的に認められた狂気の一定の表現にしっくり

---

57)「ミケランジェロのモーセ像」．〔訳註〕この箇所を引用しておこう．「これまで私は
　いったい幾度，美しいとは言えないコルソ・カヴールの急勾配の階段をのぼり，人気
　のない広場にひっそりと立っている教会を訪れて，軽蔑と怒りに満ちたこの英雄の眼
　差しの前に立ち尽くしことだろうか．そしてまた幾度，あたかも私自身もこの眼差し
　が向けられている無頼の徒たちの一員であるかのように，薄暗い屋内からこそこそと
　逃げ出したことであろうか．この無頼の徒たちは，……あやしげな偶像がふたたび与
　えられたとなると，それだけで下品な歓声をあげるのだ」．「裏切り，喧騒，そして歓
　喜の叫び」は，神（ヤハウェ）に背いて黄金の子牛（偶像）をつくり，それを拝むユ
　ダヤの民によるものである（関根正雄訳『旧約聖書　出エジプト記』第32章，1969）．
　フロイトは自らもこの「無頼の徒たち」の一員であるかのように感じながら，モーセ
　の眼差しから逃げ出したのである．
58)〔訳註〕「自閉」にも通じるこの「閉じ込められた enfermé」という語は，「ワルシャ
　ワ＝アウシュヴィッツの人々すべての閉じ込められた叫びや声」（本書99頁），「施設
　の壁たちに閉じ込められた愛」（本書115頁，註7）．
59) 1996年2月21日，フランスのエロー県の重罪院で行われた裁判についてよく考えて
　ほしい．裁判所はジャンヌ・マリー・プレフォーに対して，自閉症といわれていた23
　歳の娘ソフィー殺人の罪で，執行猶予つきの5年の禁固刑を言い渡した．日刊紙リベ
　ラシオンの記者は，特に母親の言葉に言及しながら，この事件を取り上げている．「50
　歳の時，彼女〔ジャンヌ・マリー〕は心身共に疲れ果てていた．その頃，ソフィーが
　大好きだったジュルジュおじちゃん〔ジャンヌ・マリーの兄弟〕を亡くし，そして何
　よりもソフィーを長年見守ってくれていた精神分析家も亡くなり，憔悴しきっていた．
　ジャンヌ・マリーは，その分析家を「私の第二の母親」と言っており，自分自身の目
　標，相談相手，避難場所を失ったのである．ソフィーは決めた――「お医者さんたち
　を殺してもいい」．〔訳註〕この最後の一文「ソフィーは〜」はやや意味が分かりに
　くいと思うので，補足しておきたい．ソフィーのこの発言は，精神病院に4か月間入
　院した際の，電気ショック療法と投薬という生き地獄の体験から生じた言葉である．
　ジャンヌ・マリーは娘ソフィーを退院させ，「二度と精神病院には戻さない」と約束
　し一緒に暮し始めたが，2年後ソフィーを殺め，自首した（https://www. liberation.
　fr/evenement/1996/02/22　『リベラシオン』〔フランスの日刊紙〕のウェブサイト）．

合うようになり，彼らはあらゆる狂気を越えた狂気だが衛生的なのとなる．「オスカルはこのみんな揃っての清潔への讃歌を憎んだ」[60] (Grass, G., 1968=1978, 132頁) とグラスは書いている．アルトーも，声に関する詩において，狂気を受け入れる慇懃な様式としての衛生主義と戦っている[61]．

　精神分析家が自閉症を定義する行為によって自閉症の理解に着手できるとするなら，分析家の声において強調しておくが，それは狂気そのものに対して恥ずべきことである．つまり，それは，最後には容認されるあらゆる不条理の根底においても全く見当違いで不適切で認めがたいことなのである．

　プラトンの『饗宴』で笑いの核心として認められたアリストファネス[62]から，シュールレアリストたちにさえその鋭い考察を無視されたロートレアモン[63]にいたるまで，話すことはすべて収縮＝狭窄 constriction から出現し開始される．「上から」と「下から」が絡み合い，吸気を伴うしゃっくりの形にせよ，消化や呼吸という形にせよ，あるいはロートレアモンが喚起させる恐怖の絶頂での叫びのようなソプラノの歌の形にせよ，その裂け目は身体による効果である．発話の衝動は重大な脅威から始まるのである．アリストファネス――ロバンが[64]

---

60)「シュトック塔から響く遠隔作用の歌」．

61)〔訳註〕こうした衛生主義は"反・ざわめき"であり「意味の一義性」を支持する立場といえよう．

62) 笑いや爆笑がどれほど，あらゆる目標の喪失へといたるほどの混乱，裂け目をもたらすのか．それを理解するために，直筆かどうか疑わしいものだが，アブデラ〔ギリシャのトラキア地方の町〕市民へのヒポクラテスの手紙を参照されたい．アブデラ市民は，自分たちの賢人デモクリトスのいつも変わらない反応に当惑し，ヒポクラテスを呼び寄せたのだった．実際，デモクリトスは彼らの疑問や不安のすべてに対して，話すことをせず，笑うことによって答えていた．ヒポクラテス『笑いと狂気について』(1989) を参照のこと．〔訳註〕原子論で知られるアブデラのデモクリトスは，いつでも誰に対しても笑っていたり，動物の死骸が家の周りに散乱するなどしていたので，市民から少し頭がおかしくなったのではないかと思われてしまっていた．市民に請われ，デモクリトスを診たヒポクラテスは，デモクリトスの聡明さとその行動が彼の哲学によるものであることを知り，「幸福な人である」と診断した．なおヒポクラテスは古代ギリシャの医師（紀元前460年頃-紀元前370年頃）．デモクリトスは古代の哲学者（紀元前460年頃-紀元前370年頃）．原子論を唱え「笑うひと（ゲラシーノス）」と呼ばれた．

63)〔訳註〕Aristophanes, 紀元前446年頃-紀元前385年頃．古代アテナイの喜劇詩人，風刺詩人．

64)〔訳註〕Léon Robin（1866-1947）．フランスの哲学者．ギリシャ哲学，古代哲学史の専門家．

翻訳して復活させ，ラカンがコジェーヴの教えにもとづき詳細に取り上げてい
る[65]——の過激な風刺を越えて，生の舞台装置は，死がすぐ間近に迫ってくると，
動揺させられ，かき乱されるまでになり得る．

　声という核心まで含めると，話すことの次元は秩序立っていない．『饗宴』が，
冗談や皮肉によってではなく，みごとに証言していることだが，人は決して自
分が話す番の時に話すことはなく，いつも自分の番ではない時に話したくて仕
方なくなるのである．しかし，発話のやりとりの際，常軌を逸した狂気から分
かることだが，音〔おと〕や声は，眠っているのか正気なのか区別し難い時で
さえ，いつもの穏健な話し方に対して，いたずらをするものである．そこでは，
やりとりは退き，発話たちが，じゃれたフルートを思い出させる夢の中でのよ
うに続き活気づく．

　それゆえ私はその瞬間に潜りこんでみたい．話すことは，身体が声帯によっ
て呼吸 souffle としての空気を流出させることを躊躇し，同時に吸気と呼気の
規則正しいリズム battement にしたがうことも躊躇する時，つまり沈黙の収
縮，中断した時間からほとばしり出るのである．呼吸は，肺呼吸の単純なリズ
ムにしたがっているのか，妨害に出会って声を生み出すのか[66]によって，同じで
はない．しかし，話存在 parlêtre は常に話存在であるがゆえに，呼吸とは本
質的に異なっている．臨床という慣習的形式の中にいる現代のわれわれのごく
近くに，サロ博士を再び呼び出そう．サロ博士のおかげで，あの乱れの次元に
ついて，文字 lettre の位置づけを通して洗練させることができる．「結局分かっ
たことは，最も重大な困難の一つは，書かれた文字を理解することは，文字を
見ることより遅れるという事実から生じているということである．見た文字の
記憶はすでに消えてしまうのだから，それはまだ健忘の現象といえる．しかし
口に出した文字の音〔おん〕son のほうはより長く残る[68]」(Saloz, J., *op. cit.*, p. 14).

65）〔訳註〕セミネール『転移』（上）の「第Ⅵ章 球体の嘲弄——アリストファネス」
　　で取り上げている（ラカン，2001=2015）．

66）〔訳註〕呼吸が声帯・咽頭・舌・口唇などの閉鎖・狭窄という「妨害」に出会い，
　　さまざまな声が生み出されることを指している．子音の分類には，口唇"閉鎖"音（p,
　　b, m），歯茎"摩擦"音（s, z）など，「妨害」を示唆するような用語が用いられて
　　いる．

67）〔訳註〕「話すことの次元は秩序立っていない」（本頁 7 行目のこと）．

68）〔訳註〕これはサロ博士自身が，自分の書いたものを書き写しながら音読している
　　状況を記述した箇所である．

音〔おん〕は持続するなかで，文字そして／あるいは音素を見たり読むことに閉じこもらず，ずれécartや食い違いdécalageをもたらし，ざわめくのである．ここで少し導入として，いや導入だけで終わりにせず，レオ・カナーのことを[69]語りたい．カナーは，今日の世界に流布し，われわれがある意味，この上なく彼に恩恵を受けているもの，即ち自閉症の，創造者？　発明者？　発見者？命名者なのか？

【カナーと自閉症】

　短い物語として一つの話をしよう．かつてガリツィアに，あるユダヤ人の少[70]年がいた．少年は生まれた村，クレコトフ〔現在のウクライナ〕──オーストリア＝ハンガリー帝国の境界地域でベルリンという名の村の近く──から，ベルリン（ドイツの）へ出て医学の勉強をした．

　カナーが1924年にアメリカへ移住した理由について，私は知らないし関心もない．したがって想像だが，彼はエリス島に到着したか，あるいは，この不可[71]避の小島を迂回するか無視して（1924年は，漏斗〔じょうご〕の歴史が転換した年である．つまりそれまで通過は自由だった），合衆国の中で傷つけられたものや忘れら

---

69) レオ・カナーは，ボルティモアのジョン・ホプキンス病院でアメリカ合衆国最初の児童精神科医となった．アメリカ精神分析家協会創立者のメンバーの一人であったアドルフ・マイヤーによって任命されている．マイヤーはラカンが参照した重要な人物の一人である．その参照箇所はDenis Lécuru（1994）を見れば分かる．

70)〔訳註〕ガリツィアは現在のウクライナ西部とポーランド南東部とにまたがる歴史的地域で，東方ユダヤ人の中心地であった．19世紀後半からオーストリア＝ハンガリー帝国（1867-1918）に属し，第一次世界大戦後はポーランド領に復した．ちなみにカナー（1894-1981）はオーストリア＝ハンガリー帝国時代にガリツィアで生まれ，第一次大戦後の1924年アメリカへ移住している．1881年から1920年までの40年間には205万人ほどのユダヤ人がアメリカへ移住しているが，東欧系（ロシア帝国とオーストリア＝ハンガリー帝国）のユダヤ人が圧倒的多数を占めていた．カナーもこうしたユダヤ人移民の一人であった．

71)〔訳註〕アメリカ移民の窓口となった北ニューヨーク湾にある小島．1892年に開設され，1954年に閉鎖されるまで約60年間，移民管理局があった．「1892年から1924年にかけて，1600万人近い人びとがエリス島を通過することになる．日に5000人から1万人の割合だ．……エリス島を経由しなければならない移住者たちは三等で……重ねた藁蒲団のうえで2000人の乗客がぎゅう詰めとなる中甲板（ちゅうかんぱん）の共同寝室で渡航する者たちだった」（ペレック，J.，ボベール，R.，1994=2000，12頁，14頁）

れたもののほうへ，つまりサウスダコタのインディアンの人々のところへ向
かった（1924年は，インディアンすべてに市民権を与えるインディアン市民権法の成立し
た年という点でも転換点となった年である）．1979年にテレビ放映のために撮影され，
ジョルジュ・ペレック[72]とロベール・ボベール[73]によって報じられた，エリス島の
「彷徨と希望の物語」という映画〔1979〕[74]に，カナーを登場させることはできた
だろうか．彼らはカナーに出会うこともできたかもしれなかった．カナーそし
て彼らもまだ生きていたのだから．ならば自閉症を，新たな別世界の始まりで[75]
のレオ・カナーとジョルジュ・ペレックとの邂逅に名を与える一つの方法とし
て，提示できるだろうか？　もちろんできるだろう．しかし，誰が声のないこ

---

72)〔訳註〕Gerges Perec, 1936-1982．フランスの小説家，随筆家，クロスワード作家
（verbicruciste）．両親はフランスに移民したイディッシュ語を話すポーランド系ユダ
ヤ人であった．第二次世界大戦で父親が戦死し，母親はアウシュヴィッツの犠牲者で
ある．そのためペレックは戦争孤児となり同時に文化的，言語的な孤児という境遇に
一挙に投げ入れられた．ペレックは幼少年期の発端にわだかまる記憶の欠落を自らの
テーマの根底に据え，いわば密かに喪に服しつつさまざまな意匠のもとに作品を産出
しはじめる．例えば，伝記的性格の濃厚な作品，『眠る男』（1967）や『失綜』（1969）
では，記憶の欠落に他ならない断絶，断層，亀裂，欠落，欠如，不在，空白という概
念の跳梁とその克服がテクストを支配している．同じ時期に文学サークル「潜在文学
工房」（本章註76参照）に参入し，一連の言語遊戯的作品に特異な才能を発揮するが，
それら個々の作品ならびにその集大成『人生使用法』（1978）でも自伝的特質が濃厚
である．『エリス島物語』はペレックが1978年，出自と両親の移民先を共にする映画
作家ロベール・ボベールの誘いに応じて，アメリカ移民の象徴的トポスの下見と撮影
に加わり，台本の執筆を引き受けて成立した．ペレックの死後1980年に刊行され1994
年に再刊された（酒詰，2000）．

73) Robert Bober, 1931-．フランスのテレビ映画作家，小説家．

74) そしてさらにその後，国立視聴覚研究所INAの協力のもと，POLから『エリス島物
語──彷徨と希望の歴史』（パリ，1994）というタイトルで出版された（Perec, G. et
Bober, R., 1994=2000）．

75) この点については，互いにかなり異なり，かつかなり似ている二つに著作を一緒に
ページを繰りながら比較し参照しなければならないだろう．ジョルジュ・ペレックと
ロベール・ボベールの『エリス島物語』とT．C．マクルーハンが伝承を収集した『聖
地を裸足で*Pieds nus sur la terre sacrée*』である．「1609年頃，マンハッタン島に
オランダ人が最初にたどり着いた時の，口承により伝わっているデラウェア族の
見方」を付け加えておこう．「大男はそこで自分のスープ用の野菜を育てるのに必要
な，バッファローの皮ほどのわずかな，全くわずかな土地しか望まなかった．この時，
大男の狡猾さを見抜けなければならなかったのだろう」（McLuhan, T. C., 1971, p.
75）．

第4章　ざわめきたち──失語症と自閉症　　*95*

と sans voix を許容するのだろうか．「言い表せるかどうかの境目で，形をなさないもの」(Perec, G. et Bober, R., *op. cit.*, p. 56/63頁) とペレックは書いている．さらに先へ行こう．レオ・カナーは，クロスワードパズルやペレックのウリポ的なアルファベットによって，この「声の向こう」を言葉にしていたのだろうか．レオ・カナーによって，別の語や別のクロスワードの名詞たちからなる，類似した別の集合体が存在することになるだろう．

　さて，かつてガリツィアにいたユダヤ人少年は，合衆国に到着し，サウスダコタのインディアンのところ，ヤンクトンへ行くことにした．そして彼はそこで1926年に最初の論文を発表している．インディアンの人々に関する論文，つまり性的入植，梅毒の最終的な形，全身麻痺という名のもとに彼らが被った悪疫に関する論文である．彼の最初の論文は「北アメリカのインディアンたちの全身麻痺」を扱ったものである．私はヤンクトンをなかなか見つけられなかった．この都市がアメリカ人の意識にのぼることはほとんどない．それほどサウスダコタの古都であるこの都市 (1883年まで) は道路，言葉，思考からはずれているのである．スー族の人々が言っていたように，英語とインディアン語の間で音を類似させ，起源を同じくした語「ヤンジー」＝開拓者たちの都市ヤンクトンは，ミズーリ川沿いの，スー族の領土の中心であったサウスダコタとネブラスカとの境界にある，インディアンたちの消失を証言する都市である．

　もう少しこの物語を続けよう．私の気ままな空想は，カナーが自閉症に注目

────────────

76)〔訳註〕ウリポは「Ouvroir de littérature potentielle」(潜在的文学工房) の略．1960年にフランスの詩人・小説家レーモン・クノー (1903-1976) と数学者フランソワ・ル・リオネ (1901-1984) によって設立された文学グループ．「ブルバキの掲げた目標や原理を数多く採り入れた．その第一の目標は，文学を新しい形につくり替えること，第二の目標は，確立された文章の規範を打ち破ること，そして第三の目標は，作品の製作において，一見したところ行きあたりばったりに見える手法を採ることだった」(アクゼル，2006＝2007，196頁)．

77)〔訳註〕サウスダコタはアメリカ合衆国の中西部にある州．グレートプレーンズ (大平原) にあり，南西部はハイプレーンズと呼ばれる標高の高い平原地帯である．「ダコタ」という名はインディアン部族のダコタ族 (スー族) の言葉「ダコタ (仲間)」に由来する．ヤンクトンはサウスダコタの都市で1859年に設立された．

78) 合衆国とフランスで1975年に出版された観光用パンフレットには，ネブラスカ，ノースダコタ，サウスダコタが掲載され，ヤンクトンは地図にはきちんと記載されている．しかし，飛行機，列車，バスなど交通手段を詳しく説明した箇所でも……古都としてさえ一度も言及されていない．

した時にそうだったように，まだ満足していない．全く新たな世界の征服者たちの栄光のために死んでいった人々の中を生き抜き，ぼろぼろになった人々，私はもちろんインディアンたちのことを言っている（今日では，人間や世界にもたらされた新しいものを，征服という目的ゆえに信用しないということはほとんどないだろうが）——ぼろぼろなものとは，性的なものの死に瀕した姿なのである．レオ・カナーは，新たな世界の征服者であるヨーロッパ——ヨーロッパ自体も西方で維持されていた（とヨーロッパは考えていた）後，東方（千年王国）へ追い出されたのだが——によって追い出され傷ついた人々を寛大に迎えてくれる機会を得たのだった．しかしその数年後，人間が自らの姿を示すような将来像を描くのに必要となる発言 parole や言語 langue が失われるのである．

　言葉が生じるのは，考えられる二つのもの——即ち一方にイギリスの言葉，他方にまさしくアメリカの言葉——の接近によってである．まさにエリス島——二つのものの間，二つの船の間，二つの世界の間，二つの言語の間の島——がニューヨークの入口として戻ってくる．ジョルジュ・ペレックとロベール・ボベールは，ヨーロッパのあらゆる言語で，涙の島というあだ名を列挙している．そのことを人々が忘れていないのを知れば，ジョルジュ・ペレックが言っているが，岸や廃墟は一つの限界を表わし，そこを見つめる眼は涙で霞んでくる．それゆえ涙の島という名がニューヨークの異名をとっているのである (Perec, G. et Bober, R., *op. cit.*, p. 48/28頁).

　レオ・カナーはサウスダコタで，ニューヨークのヘラルド・トリビューン紙のクロスワードパズルを毎日やりながら米語を上達させる．そこにはまさに言葉たちmotsの織物の折り返し点となる固有名詞がある．銘記すべきは，クロ

---

79)〔訳註〕ここでは神聖ローマ帝国を指しているのだろう．西ローマ帝国の後継国家を称し，962年から1806年まで続いた．

80)〔訳註〕ヒトラーが首相となりナチスの一党独裁体制が始まったのが1933年である．

81) さらにインディアン，ケタアヒ Khe-tha-a-hi（ワシの翼）の言葉——「私の民の伝説は，一人のリーダーがどのようにして，自分の民の生き残った者たちを導き，大河を渡り，ティピィTipi〔北米・インディアン語（シヌーク語・ダコタ語）で，北米インディアンが使用する円錐形の小型テントのこと〕の支柱を大地に突き刺し，「ア・ラ・バ・マ A-la-ba-ma」と叫んだかを物語っている．私たちの言葉で言えば，「ここでわれわれは休める！」．しかし彼は未来を予見しなかった．白人がやって来たのである．彼と彼の民はそこにとどまることが出来なかった．彼らは暗い沼地に追いやられ，虐殺された．彼が悲しそうに発した語が白人の諸州の一つに名をもたらしたのである」(McLuhan, T. C., *op. cit.*, p. 152).

第4章　ざわめきたち——失語症と自閉症　　*97*

スワードパズルの中で言葉や言語を交差させて解答を見つけるという側面であり，クロスワードパズルはたんなる下らないものではなく，その精神自体，多義的である（Perec, G., 1979）．さらに，レオ・カナーは自閉症の定義を決定づけることになる11の症例のうち最初に発表した症例1，ドナルドについて次のような観察をしている．「彼は鉛筆と紙を勝手に取り，アルファベットと二，三の簡単な図形を何枚もの紙いっぱいに書いたり，線を引いたりした．文字たちを2，3行に配列し，それを水平よりむしろ垂直に続けて読んだ……」（Kanner, L., *art. cite.*, 1943=2001, p. 224/16頁）．声や文字が語頭によってクロスワードパズルとして組織化できることについては，あとで戻ることにしよう．ここでは，サロ博士の回想録の紹介でF．ナヴィルが述べていることを繰り返すにとどめ，この回想録の最も重要な点，つまり文字やその語頭の決定的役割を強調しておこう．「患者は探している言葉の**語頭の文字**がちょうど記憶に出てきて見つかるまで，すべてのアルファベットのつづりを言わねばならなかった」（Naville, F., dans Saloz, _. *op. cit.*, p. 4）．

　クロスワードパズルを入り口とするなら，第二の局面はいわば出口からなる．そこでも縁，つまり口蓋を閉じる口の中の縁が問題となる．ラカンは口蓋に，プラトンが導入した神話での洞窟の形をみてとり，[82]「もしプラトンが構造主義者だったなら」と楽しそうに付け加えている．問題は現実的なものを噛む点としての歯，口蓋を開ける契機としての歯である．ラカンは，1972年のサン＝タンヌのセミネールで，口蓋とその境界について，**反響 résonance** という語を使い，つぎのような指摘をしている．「よく考えみましょう．もしプラトンが構造主義者だったなら，洞窟で実際に起きていることに気づいたでしょう，つまり，疑いなくそこで言語活動が生まれたのです．もちろん人間も長い間，母乳を求めてぴぃぴぃ鳴く小動物たちと同じように泣き叫んできたのですから，事は逆から考えなければなりません．人間が，もちろん——喃語や不明瞭な言葉においてすべてが生じているのですから——ずっと前から聞いていることが言えるということに気づくためには，k の音は奥，洞窟の奥，奥の壁のほうから反響し，b と p の音は入り口でほとばしり出ることに気づいたに違いありません．洞窟で人間はこの反響を聞いたのです[83]」（Lacan, J., 1971-1972）．

　82）〔訳註〕第7章134-135頁，145-147頁も参照．

　83）〔訳註〕1972年1月6日の講義．本書135頁，147頁も参照．/k/は奥舌と軟口蓋の閉鎖で作られる破裂音，/b/，/p/は上下口唇の閉鎖で作られる破裂音である．ラカン

まず最初に注目に値するのは，レオ・カナーがサウスダコタのインディアンの人々のもとを離れる少し前に，歯とそれにまつわる神話について，一冊の本を出版するほど関心を持っていたことである．インディアンの人々を重視するのは彼のやり方であり，それは，別離 séparation から始まる反響の中で，オーストリア＝ハンガリー帝国の東端クレコトフからベルリンを経由し，1942年から1943年にかけて，自閉症の構想，言い換えれば，世界の構想を提起し切り開くことで締めくくられる．

新世界に到着し，レオ・カナーはインディアンたちが担わされた運命から，「引きこもる」子供たちへと向かい，まさに自分が離れてきた世界に異議を唱える方法を見出したのである．輪はクレコトフからヤンクトンへと閉じられる．カナーが取り上げている11症例中の1例の両親による「貝殻の中のような」といった表現や，ラカンが投げかける「世界，それはかわいい小さな貝殻であり，その中の中心に，この人間という宝石，ユニークなものがいる」(Lacan, J., 1975, p. 47) との表現にしたがって言えば，どのようにその「貝殻の中のような」生から脱け出すのか？ ワルシャワ，アウシュヴィッツ，そして……と，1942年から1943年，長々と名前が並ぶリストにしたがって作られつつあった世界に，[84] どのように主体は到来するのか？

アメリカは名前たちやリストたちを知っていた[85]――あるナヴァホのインディアンが「つまらない人間だよ，歌を一つも覚えていない[86]」(McLuhan, T. C., *op. cit.*, note 31, p. 178) と断言しているように，たとえその雰囲気，フレーズ，言葉を忘れていたとしても，レオ・カナーは，自閉症者が名前たちやリストたちを知っていること，いろいろな寄せ集めを知っていることについて考察している．

はここで言語活動は，母乳が欲しいなどの欲求から生まれるのではなく，k- p- b-……などの示差から生まれることを強調している．

84)〔訳註〕絶滅収容所建設のことであろう．絶滅収容所とは，第二次大戦中，ナチス・ドイツが絶滅政策の総仕上げとして建てられた強制収容所を指す．ワルシャワ，アウシュヴィッツ以外に，ヘウムノ，ベウジェツ，ルブリン，トレブリンカなどの絶滅収容所があった．1942年はユダヤ人の大量虐殺（ホロコースト）が開始された年である．なおホロコーストの犠牲数は600万人と言われている．最も犠牲者が多い地域はポーランドで300万人，次に多い地域はソビエト連邦で100万人が犠牲となっている．

85)〔訳註〕カナーがアメリカで出会った，以下に登場する自閉症者たちのことを指しているのであろう．

86)「あるナヴァホがW. W. Hillへ表明したこと」．〔訳註〕W. W. Hillは詳細不明だが，*Navajo Eschatology*（『ナヴァホの終末論』），2010 (reprint) の共著者である．

「つまり言語活動は主として，特定の対象の名前の命名からなっている……．ほとんどすべての親たちは，たいてい大変誇らしげに，自分の子供が普通より早い年齢で，かなりの数の子守歌，祈り，動物や大統領の名前，アルファベットの順唱・逆唱，……を繰り返しいえるようになると言う．ようやく文になった場合も，主として，おうむのように，聞いた言葉の組み合わせが長い間，くり返される．こう言ってよければ，遅延反響言語で話すことができた者もいる」(Kanner, L. *art. cite.*, p. 254-255/45-46頁)．しかしこれらの硬直した句や自動的な文たちは単調で変化のない口調で発せられるのである．

　まず一方に，東ヨーロッパの平原から，あのニューヨークという名の折り返し点を通過して，アメリカ中北部の大平原までの〔カナーがたどった〕一種の行程があり，そして他方に，揺れの中に囚われた主体たちのある種の自閉的逃走がある——オスカルの首に固定された太鼓のような60ワットの二つの電球の光の中においてにせよ，プラトンの洞窟の壁に横に並んだ影たちに相対する囚人たちのような，〈他者〉の声を越えた眼差しにおいてにせよ，無言の叫びと，言語残余にとらわれた身体との間に囚われているにせよ，こうした「行程」と「逃走」との出会いにしたがって，カナーの言う自閉症とはまず次のような概念だと言おう．即ち，北アメリカのインディアンたちの性的殺戮において芽生え，話すことの残余において展開され，1942年から43年のワルシャワ＝アウシュヴィッツの人々すべての閉じ込められた叫びや声を知らないという不可能性の中から社会へ排出された概念である，と．自閉症は，性的殺人から，無言症を伴う麻痺から，そしてあらゆる壁の中で混じり合う，世界中の多くの個々人たちの声と叫びから編み出された概念であり，これらすべてが，われわれの意に関わらず，われわれに対して絶えず音〔おと〕立てし bruiter，ざわめき bruiser 続けていることを示す概念である．**自閉症とは，声をめざしている音〔おと〕bruit を示す言葉であり，自閉症者とは音〔おと〕に満ちた自らの存在において，対象-声の形成に関する問題を行動によって提起している者のことである．**

【フロイト，対象-声との出会い——鏡・同一性 vs. 欠落・分裂】

　フロイトは，失語症を研究するなかで，対象-声に出会っている．この大きな発見にとらえられたフロイトは，対象-声が，身体の内的組織化における鏡

という解決策すべてに対する反論であることを明確にしている．1883年にフロイトを受け入れたテオドール・マイネルト[87]の結構な構想に反して，**内的世界の内部に別の様式**[88]が形作られるのである．読者なら誰でもフロイトの失語症研究からはっきり読み取れるのは，フロイトが同一性にもとづく推論を疑問視している，そして欠落があるという事実により投射と代理の間で分裂が作用している，ということである．この分裂，この相違，それをフロイトはどの読者も仰天するしかない現代的方法によって描いている．〔灰白質を経由して大脳皮質に到着した〕線維たち（ニューロンたち）は「確かになお身体抹消部に対する一定の関係を維持してはいるが，しかし，もはや局所的に身体抹消部をそのまま映し出してはいないということである．これらの線維たちは身体抹消部を含んではいるが，それは，我々が関わっている対象から一つの例を借りるならば，一篇の詩がアルファベットを含んでいるのと同様であって，個々の局所的な要素をさまざまな形で結びつけ，別の目的にかなうように組み替えるという仕方においてである．その際に当然これらの要素の中では，幾重にも代理されているものもあれば，まったく代理されないものもあろう．〔……〕したがって身体抹消部は，より高次の脳の部分においてはそうであるように，大脳皮質においても，そもそももはや局所的にではなく，単に機能に応じて保持されていると推測しても差し支えなかろう．〔……〕私は，長母指伸筋や内直筋の中枢，もしくは，

---

87)〔訳註〕Theodor Mynert, 1833-1892. オーストリアの神経解剖学者，精神神経科医．主としてウィーンで活躍．大脳皮質の細胞構築学の草分け．精神病学の領域でも"解剖学的"基盤に依拠した分類を試みた．マイネルトの「中枢」概念はヴェルニケやリヒトハイムの失語論の理論的支柱であるが，その「中枢」の否定が，フロイトの失語症論の中核部分である（兼本，2009, 581頁）．例えば，フロイトは『失語症の理解にむけて』の第５章で次のように述べている．「〔マイネルトの〕学説によれば，言語装置はいくつかの異なる皮質中枢から成り立っており，その細胞の中に語表象が保持されている．そしてそれらの中枢は，無機能な皮質領域によって隔てられており，白質線維（連合束）を通して結びつけられていることになっていた．さて，表象を細胞の中に縛りつけようとするこうしたたぐいの仮説はそもそも正しくて許容しうるものなのかどうかという問題をまずもって取り上げてもよいだろう．私はこの問いに対する答えは否定的だと思う」（フロイト，1891=2009, 67-68頁）．

88) フロイトがマイネルトにしたがっているのは，マイネルトのアメンチアの理論を自らの臨床的基盤の一つとするところまでである．〔訳註〕マイネルトはアメンチアの病像（中心症状は錯乱）を詳述し，大脳皮質と基底核の協同的働きの障害に因るものとした．なおフロイトは1883年に５か月間，マイネルトの研究室に勤務している．

第 4 章　ざわめきたち——失語症と自閉症　*101*

皮膚のある特定の箇所の感覚中枢を大真面目に大脳皮質に探そうとするものは誰でも，脳の個々の部分の機能を見誤っていると思う」(Freud, S., *op. cit.*, 66-67頁).

【精神分析理論の原理——代理，欠如，声】

　フロイトはのちに精神分析の理論となるものの原理として，代理représentation という概念を提唱している．フロイトは人間的なものを生み出す幻覚の最も本質的な点にせまり，沈黙の叫び声 cris du silence を要とする，言うこと／聞くこと／読むことの戯れを抽出することにより，声の機能を，声が自らの沈黙によって導入する文字 lettre の読み手として見出している．文字lettreを読むこと，それは，声を出さずに文字を生み出し書くことである.[89]

　フロイトは，詩的文字の側に与し,[90] 神経学では投射の作用の現実性としてしか示されていなかったものを代理する機能を詩化することにより，声，発話，言語活動のざわめきたちにおいて問題になるのは，その機能の作用による／における現実的なものである，と想定している．フロイトは神経学の内部について，現実的なもの réel と現実性 réalité という二つの領域を区別するだけにとどまらない．さらにフロイトは，一種の消失 déperdition という本質に基く必要不可欠な契機へと誰もが向かうよう促している．即ち，この科学を，投射という現実性によって直面する失敗 échec にとらわれ続ける神経学という形のままにしておくのと同等の跳躍をして，誰もが読み手の位置をとるよう勧めている.[91] 現実的なものへの移行 passage au réel，それは声や文字への移行 passage à la voix et à la lettre と相関しており，精神分析の根拠をなす最初の謎である．そしてその謎は，自閉症という用語によって示され名付けられた「声の向こう」においてもたえず戯れ続けている.

　精神分析は一つの区切りを導入し，代理と投射という用語を，失語症の核心

---

　89)〔訳註〕本書84-86頁.

　90)　4年後にフロイトは，アーネスト・ジョーンズがのちに『科学的心理学草稿』と名付けた手稿を書き，その手稿に「Φψω」とタイトルをつけて，さらに文字の戯れの場を移している．〔訳註〕すぐ前の箇所で，フロイトは，大脳皮質に到着した線維たちの「代理」する機能を一篇の詩になぞらえて説明している.

　91)〔訳註〕読み手の位置では「戯れ」が許される.

にも，そして"線を引くこと tracer としての声"の向こう――今日「自閉症」という用語によって名付けられた，いわば世界の否定的なイメージ――にも，設定している．

フロイトがわれわれを導き入れる大脳皮質の詩と，すべてを読むことが不可能な唯一の本『百兆の詩篇』(Queneau, R., 1961=2013) との間には本質的な違いがある[92]．カナーはドナルド（症例1）について次のように指摘している[93]．「彼の話はとどまるところを知らず，様々なことを話題にした．『一週間は何日？ 一世紀は何年？ 一日は何時間？ 半日は何時間？ 一世紀は何週間？ 千年の半分は何世紀？』など，など」(Kanner, L., 1943=2001, p. 224/16頁)．ドナルドはその時，8歳だった．36歳の時は銀行の出納係をしており，率先して行動することはほとんどなかったけれども，皆を十分満足させていた (Kanner, L., 1971=2001, p. 120-122/180)．バーバラ〔症例5〕は「ビネーの絵で，一つ一つの項目を列挙することはできたが，それぞれの項目間の作用や関係を読み取ることはできなかった」(Kanner, L., 1943=2001, p. 235/26頁)．カナーは数と数えるという側面を強調している．フロイトは，ある種の失語症でのスペルを言うという側面をかなり強調している[94] (Freud, S., 1891=2009, p. 83-88/48-55頁)．私は2歳半だっ

---

92)〔訳註〕レーモン・クノー (Raymond Queneau, 1903-1976)．フランスの詩人・小説家．『地下鉄のザジ』，『文体練習』などの実験的な作風で知られる (Wikipedia より)．

93)〔訳註〕クノー自身の付した「使用法」(1961=2013) によれば，『100兆の詩篇』は「100兆の，もちろんいずれも定型を守ったソネット〔14行詩〕を，誰もが心置きなく作ることを可能にした」10篇のソネットからなる詩集である．10篇のソネットの各句を切り離し，それぞれを組み合わせると，10の14乗，すなわち100兆の詩篇が生成される．「ひとつのソネットを読むのに45秒，紙片を変えるのに15秒かかるとして，1日に8時間，1年に200日読むとしたら，100万世紀以上にわたって読書を続けることになり，年間365日，1日中読むとしても，190258751年に加えてちょいと数時間数分ばかりかかることになる」（クノー「使用法」より）．つまり『100兆の詩篇』は膨大な数ではあるがとにかく有限の時間で読み終えることができるが，一人の人間が単独では到底「すべてを読むことが不可能な」本だということになる．他方，フロイトの大脳の詩＝「代理」はそもそも数も時間も限定できない原理によって機能している．

94) 特にグラースハイ〔本章註100参照〕の症例にかんして．〔訳註〕グラースハイの患者がスペルを言いながら対象物の呼称にいたるまでの過程をフロイトが記述した箇所を引用しよう．「患者は，名前がそのままでは出てこなかった場合でも，対象物が目の前にある限りにおいては，書字の助けを借りることによって名前を呼称することができたのである．患者は，対象物の方を眺め，それから名前の綴りの最初の一文字を書き付ける．その文字を声に出して読み，発声し続け，それからあらためて対象物の

たシモンを思い出す．彼は読むことと書くことができた．両親は自慢げにその
ことを強調していた．事実，彼は自動車の登録番号の数字を読み，手に数本クレ
ヨンを握って，それらの数字を書くことができた．さらに彼は自動車の車名
を，モデルの違いも一緒に——果てしなく長々と——数えあげて暗誦していた．

　他方でカナーがつねに強調しているのは，こうした数え上げ，リストアップ，
こうした数たちは柔軟性を欠いており，文・メロディーになっておらず，文や
文の区切りに必然的に結びつく節（ふし）air がついていないことである．1が
あり，1があり，2があり，あるいは3がある．しかし1足す1は2にならな
い．1足す1は何にもならない．まったく足されないのである．こうした子供
たちは数えるとしても機械的であり，並べる機械のようであり，計算の操作に
よるものではない．例えば，アルフレッド（症例8）は，「彼は「もっと汽車，もっ
と汽車，もっと汽車」と止めどなく言い続けた．……客車の窓を絶え間なく数
えた．「窓一つ二つ，窓一つ二つ，窓一つ二つ，窓四つ，窓八つ」」(Kanner, L.,
1943=2001, p. 241/33頁)．さらにエレーヌ（症例11）．「彼女はそらで数えることが
できた．どんな仕方でも名前を言って列挙してあげれば，彼女は人数が多くて
も食卓の準備をすることができた」(Kannre, L., *ibid.*, p. 249/41頁)．

　フロイトは様々な仕方で文字 lettre を見出している．それを検討するのは
私の目的ではないが，ただここで言っておきたいのは，声を失うと，書字〔書
くこと〕écriture を全く失っていなくとも，文字を喪失する場合があることを
フロイトが参照し，重要だとしている点である．つまりその時，文字が一続き
として統合されておらず，イメージにすぎなくなっているため，文字 lettre
は見えていても読まれないのである．それはいわば『宿命の交わる城』での第[95]　　　　　　　　　　　　　　　　　　[96]

　　方を眺め，二つめの文字を書き付ける．そして，見出されたこつの文字を声に出しな
　　がら……，というふうに繰り返して，とうとう最後の文字まで見出し，それによって
　　求められていた名前を呼称したのである．

95）〔訳註〕神経心理学的な典型例としては，「純粋失読」にみられる症状である．純粋
　　失読は，「声を失う」こと（＝この箇所では失語症状としての喚語困難を指している
　　と思われる）がなくとも，つまり失語症でなくても生じる症状の一つである．

96）〔訳註〕イタリアの小説家・幻想文学者イタロ・カルヴィーノ（1923-1985）が「タ
　　ロットに注目し，その物語生成力を利用」して書き上げた作品．「タロットの札が謎
　　めいた人物たちによって一枚一枚提示され，それが次々にテーブルの上に並んで複雑
　　なパターンが形成されてゆく．物語は，言葉によってではなく，タロットの絵によっ
　　て紡ぎだされてゆく」（鏡，2004，222頁）．「第三の時」というのはよくわからないが，

三の時のようなものである．そこでは，「声の向こう hors la voix」にいるという制約によって限定された縛りの中で，書字 écriture の安定した領域への移行によって，声は封緘葉書を運ぶ物のようにやって来て，イメージを引き受けることはない．イタロ・カルヴィーノはこの小説の中で二つの制約を示している．一つは，声は無し，声で話さないこと．二つ目は，誰もが自分の番でタロットカード[97]を取り，同じタロット遊びの別のカードによって直前に喚起された物語と交わる物語を展開させて，皆が読み取れるように広げてみせること．二部からなる物語はそれぞれ次のように締め括られている．「そして，彼女は両手でタロットカードすべてをかき混ぜ，また切りなおして，初めから並べ返してゆく」，「《世界》の秩序など壊れてしまえ．タロットカード，芝居のト書きの紙片，破綻した鏡の破片などみんな混ざってしまえ」[98]．

破綻を望まないフロイトは，自分につき従ってゲームの外へ来るよう，われわれを，声と文字 lettre との絡み合いの中へいざなっている．その道筋が明らかになるのが如何に難しいことだとしても，もう少しの間，その道筋をたどろう．文字は提示されるとすぐに，文字を押し上げた論理，文字が生み出した論理を越える．つまり文字は自分自身を越えていき，文字を設立し分節化する声によって，機械的な自動性や，破綻した鏡や書字 écriture から抜け出すのである．

過剰さは反復において刻まれると考えられる．そのことはカナーが書き取ったバーバラの観察記録の特徴から読み取れる．「バーバラは無意識のうちに単語をなぐり書きをしていた．「オレンジ」，「レモン」，「あんず」，「みかん」，「グレープフルーツ」，「すいか」．単語は時に混ざり合い，人に読ませるつもりで書いていないことは明らかだった」[99]（Kanner, L., *art. cite.*, p. 235/27頁）．

「私たちは卓上にカードを撒き散らし……．それらをひらいて並べ……」（第一の時），「一枚一枚の札をみながらまちがいなく覚え」（第二の時），そして，そこから「その一枚を抜き取って，……おのれの物語を述べようとしている」時，それが「第三の時」であろうか（Calvino, I., 1976=2004, 15-16頁）．この「第三の時」に至ってさえ，「声は無し，声で話さないこと」という制約のために，タロットの絵札を並べて構成された物語を口に出す（声にする）ことはできないのである．

97）〔訳註〕14世紀初頭イタリアで占いに使われていたといわれる特殊なカード．22枚の寓意札と56枚の数位札からなる一組78枚の絵札カードで，現在も占いの世界では「タロット占い」として行われている．近代のトランプの前身である．

98）Calvino, I., 1976=2004, 81頁，189頁．

第4章　ざわめきたち——失語症と自閉症　　*105*

　問題は，どのように混ざり合っているのかだろう．フェルナン・ドゥリニーは最初から，そのことについて，一つの名詞，錯綜点 chevêtre という語を使って語っている．ドゥリニーは最終的にはモノブレの近くセヴェンヌ地方で自閉症者たちの彷徨線を引くことで，多様な描線たち——なぐり書きのように重なり交差し，どんどん続いて重なり合う子供たちの多様な描線たち——がもつれ合い，その結果，別の軌跡——毎日のいつもの軌跡の重なりを無視したある金曜日の足跡——が現われる．カナーはバーバラについて，彼女は一週間の曜日がよく分かっていると述べている．「「土曜日，日曜日，月曜日」，それからバーバラは，次の曜日（この場合は「火曜日」）に移る瞬間に，最後の語の意味（月曜日，つまり子供たちが学校に再び行く日）として，「あなたは学校に行くのね」（「月曜日」の意味で）と言って，別の方向に行ってしまった」(Kanner, L., *art. cite.*, p. 235/27頁)と述べている．この方向転換 rebroussement が別の読みへと開くのであり，この時，混じり合っているものを解きほぐすことができるのだろう．

　一つの混合．一つ一つを知らずにすべてを混ぜこぜにするのが軌跡たちであり，声の諸特徴でもある．それはいわば分からなさの沈殿物のようなものである．ドゥリニーの彷徨の中で生活した子どもたちは，地図作成的な軌跡たちを数え上げることで，言葉の書きなぐりの分からなさを打ち破ろうとしていた．これは失語症の過程と比較できる．「私は作文を下書きしている夢を見た．自分が言えなかった文字たち lettres や単語たち mots に関わる夢だったのを非常によく覚えている．起きた時，灰色の薄い布の日よけに突然自分の作文の文字たちや単語たちがいくつか見えた．でも一瞬のうちにすべてが消えてしまった」(Saloz, J., *op. cit.*, p. 29)．

　自閉症と失語症の間をあちこち彷徨するのをここで中断するに際し，そしてまた，声がどのように文字を組織化し読み取るのか——自閉症者たちと失語症者たちがつねにそれを思い出させてくれる——を顧みないことで生じている無知の錯綜点 chevêtre d'ignorances について，読者と共に，依然推測し疑問のままでいるにあたり，グラースハイ[100]に依拠したフロイトを見直し，フロイトの言うことをもう一度，文字通りに聞いてみよう．というのは，フロイトがあの

───────────────────────────

　99）〔訳註〕このバーバラのなぐり書きは"ざわめきの露出"といえるだろう．

　100）〔訳註〕Hubert von Grashey, 1839-1914. ドイツの精神医学・神経病理学者．フロイトが『失語症の理解にむけて』の中で取り上げている神経病理学者の中の一人．その第四章でグラースハイの症例を取り上げ，詳細に検討している．

ハンス少年の治療経過の中でそれを明らかにしたように，文字 lettre の違い
によって分析が行われるのだが，つまり分析治療は文字にその場所を与えるの
だが，その文字を読むのは声であることを忘れてはならないからである．つま
りフロイトは，われわれが関心を抱き続けている五大分析へと反響していると
後に言われる『失語症の理解にむけて』で次のように書いている．「対象心像
と音心像は，それぞれ互いに部分ごとに対応しているのではない．たとえば
「Pferd馬」という単語のうち，「P」という音は，対象である馬のいかなる部
分にも対応していない．音心像というものは，それが事物と関係づけられる前
にまず，それ自体で完成されていなくてはならないのである」(Freud, S.,
1891=1983, p. 87/2009. 48頁)．音声 son と文字の間は代理 représentation の関係
にあり，投射 projection の関係にはない．つまり，欠如 lacune を露わにする
関係である．

　声は，文字 lettre や書かれたもの écrit との関係の中で，欠如しているもの
le lacunaire が作用していることを，あらゆる仕方で原理的に絶えず明らかに
する．それゆえ，我々に対して，まさにその地点において支えてくれるよう，
声の向こうで求め続ける人たちの声を我々は聞くのである．このことこそ精神
分析の根拠であり，そこから精神分析は**談話療法 talking cure** として展開し
たのである．この根拠は，それを無視し続ける諸科学に対して，精神分析が絶
えず我々をそこへと立ち戻らせるような根拠である．

---

101)〔訳註〕Freud, S., 1895=1956/2008, p. 48/76頁も参照．ハンスの他の例として「〜
　　のせいで（wegen）」という語が，馬から車（Wagen），複数の車（Wëgen）へと恐
　　怖症が広がる道を開いたとフロイトが註で書いている例がある（フロイト，
　　1909=2008, 69頁）．フロイトは続けて「子供が大人よりも語を扱う傾向がどれほど
　　強いか，それゆえ語の同音であることが子どもにどれほど重要であるかということを
　　忘れてはならない」と述べている．
102)〔訳註〕「ドーラ」(1905年, ヒステリー),「ハンス」(1909年, 恐怖症),「鼠男」(1909
　　年, 強迫神経症),「シュレーバー」(1918年, パラノイア),「狼男」(1919年, 幼児期
　　神経症) の五つの症例を指す．

第5章　無言症のヴェラ──知に閉じ込められた子供

【逃走──眼差しから離れることに耐えられない】

　ある日，精神科主任教授の医者が私に，最初の段階で生じた失敗 échec を再吟味する手助けをしてほしいと言ってきた．ヴェラは彼の診療科にしばらく入院していた．彼女はじっとしておらず，病院職員が見回りや声かけに来ない時，姿を見せない時をねらって，病院を抜け出した．彼女が逃走するのは，いずれにせよ，彼女から人が離れている時であり，ひどいことになるという思いや，皆から世間から取り残されるという思いからである．彼女は，要するに監視されている他の者たち皆と同じようにしているのである．彼らは皆，逃走するというより，身体から，言葉から，行動からひたすら失踪するのである．

　したがってこの逃走は次のように理解しなければならない．彼女は自分を拘束する眼差しから逃げているのではなく，まさにその監視する注目がもう存在しないことに気づき，「現実的なもの le Réel」[1]を賭して，その注目を蘇らせようとしているのである．彼女は眼差しの支配下に置かれていないところから立ち去り，その支配下にある場所に自分がいないことを想起させようとする．そう，彼女は信じられないほどにそれを知らせようとしている．それほどまでに彼女はそうした欠如に耐えられないのである．

　監視されている者たちは眼差しから離れていることに耐えられない．それゆえ，彼らは見捨てられることの耐え難さを知らせるために，眼差しの中に／によって再び捕らえられるべく出て行くのである．再逮捕者であること，信じがたいことを再犯する者であることが，彼らの宿命なのである．つまり彼らは眼差しの中に再び陥ることを熱望する，ひたすら熱望している．眼差し，あなたを捕らえる眼差し，それがそのようなものだとしたら，あなたは眼差しを離したくない．眼差し，それがあなたを捕らえているのは，次の状況においてであ

　1）〔訳註〕ここでの「現実的なもの」とは，ヴェラの生身の身体のことであろう．

る．即ち，あなたの意志・あなたの意欲が，主体がつくられる無意識の欲望か
ら生じるものすべて——つまり，何を望んでいるにせよ，まさに潜り込んでい
るものすべて——を消し去り，無化し，「棄却する」といった状況においてで
ある．眼差し，あなたを見つめる眼差しはあなたを見捨てることができるとし
ても，そうはしない．眼差しはまさにあなたが見捨てられることを望んでいな
いがゆえに，あなたが望むように離れはしないのである．

【ヴェラは記憶であり知である】

　それゆえヴェラは，自分が捨てられているところから，自分が置き去りにさ
れているところから，自分がとどまっているところから，逃走するのをやめな
い．彼女はここにいる，しっかりとここにいる．彼女は他者たちに思い出させ
る．つまり彼女は記憶である．彼女の近親者たち，二人の姉と長兄によれば，
彼女はすべてを覚えているという．さらに彼女の母親，次姉，次兄の命を奪っ
た「事故」（自動車事故）の瞬間，ヴェラ一人だけが意識がしっかりしていたと
いう．彼女はすべてを見た．ただ一人，気を失わなかった．警官にすべてを話
した．彼女はすべてをいつまでも忘れずにいた．

　この女性，ヴェラは記憶であり知である．彼女はただ一人，知っており，覚
えている．彼女はさらにこの自動車事故以上のことを知っている．母親が7度
目の妊娠をしたというもう一つの事故＝出来事．母親はその妊娠を強く拒否し，
その妊娠は死によって中絶された．

　ヴェラは今までずっとこの別の事故＝出来事のことを忘れていない．それは
父親によって耐え難いものとされた，彼女の特異な誕生であり，彼女の人生で
もあった[2]．彼女は思いもよらない欲望によるこの出来事のことを知っている．
彼女はこの出来事によって発達が遅れた．この発達の遅れのために，彼女に向
けられた死の願望の中で，彼女は言語聴覚士や精神分析家そして小児精神科医
による判定——親が繰り返し求めるもの——を受けさせられたのだった．決し
て年齢相応にはならないだろうとの判定を．

　そしてその果てに彼女は8歳の年から，壁の中での拒絶を知っているのだっ
た．彼女は死の掟の中で生が偶然的なものであることを知っており，彼女はそ

　2）〔訳註〕本章114頁．ヴェラは父親をイライラさせ，父親から暴力を振るわれていた．

の記憶なのである．医療チームの私たち，そして私はそのような掟を理解していなかった．

それゆえ何か腫れているものがあったが，尋ねられることもなく見過ごされ，医師の診察もなされなかった．すでにそこに以前からあった腫瘍——腫瘍ができた子宮は腫れてきてふくらんでいた——，その腫瘍は妊娠を想わせ，おなかに子がいるのが分かるほどの重さになっている．あたかも——もちろん言葉の上でだが——あの七番目の子供を生むことが，そしてその存在の不可能性を再現することがヴェラの責任であるかのように．

皆にとってこの大きな死の腹は，今やヴェラの母親と一緒に死んだ名のない子供のようにみられている．ヴェラが死と殺人という言葉にできないものに名をもたらしたのである．

ヴェラはもはや脱出しないにしても，医学的には信じ難い，目に見えず沈黙で聞こえない自分の巣窟から逃げ出すのをやめない．彼女のおなかを視て聴いて診察しても，すでに遅すぎるだろう．

【無言症から「つらいの」へ】

そしてヴェラが突然話し始めたのは，「つらいの」を繰り返すためだった．

ヴェラが無言症，話すことの引きこもりから抜け出て，私に「つらいの」とはっきり言った時，彼女は私に何を言おうとしていたのか．この時以降，ヴェラが緩和ケア病棟での最後の時まで，皆が後になって気づいたことだが，彼女は身体の痛みとは無縁なままだった．「つらいの」，それはそうした身体の痛みをまったく伴っていない一言だったのである．腫瘍は腫れてくる．欲望の領野全体が廃墟のように立ち現われ，同時に粗悪な壁のように崩壊する．生の緊張と，奔放に寄生し人を殺める瘤とをどのように一緒に理解できるのか？　中絶した欲望をどのように理解すればよいのか？

それはわれわれの理解や能力を越えている．しかし，理解すべきは何か．どのような可能性のために理解すべきなのか．ヴェラはユニットで処遇待ちだった．彼女は，発作 crise 時にいた作業療法の施設からやって来て——発作が生じたのは，この施設で他者たちがともかく愛着をもって分離 séparation の計画，居場所の計画をしていた時だった——，施設に戻ってよいと言われる時まで，つまり，すべてが前のように戻る時まで入院しているのだった．施設では

期待をもって彼女を待ち望み，彼女の居場所を確保していた．「施設は……しかし彼女の居場所を確保しています．つまり……，ヴェラが再び入所する際は，優先されます……その時が速やかに来ることを心から願っています」．

　期待されていたのは，それゆえ今後，以前のように戻ることであり，状況に応じて分離の計画をよりよく再開することだった．つまり同じことをよりよく始めるということだった．彼女の発作や代償不全 décompensation [4] は治ることが期待されていたのである．治ること，それはこの場合，起きてしまったことや入院となったことが解決し，痕跡や嫌な思い出にすぎないものとなることである，そして破壊，亀裂，突発的な出来事がどう回復しどんなものだったかも分からなくなることだった．即ち，すべてが順調に戻ることだった．

　すべてはやはり，ほぼ27年間壁から壁へと彼女を追いやった歴史を反映していた．彼女はまだ35歳だったが，彼女をつくりあげたのはその歴史だった．彼女の身体，彼女の無言症，そして，彼女が必ず遭遇した壁により／から常に送り返されてくる反響言語的声の記憶，それらのなかで彼女はつくられたのである．無言のヴェラは自分の身体と話していた．彼女の身体は自分の声だったが，それ自体無言だった．[5] 彼女の身体は放たれた声のように，人生の偶然がそうであるように，飛び出てはぶつかり，際限のないこだまと跳ね返りを繰り返していた．諸制度の壁たち，彼女の人生を固める壁たちは，こだまと跳ね返りの壁でしかなかった．

【治療──「対象とならなかった声」から「対象としての自分の声」へ】

　このこだまをそらし断ち切るために私が呼ばれて，介入することを受諾した時，こうした状況，つまりヴェラにとってだけでなく，他の人たちすべてにとっても，ユニットが機能せず窮地に陥っている状況だった．私がまず示したのは，ヴェラは入院して医療の一団のなかにいて，その壁たちの内部にいるのだから，

　3）〔訳註〕後述の「隔離室」（本書116頁）と同じ意図を持つ計画であろう．
　4）〔訳註〕（心臓の）代償不全，代償機能消失．不完全な循環を補っていた機能が衰えて，呼吸困難や浮腫が現われること．したがって「発作 crise」も心臓発作のことかもしれない．それとも，てんかん発作のことか．アイルブルムがはっきり書いていないので確かなことは分からない．
　5）〔訳註〕声になれない音〔おと〕たちが詰まった身体である．本書115-116頁，第7章註21も参照．

第5章　無言症のヴェラ——知に閉じ込められた子供　*111*

彼女を最終的にもといたところへ戻すためには，私たちは，彼女を旧態然とした監視人として監視するのではなく，彼女を治療すべきであるということだった．

　症状の側面は，彼女の発作や代償不全によってではなく，もちろん以前からの彼女の順応によってもたらされていた．今はこう言えるだろう．彼女の発作や代償不全によって公然の訴えや新たな困難として生じていることを開示し，彼女を治療すべきだった．同時に，普通にしていること・順応することにすでに耐えられないといった彼女の状態にかんして治療しなければならなかった．ヴェラの発作・代償不全は，彼女が手に負えないものに対処するために，彼女自身がある時作り出した解決法だった．ヴェラの発作を一つの病気として治療するのではなく，彼女の発作と共に／において／を通して，彼女の解決法を考慮に入れるべきだった．その解決法はおそらくかなり奇抜なものだが，それによって，そうでなければ逃げ続けている歴史，ヴェラの身体から彼女自身が逃走し続けている歴史において，彼女の発作が名付けられたのだった．身体．確かなのは次のことである．彼女の肌に軽く触れたり，彼女の眼や耳が開くようにしたり，彼女の口の輪郭をたどったり，彼女がたてる物音や叫び声に合わせて動きまわったりしながら，やさしく言葉をかけ小声でささやき，撫でたりした．身体から身体へ，他者によって生きていることに目覚めさせようとした．しかし何をしてもヴェラの心をとらえることは全くなかった．それゆえ，ヴェラの身体はヴェラのまわりで行き交う声たちがただ沈殿してゆく場所にすぎなかった．ヴェラはそうした活気のある動きたちとは全く無縁のままであった．彼女の身体，それはここでは残余の声，崩壊した声，**対象とならなかった声，対象として考えられない声，失敗した声**であった．

　壁たち，それらが彼女の身体を固くしていた．そしてその固さは身体によって持続し，持続させてきたものであり，その壁たちはずっと以前から彼女のものだった！　しかし彼女は，自らの発作において／発作によって，この身体-壁から脱出し，対象としての自分の声——他者たちに聞こえて理解可能な対象としての声——をつくり出そうとしていた．そして，おそらく何某かの人間的享楽，何某かの言い表せる愛を求めて，自分の身体——いまだ理解されていないもの，考慮されないもの——から脱け出そうとしていたのである．

【「邪魔な音〔おと〕」・「いらいらさせる音〔おと〕」としてのヴェラ】

　彼女はきっと愛されていない者のように「つらいの」と言うのだろう．その時，それは彼女にとって最初の一歩，つまり，自分の身体が邪魔な音〔おと〕bruit——即ち，もみ消され排除され根こそぎにされることを繰り返し余儀なくされるしかない音〔おと〕——としてしかみなされてこなかった宿命が消えてゆく最初の一歩となるだろう．ヴェラにとってお飾りの父親[6]は，自分の娘の表出——彼女の涙，彼女の叫び声，そして幼児や赤ん坊が表出するようなものすべて——を聞くことに耐えられなかった．想像するに，ほかのことに気を取られ，ちゃんとした言葉だけを聴き，静かに物思いにふける父親の耳には，いらいらさせる音〔おと〕にしか聞こえなかったのだろう．……その音は，ひどい雑音 parasites のように苦情を言われ，主体が何もできないほど強いてくる思考のように父親を妨害する音だった．それがヴェラから発せられていた音である．

　つまり，確かにヴェラがその音を作り出していた．しかし，27年後の今日，私たちは次のように考え，言うことができる．ヴェラの父親にとって，ヴェラはたんに音を作り出しているだけではなく，彼女がまさにその音だった．それゆえ彼女は我慢ならないものであり，耐えられないものだったのである．ヴェラはそのために叩かれていたといえよう．耐えられないものと決めつけられ名付けられた音の子供，つまり，騒々しい子供に対して，音を立てるものすべてに対して，果てしなく続く音を阻止するために一撃する音がこだまのように返ってくる．そしてうるさくて聞こえない状態，我慢のならないものが抑え込まれる．音について，怒りについて言葉で示さなくてはならない．音から怒りへ，その流れは，はっきりと発音しようする声で行われない限り終わらない．しかし，音から怒りへ，その投げ返しは終わらない．こうしてヴェラは，壁から壁へ，ある壁から別の壁へ，ある機関から別の機関へと追い出されることに[7]なったのである．

　6）ヴェラの父親はショービジネスの仕事でインテリアデザイナー（室内装飾家）をしていた．

　7）アミュール（壁の愛）amur〔amour＋mur，ラカンの造語〕，それは投げ返され戻ってくる愛であり，施設の壁たちに閉じ込められた愛である．アミュール，それは一つの世界全体をつくった愛であり，その世界に囚われた愛である．アミュール，それは

【音〔おと〕が声になれない──デビリテの身体】

　それゆえデビリテ débilité, 彼女をピン止めしたデビリテはおそらく次のようなものかもしれない. それは, 音〔おと〕が現実的なものとして激しく攻撃され, 声へと開かれず, そして話すように発音されない時, 身体のうちに残存するものである. この時, 音〔おと〕はもはや一撃 coup しか生み出さない. デビリテなるものを振りまく他者, それは口撃〔言葉による一撃〕という身体への一撃 coup であり, しばしば銃による一撃となり殺人を犯す. 例えば, 耐え難い生活を強いられる都市の壁の中で遊ぶ子供たちを殺すのである.

　ヴェラの場合, デビリテの身体がつくられたのは, 音〔おと〕と声との間に, 林道 Holzweg のように, 即ち, どこにも向かっていない道のように, 割って入ってきた現実的なものの衝撃, 偶然の出来事, 一撃の残余によってである. デビリテの身体, それはそうした現実的なものによる一撃と関わっている. デビリテの身体は, はっきり発音されず母音にならないしゃがれた音〔おと〕たちを立て, そして文字通り切り離され遮られた身体となる. つまり, デビリテの身体はよだれ bave〔バーヴ〕のような音──無駄口 bavarderie〔バヴァルドゥリ〕とは社会的に認められた形でのデビリテである──を生み出し, 身体からの漏れをいたる所で引き起こし, 声になれない音〔おと〕たちだけが聞こえて

ミュロワール（壁の鏡）muroir〔mur＋miroir, ラカンの造語〕であろうとラカンは述べている（Lacan, J., 1971-1972, inédit.）. なぜなら, アミュール, それが特異な罠に囚われる愛なら, それは同時に確かな死でもある, つまり死への愛の戯れなのであるから.

8）〔訳註〕デビリテ débilité は, かつて「軽愚」や「精神薄弱 débilité mentale」と呼ばれた一群である. デビリテへのラカン派精神分析的アプローチの先駆はモード・マノーニの著作（1964）である. このマノーニの仕事はラカンを刺激し, ラカンは同じ1964年のセミネール『精神分析の四基本概念』で言及し, それ以降も折に触れてデビリテについて取り上げている（河野, 2017, 166頁）.

9）バーヴ（よだれ）bave は語源学的には, よだれを伴う幼児の喃語のことである. バーヴ（よだれ）bave, バヴェール（よだれを流す）baver, バヴァルダージュ（お喋り）bavardage そして, バヴュール（にじみ）bavure. つまり, バーヴの最初の意味は喃語とよだれのことであり, その後, よだれだけを意味ようになったのである. 実際, 音〔おと〕bruit と声 voix の間で戯れる時, 私たちは実に心地よい. 要するに, よだれ-喃語があるところでは, 声が分節化したり, 音〔おと〕へ急変したりがあるだろう.

くるのである．身体のこうした排泄物たちはすべて音〔おと〕が声になること
の失敗 échec の反復なのである．

　ヴェラが年齢相応でなくなるのは，彼女が少女の時，審議会のようなところ
から戻ってきた時からである．明らかに一種のデビリテであるとの宣告が下さ
れ，その後彼女は制限を加えられ，公示 ban されることになる．

　話すこと，それはおそらくかなり危険なことである．話すことは，驚くほど
殺人に似ている死のかけらをもたらすかもしれない．次のようなことがあった．
ヴェラの母親が亡くなった後，ヴェラのお飾りの父親は，自分がものにした女
が鞄一杯に荷物をつめ込み家を出ようとするところを取り押さえた．こうした
家出は何度も繰り返され，耐え難いものだった．ある日，ヴェラの父親は往来
する人々の鞄をじっと見続けていた．パリの駅のホールで，鞄がある男に渡る
ところを見つけるためだった．稼ぎ手の女から金が入ってくる女衒だと明らか
に分かる男がやって来た．……この男が，ヴェラの父親にひとこと言うと，父
親は自分からそそくさと立ち去った．……翌日，父親が自分の部屋で首をつっ
ているのが発見された．

　看護師と医師のチームは隔離室をそれ相応に利用して，変化の可能性を見出
そうとしていた．それは，より正確には次のように理解すべきである．看護師
チーム，看護学生たち，病棟全体などすべてが熱烈に一つの欲望にとらわれ，
隔離という次元をある程度活用して，癒しがたい人間の孤独に当惑せずに接触
することによって，即ち，他者と接触できる隔離室をまさに孤独に適した場所
にすることによって，ヴェラを可能性のある者にしようとしていたのである．

　隔離室．それは，ヴェラが極端な興奮状態にあったかのように彼女を他者た
ちの領域外へと位置づける契機ではないし，彼女がもう脱け出さないようにす
る監禁という行為でもない．つまり，ヴェラが脱け出すという虚しい解放の仕
方をしないようにするために，彼女を閉じ込めておくことは重要ではない．も
はや隔離室は重大な過失のための罰ではなかった．それは脱け出すことを認可
し管理する閉鎖の場所であった．……それはヴェラが閉じこもることの中で／
によって開かれる場所なのである．

　10）ban（公示）は，語源学的にインド-ヨーロッパ語族では，話すことや失語症に関
　　わる語である．

【さらなる「つらいの」──知っていること・知ることのつらさ】

　ある時こんなことがあった．ヴェラの家族（彼女の二人の姉．彼女の義理の兄と実の兄は来ていなかった）がヴェラに会いにやってきた．ヴェラもいるところでかなり長い話のやりとりになり，そのやりとりの最後に浮かび上がってきたのは，母親と子供たちのうち二人が亡くなった自動車事故は厳密には偶然の出来事ではなく，そこにはまさしく殺人の意志があったということだった．

　バカンスに出かけたのだった．車には母親と6人の子供が乗っていて，お腹の中には7人目の子供がいた．そして明らかになったのは次のことだった．つまり，あの時，警察による尋問の際，息子が言わなかったことを姉二人が答えていた．いつもと違って母親は出かける前の週に，友人たちのところを巡りさよならを言っていたというのである．家庭の習慣としてそんな礼儀作法があったと記憶している者は誰もいないし，27年後の今日でも，そうした行動には確かに突飛な感じがある．さらに出かける際，母親はもうすぐ17歳になる息子〔次兄〕に，薬局に行って薬を買ってくるように頼んでいた．その薬が堕胎薬であることを母親は知っていたし，息子も分かっていた（以前そのように息子が言ったことがあった）．要するに，息子はまだ若くフランスでは禁止されているのに車を運転し，母親を手助けして，家族全員を乗せてバカンスに行ったことが問題だったのである．

　重要なのは，この時の状況をきちんと見極めることである．一方で別れを言っていること．他方で息子に堕胎薬を買うよう依頼し，時に車の運転をするよう頼んでいること（息子が堕胎薬をばら撒きながら涙を流しているのに）．そして母親が運転して事故が起きる．堕胎薬を飲んだだけでは起きないような事故である．

　このこと全体の中心にあるのは母親が息子に対して行なった要求である．息子に，母親が堕胎するのを手助けさせるという，ともかくかなり特別な買い物に行かせたのである──彼女は車を止めて降りることはできなかったのか？予めこの買い物をしておけなかったのか？──．かつて同じ要求をされ，息子は一度薬局へ行ったことがあったようである．だが，そう言っただけでは十分でない．まさしくその事実によって，ある薬と抹殺されることになるもの──欲望されていない妊娠──との間での何よりも不適切なことを実現するためには，その要求を押し通すことがどうしても必要だったのだろう．問題なのは，一人の子供を中絶することではなく，謎の父性によって腹に7番目の子供を宿

したというやっかいな欲望だった.

バカンスへ出発した時,何が問題だったのか.カトリックを信仰し教会の掟を守り,中絶の観念自体を拒絶している女性には,耐え難い行為——世代の継承や推移の中で,中絶が象徴するものによって家族の存在自体が危険にさらされ,よりいっそう耐え難いものとなる行為——に別れを告げることが重要だったのである.

7番目の子供,それは母親にとってそのように耐えがたいものだったのである.ヴェラが父親にとって耐え難い音 bruit だったように.生まれるべきでないというだけではなく,何よりもその子によって,世代の秩序が破棄された証拠となるものが皆の頭に浮かんできてはならない.それは幻想的な近親相姦の子供,はっきり存在しはっきり身体に孕まれた近親相姦という観念の子供,つまり母親と息子との近親相姦という観念としての子供である.こうして,この自動車事故はたんなる事故ではなく,殺人の企てだったと私は聞かされた.この時ヴェラは私の目の前に立っていて,全てを聞いていた.その瞬間,すべてが凍りついた.その場に居合わせた者は皆,真実をはっきりと語るその口調に捕らえられ凍りついた.ヴェラがその最たる者だった.その動転は大変なものだった.

もう少し続けよう.マルグリット・デュラス[11]が言っているが,眼差しに対する衝撃の瞬間,恍惚の瞬間,そして沈黙の瞬間というものがあったのである.私にはもはやこの沈黙がどのように破られるのか分からなかった.しかしこうは言える,会話はここで終わったと.そして三人姉妹は,それが唯一可能な場所であるかのように輪になって一体となった.三美神のように,肩に腕をかけ合い互いにぴったりくっつき,一体になり得る唯一の場所で共に涙を流していたのだった.そこは隔離室だが,そのドアは,もはや普通のことだが,他者たちに,他者たちの眼差しに大きく開かれている.そこで他者たちは危険を感じることなく自由にお喋りし合うことができる.人生の間違いに対しても,精神科病棟でよくみられる落ち着きのない典型的なデビリテに対しても開かれている.ドアは出口に向かって開いていて,それぞれ生活は別の三人,三人姉妹だが,一緒に町へ行くこともできる.

---

11)〔訳註〕Marguerite Duras, 1914-1996. フランスの小説家,脚本家,映画監督.小説は『あつかましき人々』,『太平洋の防波堤』,『愛人』など.

第5章　無言症のヴェラ——知に閉じ込められた子供　　*117*

　この後，ヴェラは廊下で私とすれ違い，私の前で止まり，私を見据えて私に向かって言ったのである．「あなたに話したい Je veux te parler」．この言葉，それは「つらいの J'ai mal……」ということだろう．それは医学的な苦痛に帰すことはできない苦しみである．別離 séparation の苦しみは最もつらいと，例えばマルグリット・デュラスは書いている．しかし，同じように，常に同じように絶えず続く苦しみもある．それは，また繰り返しているだけだとか，また始まった，などとは言えない同じものの苦しみであり，全く同じものとは言えない同じものの苦しみである．なぜならそこには類似と同一との最小限の分割があるからである．この続くものの苦しみ．それは心の中に描かれた一つの線のようであり，何者も，絶対に方向を変えることも，終わらせることも，横断することも，そして一瞬たりとも別の方向へ向けることさえできないだろう．例えば，シャルロット・デルボのような作家は，知——欠落のない絶対的知，何のためにもならない知——の殺戮的執拗さを巧みに書いている．

　　私は戻ってきた．
　　知っていることを越えて
　　今や忘れなければならない
　　さもなくば，私はもう生きられない．
　　それはよく分かっている．

(Delbo,C., 1970, p.191)

---

12)　ラカンは「いくつかの享楽——食べる享楽，糞便をする享楽，見る享楽，喋る享楽——に向かう」四つの欲動を抽出している．さらに彼は五つ目の欲動を加えている．「次のことを付け加えなければなりません．もう一つの欲動があるのです．諸境界 frontières では，享楽を，身体とその境域 confins に関わるものとする別の欲動が生じるのです．それは苦しみ douleur です」（Lacan, J., 1978a, p. 58-77）．

13)　〔訳註〕Charlotte Delbo, 1913-1985. アウシュヴィッツを体験し生還したフランスの作家．1942年3月にレジスタンスの活動家としてフランス警察に逮捕され，ゲシュタポに引き渡された（谷口，2017, 163頁）．「戦前はソルボンヌ大学で哲学専攻の学生，占領下ではレジスタンスの闘士，そして演劇人として，コンセルヴァトワール（国立演劇学校），テアトル・アテネでは，ルイ・ジュベ（フランスの名男優）の忠実で熱心なアシスタントであった」（鹿瀬，1999, 44頁）．「アメリカではプリーモ・レーヴィと同等の重要性を認められ，ナチスの収容所を思考する歴史家や哲学者たちには不可欠かつ第一級のレフェランスをされながらも，フランスでは長らく絶版が続き，ここ数年で急速に再評価が進んでいる作家」（谷口，同上，163頁）である．

知っていることのつらさをずっと分かっていたヴェラ．ヴェラは主体として知っていることのつらさを忘却しその方向を変えることができなかった．知のつらさをようやく忘れることができたのは死においてであり，細胞再生規則の崩壊の中であり，限界を越えた増殖においてであり，どんな時もどうしても消えなかった享楽においてでしかなかった．全体として一貫して，死に向かう重圧のなか，現実的なものを限定する言葉をさらに見つけられなかった知．そして現実的なものに囚われたなかで限定されなかった知．ヴェラ，彼女は知っていた，彼女は知っている，ただ一人知っている，いつまでも忘れず，ずっと覚えていることを決して捨てられなかった——癌によって死にいたるまで．ヴェラは自分が葬られるまで，知を余儀なくされ，その知に閉じ込められることを余儀なくされた子供だった……．

　14）〔訳註〕『Une connaissance inutile 無用の知』（1970）は『アウシュヴィッツとその後』と題された三部作の第二部である．引用されている個所はこの『無用の知』の最終章「自由の朝」を締めくくる詩の一部である．この三部作の「最大の特徴は，それが「収容所文学」や「証言文学」の域をはるかに超えて，まったく詩的な言語作品として構築されているところである．「アウシュヴィッツ以後，詩を書くことは野蛮である」というアドルノの定言を耳にはさんだとき，デルボは，詩はアウシュヴィッツを実感させるためにこそ存在しているのに，と答えたという」（谷口，同上，164頁）．デルボ自身，次のように語っている——「私は詩の言語というものを，もっとも有効な発話のかたちであると考えています．なぜなら，詩は，読んだ人をその人自身のもっとも隠された部分において動揺させるものであり，戦いの敵にとって，もっとも危険なものだからです」（谷口，同上，165頁）．

第6章　ラカンを読む，ラカンを聞く

【フロイト vs. ラカン──書かれたものと声】

　精神分析の領野は二つの固有名詞によって句読点が打たれている．ドイツ語のジークムント・フロイト，そしてフランス語のジャック・ラカンである．この二人の創始者の理論的関係がどのようなものにせよ──ここでそれを論じようとは思わないが──，彼らが無意識の設定という領野に介入する仕方が同じでないことだけは明らかである．

　ここでの私の関心は，フロイトの場合，書くこと écriture が，理論的洗練やその普及にとって，そして，彼が大いに不満だった孤立からの脱出にとって，[1] 本質的役割を担っているとするなら，ラカンの場合，それほど異論なく言えるのは，精神分析の理論とその実践の問題が，口述 oral の伝統を通して提起し直されていることである．フロイトは死んだ．そして彼はわれわれに精神分析の基本的文献となる諸著作を残した．ラカンは死んだ．そして彼の声は消えた．

　音 son〔おん〕や声を録音し再生するどのような人工技術も，死を打ち消したり遅らせることはできないだろう．まるで死が死につつあると自ら言いながら進むかのように，死自身による死の録音によっても，死という時間では生の意味に到達できないだろう．[2] ラカンが仕上げたもののうち，残っているのは『エ

---

1)〔訳註〕例えば1901年頃，フロイトはフリースとの疎遠，反ユダヤ主義などによる職業上の不遇，『夢解釈』の不評などにより「孤独」であった．「とはいえ，彼は仕事をしていた．仕事はいつでも彼を立ち直らせてくれた」．フロイトは『夢について』，『日常生活の精神病理学』などを書くことで，孤独から脱出しようとした（ゲイ，1988=1997，161-166頁）．また，フロイトは自分がユダヤ人の「外側と内側の境界線に孤立している」との自覚の中で「精神分析」を創設し，晩年ナチスの迫害からロンドンに逃れて『モーセと一神教』を執筆した（パルパース，四方田，2014，222-230頁）．

2) この点については，ヴィリエ・ド・リラダンの小説『未来のイヴ（*L'Ève future*)』やエドガー・ポーの小説へのラカンの言及を踏襲している J. ナシフの「ヴァルドマル氏再び（M. Valdemar encore)」（Nassif, J., 2004）を読むとよい．

クリ』や，より一般的な形での著作たちだけである．そして彼のセミネールや
それに密接に関連する発言の録音しか残っていない．結局，承認された記録や
回想録などのうち，それほど不正確ではなく書写され（直し）たものはほんの
わずかしか残されていないのである．

　それゆえ今日，精神分析のための理論的基準として，フロイトの書いた著作
を何度も読まなければならないとしても，ラカンの場合は，経験的によく知ら
れていることだが，ライヴではもはや存在しない口述の領域と著作物の領域
——この二つの領域は互いにとり重要であり，互いに関連し合っている——と
が存在する以上，かなり違った仕方で問題が生じている．

　フロイトからラカンへ．そこには**声の跳躍**，声による，声高に語られる発話
の跳躍がある．この跳躍は，精神分析作業の原則——声に出して言うこと，全
てを言うこと——へと，その本来のテンポにまで立ち戻っていると私は進んで
主張したい．そしてこの跳躍は精神分析教育の原則であり，おそらくその継承
の原則でもある．それは発言者の原則であり，さらにソフィストの原則であり，[3]
そしてラカンが言うように，分析主体の原則なのである．実際，ラカンが自分[4]
のセミネールを分析主体の発話とするまさにその時，精神分析の領野は声の領
域と手を結んでいるのだと彼は主張している．

　フロイトと比べてラカンが前進している点の一つは，ともかく理論化されて
おらず，理論に十分に組み込まれていない声について，理論自体を提示して強
調していることである．

　ここで本題から少し離れるが，書かれたもの l'écrit と声 la voix との間の絶
対的な分裂は維持できないことを特に強調しておこう．両者の間には戯れが存
在する．それはその都度，仕方は異なるが必ず見出され，一方が他方の基礎に
関与していることを示す戯れである．

　3）アイザック・アシモフが『ファウンデーションシリーズ（銀河帝国興亡史）』で，
　　そのことを十分承知して描いたように．ファウンデーション〔作中の主たる舞台であ
　　る組織，国家の名称〕は主として発言者たちの会議で表現される声による服従や葛藤
　　の関係の中で展開する．

　4）〔訳註〕ソフィストの側からソフィストを描いた納富（2006）によれば，ソフィス
　　トの本領は，領域横断的に縦横無尽に「知の揺らぎ」を活用し，個別の状況や観点，
　　活動に応じて多彩な言論を最大限に発揮することだという（同上，292-294頁）．

【ラカンを読むこと】

ではラカンを聞くことへどのように誘おうか．ラカンを読むことへどのように誘おうか．

私がこうした問いを提起するのは，ラカンのセミネールの録音を転写する（しなおす）のとは別のことを自分が率先してやってきたからである．その作業を始めたのは，その時まで関わっていたことが進み，個人生活上の出来事が一段落したからだった．若者たちが音楽でやるように，ラカンを音声にするというアイディア，つまり，各回のセミネールを録音しデジタル化して圧縮し，インターネットでそれらの録音を自由に聞けるようにしたのである．つまり精神分析のちょっとした音楽化である．

ここでラカンを読む／聞くという問題を展開させるために，ラカンの精神分析の教えへのアプローチに関して一つの定式化を仮定しよう——**ラカンは自分が書いたこと以上のことは——あるいは以下のことは——書かなかった**．あるいは，これと区別しにくいが，別の形でも定式化できる——**ラカンは自分が書いたことしか書かなかった**．

〜以上のこと，〜以下のこと，〜しか〜ない，などの数量詞から私が了解しているのは，もっぱら次のこと，即ち，ラカンが自分の手で実際に生み出したもの，彼が書いたもの，彼が署名したと認められたもの以外の書かれたものについては，作者としての責任をラカンに負わせることは誰もできない，ということである．最低限，これら三つの条件を満たしていない書かれたものはすべて排除すべきである．私が主として念頭においているのは，ラカンの各回のセミネールや様々な発言などを転写し（なおし）たり書き直したものすべてだが，それらは，すぐれた画家のアトリエから生まれた絵画，つまり「……派の」や「……作とされる」などと，作者や弟子に対して帰属の願望や実際の帰属が認められた絵画のようである．しかし誰がそれを決めるのだろうか？　おそらく決して画風でも，ましてや署名でもない．交換や伝達の対象となり得ると想定されることによって決まるのであろう[5]．

5）やっかいな問題がないわけではない．例えば，ローマ講演での報告には三つのヴァージョンが存在する．会議前のガリ版印刷文書，雑誌「精神分析 *La Psychanalyse*」1956年第1号として出版された報告，そして1966年に出版された『エクリ *Écrits*』所収の同じ報告である．1993年にはラカン派精神分析学派がその三つを出版した．問題

とはいえ署名 signature の次元が入ってくると，私は窮地に陥る．なぜなら
ラカンは——一派をなした画家たちのように——自分が実際には書いていない
ものに署名しただけではなく，自分のサインによって，著者の個人名を署名で
きたはずのテクストにとらわれずに指名するよう要求したものにも，はっきり
と署名しているからである．書かれたもの l'écritの領野で個人名は，署名
signatureと指名nominationとの間を拍動する書字 écritureの作用の中で揺れ
動くのである．

つまりラカンは独りだけ署名することによって，個人名を伴うものを解放し，
書かれたものに署名している．それによって彼は書かれたものをテクストにす
る可能性を切り開いたのである．彼は，第三者，即ち，この時，同時に考え出
していたパス passe [6] の手続きの際に介在する指名とは異なる指名を措定して
いる．私はここでかなり正確にEFP（l'École freudienne de Paris）の雑誌「**シリセ**
Scilicet」[7] の機能の原理について考えている．この雑誌の論文には，ジャック・
ラカンの名という総括的な署名以外に，署名されることはなく，第2号（第
2-3号）の末尾にみえる論文の著者たちの名前は，彼らに結びつくテクストに
関係なく，通例のアルファベット順の一覧表として記載されている．[8]

は今日テクストの「生成論」と呼ばれるものの次元にある．文学的生成論にまったく
由来しない他の例もある．1966年『エクリ』所収の「科学と真理」である．これにも
少なくとも三つのヴァージョンがある．一つはA．ミレールが筆写し署名しガリ版印
刷された『分析ノート *Cahiers pour l'analyse*』のいわば0号といえるもの，もう一
つは，やはりA．ミレールの署名入りで商業ベースで出版された『分析ノート』1号，
そしてラカンの署名入りで1966年刊行の『エクリ』所収のバージョンである．

6）学派の会長であるラカンによる手続きは，他の精神分析諸協会で優位を占めていた
認可や承認のシステムに反対するものだった．パスの手続きでは，第三者（二名のパ
ス指導者 passeur）が審査会に伝えるという条件のもとで，パス実施者 passant の欲
望を生み出しているものについて聞き取り，パス実施者に対して分析家の身分が認め
られることを認可する．審査会は二名のパス指導者が伝えることを聞くことにより，
パリ・フロイト派分析家の資格授与の可能性を決定する．

7）〔訳註〕ラカンが1968年に創刊したEFP（*l'École freudienne de Paris* パリ・フロイ
ト派）公認の仏語による学術雑誌．EFPはラカンが1964年に設立した新しい精神分析
団体．同じ年に『精神分析の四つの基本概念』のセミネールを開いており，この年か
らラカンの活動は後期へと入ってゆく．なおパスは1967年にラカンが提唱している．

8）リストの末尾でラカンが署名していることを読むしかない．「こうして彼ら（各論
文の署名者たち）は，最初の論文にせよ学位論文にせよ，副次的な出版は学派に手を
借りなければならないことに不満を示す．ブルバキのメンバーたちが記念碑的出版

第6章　ラカンを読む，ラカンを聞く　　*123*

　しかしかなり誤解もあり，名前たち——研究会への参加者たちにせよ，学派の候補者たちにせよ，ラカンの弟子たちにせよ——を一覧表にする原則はその後の号では継続されなかった．つまり，署名によるラカンの名が支えていた匿名[9]——『シリセ』の企画では通らなかった匿名[10]——という口実のもとに，ラカンは指名の次元を無視されたのだった．雑誌出版の中断はその創刊への反論としてなされた．すなわち，「失敗の理由 Les Raisons d'un Échec」としてラカンが提起したこと[11]——パス〔1967〕に関することと『シリセ』出版〔1968〕の端緒となった——への反論だったのである．ラカンを読む lire こと，それはつまり，彼が書いたものを読むこと，私なりに言えば，彼が署名したものを読むことであり，署名の作用自体を読むことである．そしてその署名の作用によって，書かれたものの問題，添えられた署名の問題，そして指名の問題がたえず生じるのである．したがってラカンを読むこと，それはラカンの名によって組織された書字 écriture の戯れを読むことであり，そしてまた，唯一の署名としてのラカンの名の立場を示す「署名の戯れ」を通して指名自体を戯れさせる書字の戯れを読むことでもある．

　それゆえ，私が冒頭で述べたラカンの名によって始まる仮説「**ラカンは自分**

　〔『数学原論』(1939-)〕の際にそうだったように，(細部に異なる点はあるにせよ) こうしたことに対して，名を消すことが媒体になることはあるかもしれないが，自分の名によって寄与することはないということである．私の場合は，それに反しているが．J．L.」．〔訳註〕ブルバキとは，1935年にフランスの若き数学者達によって結成された伝説的数学者集団のペンネームである．「構造」の観点から20世紀の数学全体を基礎づけ直した．彼らの壮大な試みは『数学原論』四十余冊 (1939-) として結晶した．

9）この匿名の観念による影響力は，ラカンの存命中に，雑誌「シリセ (*Scilicet*)」と『精神分析家の日常 (*L'ordinaire du psychanalyste*)』〔EFP会員のFrancis HofsteinとRadmila Zygourisが1973年に創刊した雑誌〕に並行して現われている．ラカンの名はそこでは署名のように直接書かれているわけでないが，不在において存在しているのだった．つまり否定的，対位法的に存在しているのだろう．まったく匿名とはかなり難しいものである！

10）ラカンは「シリセ」2号で次のように書いている．「著者の衰退を示す道に関する鋭い討議について——それ自体問題ない．私が一度ならず明言しているのは，匿名性ではなく，非-同一化が必要だということである．このことによって，著者ではなく，教育が明らかにされる」．

11）〔訳註〕1967年のローマでの講演《La psychanalyse. Raison d'un échec (精神分析．失敗の理由)》であろう．翌年，「シリセ」第1号に掲載されている．Autres écrits (2001) にも収められている．

が書いたこと以上のことは——あるいは以下のことは——書かなかった．つまり，ラカンは自分が書いたことしか書かなかった」は，単純で分かりやすく明らかな仮定のように首尾一貫しているわけではない．結局，この仮説は，触れられない現実的なものについて考えさせるためのうわべ grimace を提示しているものにすぎない．[12]

【フェティッシュと「書字を生み出す」読み】

うわべの形とは？　書字 écriture と呼ばれるものは，最後に定まった書かれたもの écrit のもとに潜む書字の戯れでしかないが，うわべの形はそのことを忘れるために定められたにすぎない．うわべの形によって，書字の様々な時たち，書字たちが同一化してきた様々な時たちを忘れることができる．[13]うわべ

---

12) タイプに関するタルスキ〔Alfred Tarski, 1901-1983．ポーランドおよびアメリカの数学者・論理学者〕の方法での展開における「ア・フォルティオリ a fortiori な論法」である．ラカンは，自分が書いたことしか書かなかった時，そしてその時のみ，自分が書いたことしか書かなかった．これは「自分が書いたことしか書かなかった」という二つの連辞 syntagme の書字たち écritures の間での同一化の戯れ jeu はすでに定まったと見なすことだが，その同一化自体は書字たちの戯れの中で再び動いている．つまり文・主張・命題の一番目の連辞が繰り返されている，あるいは先行している，ということでは全くない．また，二つ目の文（つまり任意の一文）は最初の文（つまり任意の一文とは別の文）のふりをする仮面でしかないということでは全くない．〔訳註〕タルスキは，命題の真理条件を次のように定義している——命題「雪は白い」が真であるのは，雪が白いとき，またそのときに限る——．すなわち，命題の意味内容が現実世界と一致するときにその命題が真であると主張している（野家，門脇，2016, p. 42）．また，ア・フォルティオリな論法とは，自己の主張の正しさを説明する論法の一形式であり，もしあることが真であるならば，もうひとつのことはなおさら真でありうるとする．これはユダヤ教のラビによって用いられた教授法であり，「より小さいものからより大きいものへ」「容易なものから難しいものへ」，つまりある結論が，より小さいものに言えるなら，より重要なものにも言えるということを教えるものである．この論法は文章にすれば「……ならば（とすれば），なおさら……」という形で見られる（ピーター・アムステルダム，2015）．アイルブルムはタルスキの提唱した真理条件を「ア・フォルティオリな論法」としても捉えたのだろう．なお，アイルブルムはユダヤ人であり，タルスキの家系もユダヤ系である．

13) 書字 écriture や作者に関して，ラカンが非-同一化という用語を使っていることをしっかり思い出そう．ラカンは適切にも，書字や書かれたものと作者との関係において同一化の問題を忘れていない．

の形はそうした様々な時たちのうちから，固まりやかけらとして生じているにすぎない．

　書字は，うわべとしてしか書字たちや同一化の過程全体から離れられないために，対象——その典型はフロイトがフェティッシュとして理論化したものに類似する対象である——として利用できる．

　フェティッシュの対象は，その対象によって去勢の否認や去勢不安から逃れることがめざされる際に，発話や書字の戯れによって設立される．フロイトはそのモデルを，「鼻への視線 Glance」から「鼻の光沢 Glanz」への移行によって，即ち，言語間〔英語—ドイツ語間〕での同音異義語的移行と，「ce」が「z」となる圧縮による同綴異義語的移行（同じラテン文字）によって示している[14]——あたかも「ce」と「z」は結局同一と見なされ，解釈的読みの観点からは同じものであるかのように．即ち「deux」と「2」が，あるディスクール，この場合数学的ディスクールにおいて，同一視できるように[15]．

　しかし，ここで興味深いのは何よりもフロイトの次の指摘である．「つまり鼻はフェテッィシュだったのである．しかも彼〔ある若い男性〕は自分の好きなようにこのフィティッシュに他人には分からない光沢を与えること octroyer〔オクトロワエ〕[16]ができた[17]」．この光沢について，フロイトはこの直前で次のように強調している．「この若い男はフェティッシュの条件としてある種の「鼻の光沢」を挙げていた[18]」．この誰にも分からない光沢を**与える octroyer** という

---

14)〔訳註〕この点についてフロイトは次のように述べている．「この事例の場合，思いもよらない解明の鍵となったのは，患者が子供の頃にイギリスで教育を受け，それからドイツに移住して母語をほぼ完全に忘れたという事実だった．幼少時代の初期に由来するフェティッシュはドイツ語ではなく英語で読む必要があった．「光沢（グランツ）」とは英語の《視線（グランス）》なのであり，「鼻の光沢」はそもそも「鼻への視線」だった．つまり，鼻がフェティッシュだったのである．このフェティッシュに彼は自分の好みで，他の人には分からない特別な眩い光（グランツ-リヒト）を与えたというわけである」（フロイト，1927=2010，275-276頁）．

15) つまりこのことによって，数学のディスクールで数字の2と「ドゥ deux」が同じものとなるのであり，声に出して言えば，この二つは全く同音であるということである．

16)「オクトゥロワエ octroyer」はラテン語の法律用語アウクトル（auctor 保証人，本人）に由来している．

17)〔訳註〕フロイト，1927=2010，275頁．

18)〔訳註〕フロイト，同上，275頁．

ことが，書字 écriture を生み出す読み lecture の基本的操作であるといえる．
この読みは本質的な点で「声で言うこと」とほとんどユニゾン同然であり，つ
まり読みによって，書かれたものは，一人ずつと考えられる読み手たち各々の
特異性に向けられた特異性として生み出される．フロイトを敷衍して言えば，
あの若い男性がファルス享楽と考えられる道のおもむくままに光沢という価値[19)]
を与えているのと同じように，読み手，あるいは一般に，声による読み
lecture en voix は，書字を読むことにより書字を与えるのである．[20)]

【読むこと＝書字に声を先行して与えること】

　これによって，書字を，一つのかけら——声のかけらとしての**読むことのか
けら** éclat de lire[21)]——に戻すのである．このかけらについて言えば，かけらは
不可避的に現実的なもの le réel を前提とし，その現実的なものからかけらと
して出現するといえよう．したがって，結局，現実的なものは不可触な存在ど
ころではなく，原因として働く効果として明らかとなる．書字の読取可能性は，
声でもある「その書字のかけら」の読取可能性である．つまりその読取可能性
は，授与の次元，したがって声と書字の特異性＝単独性の次元に属している．
読むこと，それは，そこに現われている書字に声を与えることでもある．

　その声，ここで再び書き手〔作者〕の問題，授与の問題が生じる．読み手が
読む時，即ち，読み手が書字の質を与える時，彼はその書字に，どのようにで
もというわけでなく，自分の声を与えている．つまり彼は解釈している．読む
こと，それは，なぐり書きを書字として解釈することであり，鼻という器官を，
ファルス享楽と考えられる媒体として与えた光沢によって解釈することでもあ
る．しかし読むことは，声の解釈を解釈することでもある——その声は，読み

---

19)〔訳註〕「ファルス享楽の特徴は，（男性を例にとれば）女性の身体そのものを享楽
　　するのではなく，むしろ自己の身体の一部分（器官）に享楽を集め，その器官を自慰
　　的な仕方で享楽する——その際に，対象aはフェティッシュとして，いわば仮初めの
　　標的として用いられるにすぎない——ことにある」（松本，2015，295頁）．この若い
　　男性は「鼻（の光沢）」を自慰的に享楽していたのである．

20)〔訳註〕この後者の書字は「書字の戯れ」，「戯れる書字」ということになろう．

21) この「読むことのかけら」という表現は，『対象のかけらたち Éclats de l'objet』(2000)
　　というタイトルで出版されたフランソワ・ボドゥリの著作全体に負っている（Baudry,
　　F., 2000).

手自身の声だが，読み―書きによって持続されることと離れることを同時に望んだ書き手の失われた声でもある．

　時間的なシェーマとしては，読むこと lire は，読み lecture によって生じ喚起された書字に，声を先行して与えることだといえよう．予め存在するものの現われではなく，その授与から生じるものを送り返すことによって，私は理解するのである．[22] 先行性は，曖昧なものの中で，差異それ自体に対するずれ écart によって二重になっている．声の先行性とは，声をそれとは異なる声として戯れさせる差異として考えられる．

　眼差しに心奪われずに，o/aの分析を続けるには，読者は次のこと，即ち，その核心に今問題にしている声の戯れがあることに驚嘆すればよい．それは，すでにフロイトが『夢解釈』において，この戯れを検討している際に強調していることである．「子どもは，この頃（生後20か月）別離 séparation の概念をどのように表現したらよいのかを会得していた．「いない fort」という言葉は（独特の強調を被った長く引き延ばしされた「オー oooh!」という音によって代替されていたが），この子が最初に覚えた言葉の一つだった」(Freud, S., 1900=1967/2011, 231頁)．それは翌日に戦場に出立しなければならない父親との別離 séparation に基いている．フロイトと共に次のように主張しよう．この母音の発声において表象たち représentations の範列 paradigme――母親，父親，糸巻――が存在するとしても，この範列は，フロイトは註で別離を特に強調しているのだが，声の内の「オー oooh」と「アー aaah」との間で戯れる別離=分離 séparation がある場合にしか可能とならない．フロイトは後に，o/aの差異（フォルト fort／ダー daと解釈できる）によって，声の内で音bruitにおける分離を再現しようとしている．[23] 声の内で差異がどのように戯れているか，それがよく分かるのは，音

---

22)〔訳註〕「声を先行させること」と「予め存在するもの」との対比は，シニフィアンと記号との違いに対応するだろう．シニフィアンはシニフィエから独立しているが，記号はシニフィエと一義的に結合している．この違いによって，失語症者においてなぜ錯語やジャーゴンが可能なのかを説明できる．失語症者は例えば「リンゴ」と言いたい時に「ミカン」，「カカカ」，「タンタン」など様々な音を言ってしまう．これは失語症者において，いわばシニフィアンがシニフィエから自由な状態にあるからである．そもそも「リンゴ」というシニフィアンは何を意味してもよいし，何も意味しなくともよい．そのため，逆に「ミカン」，「カカカ」などがシニフィアンとして「リンゴ」を意味する可能性も出てくるのである．

23)〔訳註〕「快原理の彼岸」（フロイト，S. 1920=2006, 64頁）を参照．

bruit の地から声をつかまえ，その声を別の声と区別してとらえることによってである．

　これが，フロイトがいわゆるハンス少年の分析での風変わりな註で書いていること，つまり，差異としての声を生み出すことではないのか？　ドイツ語のまま引用しよう．「Wiederum ein typisches Verhalten. Ein anderer, nur um zwei Jahre älterer Bruder pflegte unter den gleichen Verhältnissen ärgerlich mit dem Ausrufe " zu k(l)ein, zu k(l)ein " abzuwehren（フロイト, S., [24] 1909=2008，9頁）」．Klein 小さいと Kein ない——同時には言えない二つの発声——の間で区別できない叫び声Ausruf を説明するのに，フロイトは，丸括弧の中に書字 écriture を入れるという打開策を見出している．ここでは書字が音bruitに声をもたらしているのだが，それは声がその内で音を区別する限りにおいてである．この註を次のように訳しておこう．「またもや典型的な振舞いである．別の二歳だけ〔妹より〕年長の兄は同じような状況で，「（おっきく）ない，（おっきく）ない〔zu k(l)ein, zu k(l)ein〕[25]」と不機嫌そうに叫んで拒絶するのが常だった」．

【声のかけら，声の享楽】

　書字 écriture として現われているものを読む際，われわれは，音 bruit に声をもたらしている．即ち，遡及的因果関係によって[26]，読取可能もの／不可能なものの戯れの中で，書字を生み出す声，書かれたものの戯れの中で書字を生

　24）〔訳註〕この註は，ハンスが生まれてきた妹に対してひどく嫉妬し，妹を拒絶したい意思を示した「でもまだ全然歯がないよ」という言葉にフロイトが付した註である．総田純次（訳者）による編注（同上，375頁）では，フランス語版底本の註「klein（小さい）の l を避けることでkein（ない）を出現させた幼児語．ここは新参者を抹消したいという意思を翻訳する機知のようなものがあろう」と付されている．

　25）〔訳註〕『フロイト全集10』（1909=2008，9頁）ではこの箇所を「ちっ（ちゃ）すぎる，ちっ（ちゃ）すぎる」と訳されているが，ここでは「（おっきく）ない，（おっきく）ない」と訳して，kein（ない）のほうを強調して訳した．

　26）〔訳註〕通常は，書字がまず在り，それを声に出して読む，とされるが，ここでは逆に，声が書字を書字として生み出すのだとしている．この声と書字の関係を遡及的因果関係だと述べている．これは，外傷（抑圧された記憶）は類似した新たな出来事によって事後的に外傷となるというフロイトの「事後性」と同じ関係である．書字が声を生むのではなく，声が書字を生むのである．

み出す声を与えている.

　とりあえずのシェーマとして，読むこととは，その時そう読まざるをえない読みlectureによって生じ喚起された書字に，声を先行して与えることだと言っておこう．私は「声を先行して与える」という言葉を，何かがその付与から――予め存在するものからではなく――生じるという意味で使っている.

　それゆえ読者の皆さんには，「読むことのかけら éclat de lire」という表現によって，分析の時間すべての根底にある声のかけら éclat de voix について私が把握していることをよく理解していただきたい．エミー・フォン・N夫人はフロイトに，かなり無愛想な調子で「私が言わなければならないことは，私の話すがままにさせて下さい」と言い，フロイトはエミーのこの言葉に同意し(Freud, S., 1895＝1956/2008, p. 48/76頁)，彼女と共に分析の時間を始めている．この点については，理論家たちにほとんど見捨てられているフロイトの『**日常生活の精神病理学**』の主要部分をすべて読むこともよいだろう.

　声の向こうの内奥 un intime hors la voix において形成されていること――19世紀の神経学者たちが，声によらないがゆえに「内言語 langage intérieur」と呼んでいるもの――を，そしてあえて呟きもしないことを声に出して話させること，そしてそれにより予測不可能なことが口から突いて出るのにまかせておくこと――例えば，言い間違い，主体を生じさせる「言うこと le dire」など――，これら口にし得ることすべては，精神分析の領野では，声のかけら éclat de voix しか存在しないという限りで，かけらとしての声の領域に属している．それは，パスカル・キニャール[27]が書いた物語『**舌の先まで出かかった名前**』[28]の読者が最後の瞬間まであの困難を読まざるをえないことと同じことではないか？　つまり，最後にようやく，不意にはっきりとした声で名前が叫ばれる jaculé ことと同じではないのか？[29]

---

27)〔訳註〕Pascal Quignard, 1948-. フランスの小説家，チェロ奏者．キニャールは今日，現代フランス文学の最も重要な作家のひとりと見なされている．彼の著作はモーリス・ブランショ，ジョルジュ・バタイユ，エマニュエル・レヴィナス，ルイ＝ルネ・デ・フォレ，そしてジェラール・マセのような著作家たちの系譜に位置づけられる．著作に『舌の先まで出かかった名前』(1993) の他に，『音楽への憎しみ』(1996)，『ローマのテラス』(2000，アカデミー・フランセーズ賞)，『さまよえる影』(2002，ゴンクール賞) などがある.

28)〔訳註〕キニャールの著作 (1993＝1998).

29)〔訳註〕この物語の舞台は10世紀後半のノルマンディー．コルブリューヌは愛する

不意に叫ぶ jaculer，名前を不意に叫ぶ jaculer le nom．私はこの言葉をたんにひねくれた考えで気まぐれに使っているわけではない．ヒューリングス・ジャクソンは，あらゆる神経学的障害によって言うことが障害された際の，声で言うことの核，言うことにおける声の核について「不意の発話〔叫び〕jaculation[30]」として論じている．フロイトは，主としてこのヒューリングス・ジャクソンに依拠した，いわゆる神経学の著作で，声・発話・言語活動について検討している．

つまり，少し思い切って言えば，フロイトは当時の主要な文献を参照することにより，声を享楽とするものに直面し，発話の問題に接近したといえる．このことから，なぜ読みの様式 mode de lecture が声の享楽との直面化をもたらすのかを理解できるし，なぜ理論ではそれを抑圧するのか，その理由を理解できる．なぜなら，もし理論が享楽について論じることが可能で，理論自体としてその完璧さにまで切り込んでいくなら，その理論は必ず享楽することを引き起こすだろうから．

仕立屋ジューヌと結婚するために地獄の領主ヘイドビック・ド・ヘルとある約束をしてしまう．その約束とは，1年後の同じ日まで「ヘイドビック・ド・ヘル」という領主の名前を忘れないことというものだった．その日にもし名前を忘れていたなら，コルブリューヌは領主のものにならなくてはならない．……その後二人はめでたく結婚したのだが，やがてコルブリューヌが領主の名前を忘れてしまう．それを知った夫ジューヌは妻のために，領主の名前を見つけるための過酷な旅に出てゆく．一度目，二度目いずれの旅でも名前を見つけて妻の元へ戻るのだが，いざ妻へ名前を告げようとすると，舌の先まで出かかっているのに，思い出せず完全に消え去ってしまうのだった．そして三度目の旅．この旅で，約束の日の前夜11時，なんとか妻の待つ家まで辿り着く．そして妻に向かって，ようやく「ヘイドビック・ド・ヘル，それがあの領主の名だ！」と叫ぶことができたのだった．

30)〔訳註〕Hughlings-Jackson, J., 1879. "jaculation" はこのジャクソンの論文（英語）では "ejaculation" と綴られている．通常発話が全くない重度の失語症者でも，感情が高まった際に，あるいは状況に即して，偶発的だが適切に言葉が出ることがある．ジャクソンは上記の論文でこうした言葉を ejaculation として考察している．日本語の例をあげると「痛い！」，「だめっ！」など．

第7章　自閉症者と声

　　女がソプラノで，流れるようなふるえ声を発するとき，その人間臭いハーモ
　ニーをきくや，心の中で荒れ狂う焔がぼくの眼からほとばしり，苦悶の火花が
　とびちり，いっぽう，耳にはいんいんたる砲撃の音が半鐘をたたくように鳴り
　ひびくかとおもわれるのだ．このような，およそ人間にかかわること一切にた
　いする深い嫌悪は，どこから生じるのだろう？

　　　　　ロートレアモン『マルドロールの歌』第二の歌，1869=1987，88-89頁

【転移と「初めての言葉」──自閉症の少年アドリアン】

　あの女性，ヴェラは閉じ込められた女性だった[1].

　ソフィーは両親に付き添われ，遺伝した不幸をそっくりそのまま抱え込んで
いるような少女だった．父親は期待を込めて次のように私に言った．「誰もソ
フィーに話しかけてくれないので，相談につれてきました」．私には，父親は
ソフィーが話をしないと言いたいようにもみえた．ジャック・ラカンと共に[2]，
自閉症の場合にかなりよくある次の問いを提起すべきだろう．「一体，誰が話
していて，誰が話していないのか？」少年アドリアンは日常の会話から撤退し
た世界におり，ただ引きこもっていた．彼にとって，他者たちはまったく存在
していない，つまり，透明であって確かなものではないようだった．アドリア
ンは自閉症者といわれ，その言葉と共に私のところに紹介されてきたのである．
　番いのような言葉──記号たちを持つ話存在たち parlêtres がいることを強調

　1）〔訳註〕第5章参照.
　2）〔訳註〕ラカン，J.「フロイトの無意識における主体の転覆と欲望の弁証法」，
　　1966=1981，p. 800/307頁に次の一節がある．「無意識の主体が問題となると，誰が話
　　しているのか…….分析の経験全体が我われに教えているように，主体が"自分が何
　　を話しているのか"あるいは"自分が話していること"を知らないのなら，その答え
　　は主体からはやって来ない」.

しておくことは重要である．それらの言葉—記号たちによって，今日の人間社
会のシステムの中に，事物や存在たちの居場所が作られている．そうした言葉
—記号たちは事物や存在たちが帰属する場所を指定し，定義し明確にするだけ
ではなく，それらにその場所におさまるよう強いる．しかし時に，この強いら
れた場所から脱け出し，それらの言葉たちによってもたらされた制約に傷をつ
けることができる．それがまさしくヴェラの場合に起きたことだが，それは死
にしか開かれていなかった．脱け出すこと，それは時に，ソフィーが私に示し
たように，晴れやかな微笑を生み出す．また時に皮肉やユーモアが生まれ，主
体と〈他者〉との関係を示すことにもなる．

　何年も経ったある日，アドリアンが私を受け入れたのは，そのようにしてだっ
た．彼は自分の席の向かいにある私のいつもの場所に座って，私に言った——
それは私に喋った初めての言葉 premiers mots だった——．「ぼくはいたずら
らっ子，ね！ Je suis coquin, hein!」．こうした転移的な方略，即ち，〈他者〉
における現実的なものの穴にかかわる場所に自分を実際に据えるという反転[3]に
よって，彼はアソナンス assonance（母音の一致）[4]が〈一者 Un〉の設立を示す

　3）この反転 retournement という語を私は一種の袋小路を示す言葉として使っている．
　　それはラカンが『エクリ』の序で認めていることである．「……言語活動においては，
　　われわれのメッセージは〈他者〉からわれわれのところにやって来る……反転
　　inversée した形で．……しかし人間がわれわれの話 discours が戻って来る場所でしか
　　ないとしたら，人間が人間に話をして何になるのかという疑問がわれわれのところに
　　戻ってこないだろうか」（Lacan, J., 1966a=1972, p. 9 /10頁）．アドリアンはここで分
　　析家の位置を占めている．それは自閉症者の特異な運命である．その時，その地点で，
　　アドリアンは，どんな反転でも可能にする転移の核心で，分析家の場所から分析家に
　　問いかけ，分析自体をあいまいなものにするようになるのである．
　4）〔訳註〕類韻，母音韻ともいう．句や文の中に押韻を生む母音の響きの繰り返しの
　　こと．例えば bell（ベル）と rêve（レーヴ），peindre（パンドゥル）と cindre（サンドゥ
　　ル）など．ラカンもシュレーバー症例による「Santiago ou Carthago（サンチャゴか
　　カルタゴ）」，「Chinesenthum ou Jesus-Christum（中国道かイエス・キリスト道）」
　　という例を「母音の一致」として挙げている（ラカン, J., 1973=1987, p. 125）．さて，
　　では「アソナンスが〈一者 Un〉の設立を示す」とはどのようなことを指しているの
　　だろうか．フロイトは「母音列の意義」（1911=2009, 285頁）で次のように述べている．
　　「古代のヘブライ人にあっては，神の名は『タブー』であった．口に出して言うのも，
　　書き記すのもならないとされていた．……そのため，神の名の〔子音の〕四文字
　　〔YHVH〕の母音の発音は今日でも分からない．禁じられていない語「アドナイ」（〔わ
　　れわれの〕主〔しゅ〕）の母音をこの名に借用することで，それはイェホヴァと発音
　　される」．アイルブルムは，このようなヘブライの唯一神が母音の借用，即ち"転移

という特徴にもとづき，腰を下ろし，数に加えられる——「ね，〈一者〉はある！」彼は何よりそう口にしたのである⁵⁾．この〈一者〉は，プラトンがそこへとわれわれを誘うものでもあるが，おそらくそれは〈他者〉による危険な暴力による反転ということである．「人間たちのうち一人が解放され，突然立ち上がり，振り向くよう……強制されたとすると，彼は苦しむだろう」，「その上，火の光そのもののほうを見つめるよう強制されるとしたら，彼は眼が痛くなるだろう⁶⁾……」（Platon, 1940=1976, vol. I, 515c, 515e, 516a/494-496頁）．この自閉症者は，自閉症と呼ばれるものと人間が人間的になることの核にあるものとの本質的関係の中で，自らの問いにとどまり固執しているのである．プラトンはその核にあるものを洞窟の人間という極点において探し出そうとしているのだが，ラカンは，そのプラトンをうけて，「プラトンが構造主義者だったなら！」とつぶやきながら，洞窟の次元がどれほど声，音の響き，音声において人間的なものの次元にあるのかを強調することにより，プラトンがどのように勘違いしているのか，説明している⁷⁾．かくして自閉症者や人形劇作者⁸⁾が精神分析家に対して示してく

させ一致させること”によって示されるという伝統をふまえて，「アソナンスが〈一者 Un〉の設立を示す」と表現しているのではないか．

5)〔訳註〕後期のラカン（70年代）は「「〈一者〉はある」という命題を精神分析の基本的命題とした」（向井，2016，392頁）．「一者とは人間が言語と遭遇したときに残された痕跡であり，それはトラウマとして残り，反復現象の基になる……．ラカンはそれをS1と記す．S1と記すのはそれが最初のシニフィアンであって単独で実在するシニフィアンだということを表している．人間は最初の満足体験を反復しようとする．……フロイトが〔最初の〕満足体験の反復と呼んだところでラカンは享楽と呼ぶ．ここには〈一者〉の享楽というものがあり，ラカンはそれを精神分析の最も基本的な概念とするのだ」（同上，393頁）．そうするとアドリアンが最初に喋った言葉，「ぼくはいたずらっ子，ね！」は言語と遭遇した痕跡を示す「〈一者〉のシニフィアン」なのだろう．しかし「〈一者〉のシニフィアン」は「他者とのコミュニケーションにはまったく役に立たず，むしろ自閉的な享楽を得るためのツールとして用いられる」（松本，2017，155頁）という．だが，アドリアンの言葉はコミュニケーションにはまったく役に立たなかったのだろうか．この言葉が転移の中で「分析（家）における欲望という無意識の中にもたらされ入り込むこと」（本書149頁）により発せられ，しかも「ね！ hein!」という確認＝呼びかけの言葉が続いていることを考えると，S1からS2へと一挙に繋がり展開した〈他者〉に開かれた言葉であるといってよいのではないか．

6）プラトン「洞窟の比喩」．

7）〔訳註〕後出147頁も参照．

8）〔訳註〕「洞窟の比喩」で囚人たちを登場させているプラトンのことだろう．自閉症者は「自分の生の一瞬一瞬において自らを根拠づけ生気づけるものから離れる」（本

れる雄々しさ générosité，それを彼らが生の脅威において身につけていること
は誤解の余地がない．

【音〔おと〕たち——深淵を乗り越える梃子】

　サントームにかんするジュネーヴでの講演で，ラカンは次のように言ってい
る．「スピッツ．彼の『誕生から発話へ De la naissance à la parole』を読んで
みて下さい．そうすれば，泣き叫び aboiement との関係がともかくどのよう
に目覚めるのか，お分かりになるでしょう．泣き叫びとの関係と，屈従する存
在 l'être humilié，腐植する存在 l'être humus，人間存在 l'être humain などと
皆さんが気ままに名付ける存在——それは皆さんのこと，皆さんと私のことで
すが——，そうした人間存在が何かを言えるようになることとの間には，深淵
があるのです」(Lacan, J., 1985, p. 14).

　人間的なものにかんする深淵，それはつまりアドリアンだが，その彼が何回
もの診察の際に，自閉症者と言われる態度からはかけ離れて，私に，私たちに
示してくれたのは，その深淵を乗り越える力を生み出すための支えや梃子が存
在しているということだった．

　アドリアンには音〔おと〕たちbruitsがあったのである．しかしそれは，物
音を立てるとか，音〔おん〕son の世界 monde sonore の環境の中で騒々しい
と言う時の音ではないし，物や人がぶつかって出る音でもない．第三者間で交
わされる耐え難いお喋りを掻き消すほど騒がしく音をたてるというのでもな
い．アドリアンはそんなふうに騒がしくなかったし，とにかくそんなアドリア

　　書ⅱ頁）という危険を冒さずには声を得られない．プラトンは自らの弁論によって暴
　　君ディオニシオスをアファジー状態にしてしまい，死の危険を冒した（本書47頁）．
　　こうした自閉症者やプラトンの立ち位置について，アイルブルムは「それ〔雄々しさ〕
　　を彼らが生の脅威において身につけていることは誤解の余地がない」と述べているの
　　である．

　9）〔訳註〕René Arpad Spitz, 1887-1974. アメリカ合衆国の精神分析家，児童精神医
　　学者．乳児期の研究を精力的に行なった．ウィーン生まれ，ハンガリーで幼少期を過
　　ごす．フロイトに2年間教育分析を受けている．ナチスの迫害により1938年アメリカ
　　に亡命．『誕生から発話へ』は1965年刊行（英語原題は『The first year of life』）．

　10）雑誌「エキノックス」の優れた号を参照のこと（Équinoxe, « Bruits » no. 14,
　　1995).

ンを私は見たことがなかった．もし彼について語られてきたこととは別に，私が自分なりに彼について言えることがあるとするなら，それは，アドリアンには，私が「音〔おと〕たち bruits」という言葉によって名付けることで強調したいものがあるということだった．彼が言葉 dits の世界，声 voix の世界，音〔おん〕の響き sonorités の世界から，まったく底知れぬ空隙がつくられているほど隔てられていて，日常のさりげない音〔おん〕の世界 univers sonore 全体からどれほど遮断されているのか，私は自問するしかなかった．それは不思議でも不気味でもなかった．欺瞞のようなものも全くなく，平凡なもの，見慣れたものの只中で不安を喚起することもなかった．ただ，そうした音〔おと〕たちは普通のものになれなかったのである．会うことが習慣になっても，私はそうした音たちに慣れなかった．それらの音たちに対して否定も全くできないほど唖然としてしまうのだった．この生〔せい〕の音〔おと〕たち les bruits de la vie と付き合い続けることが時に困難となり，漠然とした疑問が湧いてくるのだった．

　耐え難いこの音〔おと〕立て bruitement．それは，分析の条件自体がそこに現われていることでもあった．耐え難いもの，それがむき出しで開かれているという事実に耐えなければならなかったのである．精神分析，精神分析家は結局のところ，こうして耐え難いもの，我慢できないものを相手にするのである．そして分析は次のことにも，即ち，発声という形式自体において声や話の主要部分に一つの穴がつくられ，その穴が意味をすべて埒外とし，音声さえもすべて埒外におくことにも耐えなければならない．

【自閉症と声】

　私はまず次のことを強調しておきたい．当然ながらラカンが対象を（a）とする仕方においては，口唇的対象，肛門的対象，視的対象と同じように，声を対象として定めるのに音声 phoné も音〔おん〕の響き sonore もまったく必要ではない．言語性幻覚の声はその声に苦しめられている者以外には全く聞こえていない．それゆえ幻覚にとらわれた人々は時に疑問を発し，例えば「私の声は君たちには聞こえているか？」あるいは，より社会的なものを取り込んだ形式での疑問「戦場の〔凶暴な兵士たちが怒鳴るのを〕君たちには聞こえているか？」[11]

　11）フランス国歌『ラ・マルセイエーズ』の有名な一節．

などと，声のこの次元について直接尋ねることがある．ではその声とは何だろうか？　結局誰にもその声が聞こえないとしたら，声とは何なのか？　他者すべてが聞こえず，私だけが聞こえているとしたら，聞こえるとはどういうことだろう？　また次のような場合もある．たとえそうした声のことを自分では何とか漏らさないようにしても，ある行為，ある望みとの関係の中で，あるいはある混乱の中で，ある時，あるいは，ある人に対して，ぽろっと言ってしまうことがある．声が聞こえているとは簡単に言えることではないが，なんらかの状況においては，ほぼ必然的に声は共有されて——「……君たちには聞こえているか？」——，他者たちは幻覚の声たちの中に身を置き，怒鳴る mugir，ほえる rugir のを聞く，つまり先ほど言及したスピッツにかかわる文脈でラカンが指摘しているように，泣き叫ぶ aboyer[12] のを聞くことになる．そこでは，その時々に音〔おん〕の響き sonore や音声 phoné が生じる，つまり，声は音声なしというわけにはいかず，いずれにせよ音声がもたらされるのである．

　ジャック=アラン・ミレールは次のように述べている．「ラカンの教えの中で，声という対象 objet-vocal については，（眼差しという対象と）比較し得るほどの展開はみられなかった．それでもその展開は眼と眼差しとの分節化のモデルによって概略を示すことはできる……．しかし眼と眼差しの分裂・対立・アンチノミーのモデルによって，耳と声との分裂・アンチノミーを導入しないのは何故なのか」(Miller, J. -A., 1989, p. 177-178)．

　確かに，声に眼差しのモデルを適用することはできるだろうし，眼と眼差しの分裂squizeとの類似によって，耳と声との分裂を示すことは可能だろう．しかしその先に行くためには，さらに問題提起が必要である．耳を声の器官として，それによって分裂が行なわれるとするのは容易なことではない．声には一定の別の諸器官の媒介がある．しかしどのような？　ここで問題はさらに複雑になる．視覚に対して眼があるのと同様に，音声 phoné に対して声帯が唯一のシステムであるとは仮定できないからである．声帯のシステムにはなにより

─────────────

　12)「ラテン語の動詞“ルジーレ rugire ほえる”（“ルジール rugir ほえる”はライオンの場合で，ろばの場合は“ブレール braire 鳴く”）から俗ラテン語の“brugere”になり，そこから動詞“bruire ざわめく・音を立てる”を通じて，音〔おと〕bruit は叫びの荒々しさを指示している．叫びの荒々しい響きは，絶え間ない文明の努力によって洗練された音響の心地良さでつくられた耳には，不快感しか与えないものである」(Lucken, C., et Rigoli, J., *Équinoxe, op. cit.*, p. 6)．

第 7 章　自閉症者と声　　*137*

呼吸 souﬄe が欠けている……，呼吸の器官は同時に音声の器官でもある……．
視覚の器官の場合と同じように音声の器官があるわけではない．音声のための
器官をなすシステムはすでに，ある迂回の結果としてあり，例えば，その作用
全体によって声門閉鎖を可能にしている直立の姿勢を考慮しなければならな
い．この意味で，声に関してある器官に依拠することは，すでに象徴的連鎖の
契機にあるということである．身体と諸器官はその象徴的連鎖によって仕立て
あげられ事態の中心に位置づけられる，つまり象徴的つながりの中にあり，想
像的囚われの中にはないのである．声は普通の対象，例えば眼差しのような対
象ではない．眼差しは対象–声をつくり上げるためのモデルにはなり得ない．
声には可能なモデルはないのである．

　アドリアンの場合，「自閉症」と名付けられたことで／によって生じた問題
は声の問題であった．それは特に，いまだ声 voix ではない音〔おん〕son のよ
うなもの，いまだ音〔おん〕ではない音〔おと〕bruit のようなものが世界の観
念すべてを解体しているという点で，声の「音〔おん〕素材 matière sonore」[14]
と正確に呼ばねばならないものにまで及んでいる声の問題であった[15]．アドリア

13）私はここでアンドレ・ルロア=グーラン〔1911-1986，フランスの先史学者，社会
　　文化人類学者〕の仕事，特に『身振りと言葉 *Le geste et la parole*』（1964=2012, 前出）
　　のことを思い出している．〔訳註〕ルロア=グーランはこの書で直立位をめぐって次
　　のように述べている．「人類とその祖先の全体に共通な基準を集約するものとして
　　……なによりも，最初の最も重要な基準は直立位である」（52頁），「脳の発達は……
　　二次的な基準〔であって〕……，直立位から派生する」（同上，53頁），「立った姿勢，
　　短い顔，歩行中自由な手，取りかえのできる道具の使用，これが人類のほうんとうに
　　基本的な基準である」（同上），「最も広い意味における人間の位置は，直立位によっ
　　て条件づけられたようにみえる」（同上）．また「両棲類，とりわけ最初の爬虫類は，
　　はじめて下顎と，舌や咽頭によって獲物を捕え，咀嚼し，嚥み下すのにある役割を果
　　たす技術的しくみをもった生物である．その役割のはるかな到達点というのが人間の
　　言語活動における意識的発声なのである」（同上，89頁）と述べている．
14）音〔おん〕の世界，音〔おん〕素材についての用語は，ヴィクトル・セガレン〔Victor
　　Segalen, 1878-1919，フランスの詩人・船医〕の『音の世界で *Dans un monde
　　sonore*』に依拠している．この書は，ドビュッシー Debussy との往復書簡集の中で
　　刊行され（Segalen et Debussy, Monaco, du Rocher, 1982），ファタ・モルガナ社で
　　復刻，出版され（Fontfroide-le-Haut, 1985），現在は『ヴィクトル・セガン全集
　　Œuvres completes』として加筆修正され刊行されている（1995）．
15）どんなに新しい世界においても，である．自閉症と呼ばれているものに対抗する状況
　　が続く限り，どんな世界においても，もはや解決策はない．解決策は，自閉症にしたがっ
　　て，存在する世界は一つであるとの仮説を破棄することだと認めなければならない．

ンには，自閉症者が自分の世界において生きているという時，自分の世界，音〔おん〕**世界 sonmonde**（と私は書き記している）の中でどのように存在しているのか，そして他者に対する姿勢として，おそらく，他者に音世界に来るよう求めているわけではないという問題が生じているのである．「その名が示唆している通り，自閉症者たちは自分で**自分を聞いている**のです．彼らは多くのことを聞いています．それがごく普通に幻覚に至るのです．その幻覚は多少なりともつねに声の特徴をもっています．自閉症者なら誰でも声が聞こえるというわけではありませんが，彼らは多くのことを言いますし，彼らが口にすること，それがどこから聞こえてきたのかを理解することがまさしく問題です．（……）自閉症者や統合失調症といわれる人において，こう言ってよいなら，なぜ何か凍りついているものがあるのかを知ることが必要です．しかし**彼が話していないとは言えません**．彼らの言うことが聞きにくく理解しがたいとしても，それでもやはり彼らはかなり**おしゃべりな verbeux 人たち**なのです」[16]（Lacan, J., 1985, p. 17）．

【排泄物たち】

　たとえ初めにしか生じなかったとしても，つなぎ語 mot-lien として，すぐに私に課せられた**言葉 mot**，それが**排泄物たち excrémentations** の言葉である．アドリアンは排泄物たちによって証言していたのである．当然アドリアンはよだれ，鼻汁など，あらゆる排泄物をこらえることができなかった——彼の世話をする人たちが皆，様々な礼儀作法の世話を彼に惜しみなく与えようとし

---

16)〔訳註〕強調はアイルブルム，第4章，註43も参照．松本（2017，137-138頁）はこの箇所について次のように説明している．「自閉症者に「何か凍りついたもの」があるという表現は，彼らがひとつきりのシニフィアンS1に専心していることを示していると考えられる．そして自閉症者が「おしゃべり」であるということは，彼らが言語以前の存在ではないということを意味している」．このS1はララング＝子どもが初めて出会うトラウマ的な言語であり，同時に自体性愛的な享楽をまとったシニフィアンでもある．自閉症者はこのS1を反復するのみで，通常の言語獲得でなされるS1に他のシニフィアンS2＝知を付け加えていく作業を拒絶し，このS2を獲得しないことを選択した子どもたちである．自閉症者はS1を用いている点では言語の世界に参入した存在が，S2を獲得しないという選択をしている点では言語を拒絶しているのである．なおこの「おしゃべり」はアイルブルムの用語でいえば，直前出の「音の世界」，さらには「ざわめき」・「音たちのざわめき」に相当するだろう．

第7章　自閉症者と声　　*139*

たにもかかわらず，世話も不可解なほどまでの世話になると，近しさ？　エロティシズム？　ともかくアドリアンの担当者の愛が彼に付け加わっていく．しかし，もちろんこうした排泄物たちは，受け入れ難い汚物として対処される際，後ずさりや嫌悪 dégoût を引き起こしていた．アドリアンは強い嫌悪感を呼び起こしていたのである．ほとんど無遠慮に享楽として扱われることもあった[17]．

　私たちに嫌悪と享楽との間に囚われたまま，二者択一の中に閉じこもり，強い嫌悪の縁で可能なかぎりの享楽にそっと触れ，享楽の縁でまさに嫌悪を感じて慄くのである．ソフィーについて，私は耐え難いものがあることをコレージュ〔中学校〕に伝えていたが，コレージュはかなり寛大な心遣いを通して，私を変えてくれた．「あとから分かりますよ，慣れるものです」．この慣れ，この慣れを楽しむ仕方，それが私には分からなかった．私はソフィーの顔つきにはっきりと認められる特徴に慣れなかったのである．しかし，しばらくして分析の仕事が助けとなって，皆がソフィーについて話すとき，彼女の輝き，魅力，美しさ，そしてその微笑みを話題にするのだった．

　確かなことは，排泄物という次元は，嫌悪が享楽を生み，享楽が嫌悪を生み出すことにとらわれた他者に認識してもらおうとするなら，他者性や市民社会，容認・共有可能な享楽に関する許容基準としての衛生学的手法をもつ領域に基くのとは別の仕方で，考察されるべきである，ということである．自閉症者は社会に真に受け入れられてはいない．自閉症者はまさに単にものめずらしい対象として，叫び声をあげる不思議な者として，あるいは幾分動物性愛的な享楽の対象として社会に現われているのである．

　それら排泄物たちは，社会的に承認し難い身体的なものであることを示しているが，同時に別のこと，つまり，声という対象に関する本質的困難性，つま

---

　17) ジャック・ラカンは『対象関係』のセミネール〔1956-1957〕で，ハンスについて，欠如があり倒錯的ポジションだけが開かれていたのに，母親の黒いパンツを前にしたハンスの嫌悪反応によってどのように恐怖症となったのかを十分に示している．このことから重要なのは，アドリアンと比べて，ハンスの場合，他者が時に理解し得ることがある点で異なっていることである．倒錯的関係を導き入れるのは，愛や誘惑なのである．〔訳註〕ラカンは『対象関係』で次のように述べている．「〔母親のパンツに対する〕嫌悪反応」のために，……ハンスは決してフェティシストにはならないでしょう．……仮に，彼が逆に，パンツを彼の対象として選択すれば，つまり誰ひとりとして決して見ることのできない神秘的なファルスとして承認すれば，彼はそれに満足しきってしまい，フェティシストになるでしょう」(Lacan, J., 1956-1957＝2006, 下203頁).

り対象-声の特異性や目立たなさをも示している．しかし排泄物たちによって，
声は不可能という様相のままだが，対象として生じることをめざすのである．
排泄物たちが声へ圧力をかけるのだ．

　アドリアンを彼の排泄物たちによって／において考えるならば，彼は対象-
声を自閉症固有の問題としているのである．私は彼と共に，**自閉症とは，声が
対象の問題となっている人間のあり方である**と言おう．自閉症とはまさに，人
間的なものl'humainを現にそのようにしているものの核心において，人間的な
ものを問いに付すものである．声は人間的なものの核にある．

　それゆえ音〔おと〕たちが存在するのだった．音〔おと〕たちについて説明し，
知っていただくために次のように言おう．音〔おと〕たちは息 souffle の道筋に
したがっていない．しかし胸郭や腹部の震動の中で何らかの空洞＝洞窟が生じ，
それがまさに喉頭の手前での音〔おん〕son，母音になる手前での音〔おん〕や，
息の音〔おん〕——その空洞＝洞窟の中に逆説的に飲み込まれ，囚われ，渦を
巻き，壁から壁へと反響し，外部から来るものだけに開かれ，外部や出口を生
み出すものには開かれていない息の音〔おん〕——を生じさせるのだった．つ
まりそこでは，外部からやって来るものだけが受け入れられ，外部を存在させ
るものは受け入れられない．外部とは頼ることのできる場所ではなく，現実的
な喪失perte réelleの場所である．

　次のように想像してみよう．そこにはいろいろなものが別の場所から到来す
るが，しかしそれによって不可能性——いろいろなもの，イメージたちやこだ
またちが到来するその場所のほうへは振り向けないという不可能性——が生じ
る場所，洞窟を想像しよう（「人間たちはずっとこの同じ所にいて，自分たちの目の前
にあるものしか見えず，鎖で頭が動かせず，振り向くことができないのである」，「人間たち
の一人が解放されて，突然立ち上がり，振り向くよう……強制されたとすると……」[18]（Platon,
op. cit., vol. I, 514b et 515c／492頁，494頁））．

　この時，この閉鎖と共に／によって全員がつくられる．話すことや言葉たち
が行き交うのが影から影へである以上，音〔おと〕bruit は眼差しを向けられ，
皆の前に差し出され，人々を癒しつつなぎ合わせる糸となる．この意味で，音〔お
と〕は「目の前」で眼差しにとらわれることによって，一つの世界 un le

　18）．〔訳注〕プラトンの「洞窟」は，本書97-99頁，134-136頁，145-147頁，149頁でも
　　言及されている．

monde があることを示すのである．しかし音〔おと〕が眼差しを免れると，**世界 le monde**という観念自体は解体されてしまう．この点で自閉症者とは，あらゆる"世界は一つ"という観念 idée de monde un，そしてその解体をかき立てる者のことである．

【倒錯を呼び寄せる自閉症】

自閉症者は，排泄物たち，音 son〔おん〕の薄皮たち，音〔おん〕が円形脱毛したような音〔おと〕たち bruitsによって覆われ，音〔おと〕たちの断片の中に投げ込まれているのだった．その断片たちには歯ぎしりする口が対応していて，顎や歯はズレたりこすれたりしてバラバラな動きしかできない．一方に身体の空洞＝洞窟の奥から響きわたる音〔おと〕たちがあり，他方にこうした歯ぎしりがあるのだった．

明確な切れ目はなく，縁〔ふち〕たち bords は胸部の振動や歯ぎしりではっきりしない[19]．こことそこ，内と外，そうした境界 frontière や分離 séparationを画定し刻みつけるものは明確な線ではない，つまり，きちんとした縁やはっきりと分かる限界をもつ線ではない．このことによって自閉症は，逆のイメージとして倒錯を呼び寄せる．倒錯は境界の明瞭さや様々なためらいと考えられるものを，それらの滲みにおいて／によって，自然に無視して享楽する．精神分析家は自閉症によって，そのイメージを通じて境界たちへ呼び出され，限界の／における享楽，つまり倒錯的享楽のためにそこへ身をおくよう招かれる[20]．

---

19) 例えばブルーノ・ボッカドロ〔Breno Boccadoro, 1956-．現代の音楽理論家．ジュネーヴ大学音楽学教授〕は，スミュルナのテオン〔ギリシャの新プラトン主義の哲学者，数学者，天文学者．70年頃-135年頃〕を想起させ，次のように書いている．「数は音符noteに属し，関係は音程に属す．音〔おん〕son は音程に属し，文字 lettre は音節に属す．同様に，二つの音符 notes は音程となり，いくつかの音程は音律 systèmesとなる．二つの文字は音節となり，いくつかの音節は発話となる．そして発話の総体は語り discours となる．さて音〔おと〕bruit は失論理 alogos と言われる．この失論理の厳密な数学的意味は，離散量から音を除外することを前提としている．……無理数的な音程は音〔おん〕たち sons の社会に同化されることはない．……無理数的な音程は音〔おん〕たちの社会に同化されることはない．それはシンタクスの外にある」(Boccadoro, B., 1995, p. 20-21)．

20)〔訳註〕「倒錯者は対象aの役割を担い，分析家の欲望を満足させる（埋める）対象の役目を演じようとする」(Fink, 1997=2008, 255頁)．自閉症者もそのイメージとは

しかし精神分析家は首尾よく，自閉症の招きに応じず，自閉症によって享楽せず，自閉症者や周囲の人々との間で自閉症を生じさせないと仮定しておこう……．さて自閉症によって，分離の線はまるで吸い取り紙で吸い取られているかのようであり，また，水がしみる質の悪い紙に，下手にカットされたペンで下手くそに書かれているかのようである．よだれは流れたりすすられたりする．しかし，われわれはそこから解放されようとして，いつまでも滲みの中に限界 limite を見つけようとし続け，限界にとらわれ続ける．われわれは，理解する（理解させる）ことができないあらゆる形のかけらたちにつねに捉えられているからである．しかしそれが一つの保護となる．おそらくそれは自閉症者への転移である．あるいはそれは，混乱し狼狽している瞬間に〈他者〉によって限界が恣意的に決められる時である．「恣意的に」とは？　清潔さという要請を他者が個人的にも社会的にも受け入れると，汚物，それは公然と晒された恥ずべき性的なもののようにあげつらわれ，辱められ耐え難いものとなる．つまり，度を越した永続的欠陥であるかのようになる．

【音〔おと〕たちは聞かれなければならない】

　音〔おと〕たちは，声や声らしきものをめざす**身体から滲み出てくるもの**として，聞くべきものである．排泄物やその音〔おと〕の響き bruitage は，声を求めるざわめく身体から滲み出てくるのである．[21]

　要するに，よだれ，鼻汁，汗，糞便などは，実際，口唇的なものや，性器的なものの挫折と対をなす全身に広がった肛門的享楽を示す排泄物として価値があるのではない．自閉症者がよだれと共にあらゆる廃棄物をあふれ出るままにしている時，彼は肛門でも肛門的な口でもない．自閉症者はもはやそうしたものに帰着しない．身体のあらゆる穴たち，皮膚すべてから流れ出て示されるものは，何よりもまず音〔おん〕的なもの le sonore に関わる問題という隘路を通じてしか，認識できない．つまりそれは聞かれなければならないのである．口から流れ続けるよだれ bave は，顎の脱臼や歯ぎしりとまったく同じものであり，歯ぎしり自体，胸部の振動とまったく同じものである．よだれは切れ目

　　逆に，分析家の欲望の原因＝対象aとして奉仕する倒錯者の位置を選択し，境界＝法を無視して，分析家を満足＝享楽させようとするのである．
　21）〔訳註〕いわば音〔おと〕たちの詰まった身体ともいえる．本書112頁の註5も参照．

を知らない音〔おと〕立て bruitement なのである．様々な形式の汚物，滲出物，表出はすべて，穴や切れ目を持たない身体の表面（皮膚，歯など）につくられた洞窟から響く音〔おと〕たち bruits とまったく同じものである．

【「プラトンの洞窟」と言語活動の誕生】

すでに取り上げてきたが，プラトンにおける洞窟（『国家』第7巻），それは表面の問題，壁の問題である．「**地下にある洞窟状の住まい．光のほうに向かって長い奥行きをもった入口が洞窟の幅いっぱいに開いている**」[22]（Platon, *op. cit.*, vol. I, 514a ／ 492頁）．ラカンはここから，正面の入口を変形させ，一つの立体，暗室を作り出している．「そこを中心として世界についての自分のアイディアすべてを巡らせたプラトンという名の男もいました．まさに次のように言えるでしょう．プラトンは洞窟を発明し，そこに暗室を作ったのです．外の世界で何かが生じていて，それらすべては小さな穴を通してあらゆる影となっていたのです．それは奇妙なものです．おそらくそこに痕跡の細糸・わずかな断片があるのでしょう．そしてそれは明らかに対象aについてはっきりと理解させてくれる理論なのです」（Lacan, J., 1972）[23]．プラトンの場合には，いまだイメージ image の領域ではない（？），イメージとは異なる影 ombre の領域が在る．ラカンにおいては，それはまさにイメージの領域であり，問題としている視覚的シェーマの領域でもある．影が表面——例えば，鏡として働き，存在しない場所にもの chose のみせかけを生み出す水など——への反射による眼差しの屈折でないのなら，影はどのような時，どのような条件のもとで，イメージになり得るのだろうか？

囚人たち（適切にもこの語が使われている）は，洞窟の岩壁に広がる影の場所に存在するものたち自体とは別のものたちが存在することに気づいていないし，不安も持っていない．この仕掛け全体によって，影が何かあるものを起源とする存在かもしれないとは誰も考えず，世界は知られることも知ることもない影たちの陳列システムにすぎないものとなる．しかも囚人たちは互いに見ることができないだけではなく，自分自身を見ることもできないように束縛されている．それゆえ，これは鏡にはなり得ない影という装置なのである．「まず第一に，

---

22)〔訳注〕強調はアイルブルム．

23) 1972年1月6日の講義．

そのような状況におかれた人間たちは，自分自身やお互い同士について，自分たちの正面にある洞窟の岩壁に火の光で投影された影のほかに，何か別のものを見たことがあると，君は思うかね？——とにかく頭を一生動かせないように強制されているとするなら，どうしてそんなことがあり得ましょう——壁に沿って運ばれているいろいろなものについても，同じではないかな？——その通りです」(Platon, *op. cit.*, vol. I, 515b / 493頁).

　真理へと上昇してゆく作業が始まるプラトンのこの仕掛けは，透視的装置 machine scopique [24] として機能している．ここで最も重要なのは，音〔おん〕的なもの le sonore も，会話も，声も，結局この透視的なものの装置自体にしたがうという条件のもとでしか可能ではないとする仮定である．この装置において内壁面で横に広がるものとして，声をもたらすこだまは，いまだ影という出来事であり，眼差しの領域に基いて機能している．「そうすると，もし彼らがお互い同士で話し合えるとしたら，彼らは自分たちの口にする名前が，まさに自分たちの目の前を通りすぎて行くものの名前であると信じるだろうとは思わないかね？——そう信じざるをえないでしょう——では，この牢獄において，音もまた彼らの正面から反響して聞こえてくるとしたら，どうだろう？　〔彼らのうしろを〕通り過ぎて行く人々のなかの誰かが声を出すたびに，彼ら囚人たちは，その声を出しているものが，目の前を通りすぎて行く影以外の何かだと考えると思うかね？」(Platon, *Ibid.*).

　洞窟での影の機能として公然と語られている仮説の下に潜む仮説はそれゆえ次のようなものである．こだま，即ち声や音〔おん〕的なものは影と調和している．つまりこだまは声の影であろう．この意味で，声の現実と眼差しの現実はまったく安定しており，声の現実は的確でさりげないという点で，眼差しの現実と異なるところはないだろう．会話は，声の届く範囲では，影によって適切に補足されて切れ目なく生じる．プラトンの透視的シェーマに従えば，声は，影の作用による，花瓶の中に生けられた花束と同じであり，花束が〈他者〉の快に対して期待するものと同じである [25]．

　こうしてラカンはサンタンヌの対話で，声によって逆に〈他者〉を導入し直し，洞窟の神話に戻り考察している．「哲学的と言われる伝統によってわれわ

---

24)〔訳註〕「見えるもの」としての世界は，あるがままではなく，常に眼差しを起点として透視図的に拡がる幾何学的な構造をもっている（藤田, 1993, 90-91頁)．「透視的」とはこうした眼差しの作用を示す用語である．

れに残され伝えられているものは，いずれも空 vide に重要な地位を与えています．そこを中心として世界についての自分のアイディアすべてを巡らせたプラトンという名の男もいました．まさに次のように言えるでしょう．プラトンが洞窟を発明したのです．（……）プラトンの洞窟，それは壁に囲まれていますが，私の声を聞かせるところだと仮定してみましょう．（……）壁に向かって私が話すということには，無関心ではいられない何かがあります．よく考えみましょう．もしプラトンが構造主義者だったなら，洞窟で実際に起きていることに気づいたでしょう，つまり，疑いなくここで言語活動が生まれたのです．事は逆に考えなければなりません」[26]．

【アドリアンの身体（＝音〔おと〕のかけらたち＝ざわめきたち）と主体の出現】

アドリアンに戻ろう．声を産出しないが声をめざしている別の洞窟に戻ろう．声をめざしていると言えるもの＝アドリアンの身体，それは未分化な音〔おと〕のかけらたち éclats non discrets de bruits——ざわめきたち bruisures——だが，そうしたかけらたちが言語活動や発話を問題とし，そして同時に眼差しを横断しそこから逃れることによって，眼差しをも問題とするのである．この横断，散種 dissémination [27] についてどのように言えばよいだろうか？

不確かな限界 limites において，胸郭の震動によるような音〔おと〕立て bruitement や顎のきしむ音が存在する．それは息 souffle の微かな残り，胸から吐き出される空気 air が通過する音である．息とは身体表面での軋轢であり，監禁からの脱出口を見つけようとする囚人が中で音を立てているようなものである．

それは次のように発せられる．例えば，太鼓の響きのような音．そこでは息

25）〔訳註〕ここでプラトンの透視的シェーマをラカンの光学的シェーマ（ラカン，J., 1966=198_，p. 674/Ⅲ-128頁）になぞらえている．平面鏡＝〈他者〉Autre によって，「花瓶に納まった花束」という全き一つの対象としての虚像が生まれ，花束＝寸断された身体は身体の統一イメージ＝自我を得る．ここで〈他者〉の快とは，〈他者〉によって自我というイメージが得られるという快である．

26）〔訳注〕本書97-98頁，135頁も参照．

27）〔訳註〕フランスの哲学者ジャック・デリダ（1930-2004）の用語．有限数の意味を許容する多義性に対して，散種は潜在的には無限数の意味の繁殖可能性を内包する働きであり，絶対に限定不可能な仕方で「意味論的地平を破裂させる」力である．

は空気と異なっているにちがいない．息は振動する皮膚，皮膚-太鼓である（を
もたらす）．同様に息はギシギシいう顎である．そして空気は気管に沿って
……．実際に空気と息が分かれるところは狭窄した隘路であり，そこで分流が
生じる．息は喉頭に立ち寄らず声帯に関わらないので，快 plaisir は生じない．
空気の表-出 ex-pression から分かれた息の分流によって，身体は分断される．
この時，空気は入ってきても，息は，身体を固くさせる以外に解決策を見出せ
ない．

　アドリアンの場合，自閉症の問題は狭窄 étranglement，分流 diffluence，切
断 coupureをもたらす隘路によって位置づけられる．分流とその具体化，それ
は隘路によって生じたあらゆる排泄物や発汗すべてであり，それらがアドリア
ンの身体を固くさせている．この狭窄によって身体は分断された状態にある．
しかしその状態から，主体的な位置がさりげない音〔おん〕の響き sonore の中
ではっきりしてくる．ここで主体の出現が考えられるし，可能である．例えば，
母親の歌──アドリアンが浴室の中でだけ聞き耳を立てる歌であり，嘆きや涙
に続き，悲しみと屈辱で鼻をすする音の後に続いてゆく歌──は，苦しみを子
供へとはっきりと伝えている．そして排泄物たちはその苦しみと同調し，具体
性を帯びるのだった．アドリアンにとって排泄物たちは，一体感の中でないな
ら，母親の涙ではなく，単なる分解してゆく腐植土にすぎなかった．アドリア
ンが初めて発した言葉 premiers mots が聞き取られたのは，明らかに自分の
歌によってさりげない快を感じているアドリアンの身体に母親が関わっている
時だった．

　例えば，それは治療の展開全体をもたらした転移ということでもある．私は，
描画や粘土，水遊びの技法，身体像の確立・回復をめざすその他の技法には決
して頼らなかった．私は，滲出物や排泄物たちによるごくわずかな表出
expression がこだまする次元において，それらが反響 résonances する中に身

---

28) ジャン＝リュック・ゴダール〔Jean-Luc Godard, 1930-．フランスの映画監督〕は『わ
　　れら三人 Nous trois』（1976年に放映されたテレビ映画）で，音〔おと〕bruit（主と
　　して自動車エンジンの様々な音やポストのついたドアの閉まる音たち）が狭いところ
　　から聞こえてくるようなポストを挿入している．その音〔おと〕は映像中の囚人の無
　　言や空書と対照的である．ポストとその投函口は，囚人が声を出さないようにしてお
　　く狭まりのようだが，その狭まりのところで社会的戯れ──郵便物，手紙，他者との
　　諸関係──がざわめき bruisure として生じているのである．

を置きつつも，話すことをつねに優先し，その都度それらの音〔おと〕たち bruits を声，発話，発言にするようにした．分析家は反響の生起する地点にいなければならないが，その地点でこだま écho が重なることによって，無意識が語音の響き consonance として分析家のものとなるのだった．アドリアンの場合，こだまをつくり出さなくてはならなかった（こだまは分析家に何かしら，何らかの役割をもたらすと言われている）だけではなく，そのこだまはイメージ image や意味作用 signification にとらわれてはならなかった．要するに，こだまは語音の響きの作用の中に取り戻されなければならなかった．その作用の中において分析家によって無意識の次元が開かれるのである．

　アドリアンは，こうして分析（家）の欲望という無意識の中にもたらされ入り込むことによって，声から発話にまで達し，自分が発した初めての言葉において欲望の場所を得ることができたのである．その最初の言葉 première phrase は，十分蝕知できる精神分析家の場所から，つまり発話するための席が在る場所から発せられた．「ぼくはいたずらっ子，ね！」と．「解釈はつねに——分析家において——次のことを考慮していなければなりません．言われたことには音〔おん〕的なもの le sonore があり，その音的なものは無意識に属するものと一致する consoner にちがいないということです」（Lacan, J., 1976, p. 50）．

　洞窟のフィクション，言語活動は洞窟で生まれるというラカンの仮説にしたがって洞窟のフィクションに戻ろう．自閉症という用語を付された人たちは，人間的なものの領野に参入してはいるものの，排泄物のかけらたちに占められた身体ゆえに，発話と言語活動の領域を自らに開く「対象としての声」の問題を抱えたままだからである．この問題の解決策は，声の特異性 spécificité や

---

29) このことから，本名イジドール・デュカス，ロートレアモン伯爵の『マルドロールの歌』を読む価値があるだろう．〔訳註〕イジドール・デュカスは母親を生後1年半で失っており，『マルドロールの歌』には「母親」の影がテクストの所々に顔や声などとして登場する（石井，2008，22-44頁）．例えば「踵を返せ，前進するな，母親の顔をおごそかに凝視するのをやめ，崇敬の念をこめて顔をそむける息子の両眼のように」（ロートレアモン，1869=2005，13頁），「私の母がどんよりした眼で私にこう言った．「ベッドにいて，野原で吠える犬たちの声が聞こえたら，毛布に隠れなさい．……」．このとき以来，私は亡き母の願いを尊重している」（同上，27頁）．

30) こだまという意味では，反響 résonance は必然的に小他者 autre と出会う．一方，語音の響き consonance は〈他者〉（大他者，大文字の他者 Autre）を前提としている．

他性 altérité を無視する影たち，要するに声を光学的錯覚 illusion optique と
してしか認めない影たちの中にあるのだろうか？　声は，光学の作用によって
花瓶の中に花束が挿してあるという錯覚をもたらすイメージとしての花たちと
は違うものではないのか？

【ソジー妄想と声】

　ここでわれわれに新たな道筋を開いてくれるのは，狂気 folie という契機で
ある．かつて，自分の子供を殺せず，しかも自殺しそこなったL夫人という女
性がいた．刑務所にしばらく入所した後，病院に戻り，彼女はなぜそのように
うまくしくじったのか，知らなければならなかった．とにかくそれらしく返答
しようとするのがソジー妄想である．病院の面会で彼女が会っているのは自分
の子供ではなくソジーである．しかも傷痕，殺人行為の痕跡は見当たらず，彼
女は子どもの身体にそれを確かめられなかった．皆が息子は生きていると言っ
て，彼女をだましているのである．彼女は息子は死んだと確信しているのだが，
皆は彼女にそうは言わない．だから彼女は息子を殺したことで自分を責め，自
分の罪責感を思う存分表現できる──この罪責感は，皆が彼女に失敗したと
言っているのに，成功したという快感，結局は何事かを成就したという快感に
つながっている──，と同時に自分の息子を殺さなかったことにも満足できる．
思い違いの首尾は上々である．L夫人は息子を殺した罪悪感を語ることができ，
同時に，実際には彼女は殺人にしくじったことを悔やみ，そして息子に会い，
息子が生きているのを知り気が楽になっているのである．
　このような成功には一次妄想──不注意によるかのようにそう言われている
ことをついでに指摘しておく──が結びついている．父親は生きている間，法
的には贈与できず，父親による遺産相続は死後にしかできない．父親は生きて
いる間は与えることができず，受贈者が贈与を受け取れるようにしておくこと

　31）〔訳註〕本章註27を参照．

　32）〔訳註〕身近な人物が，そっくりの替え玉に入れ替わっていると信じる妄想．瓜二
　　　つ妄想ともいう．

　33）〔訳註〕妄想のうち，直接的・自生的に発生するもので，心理学的にそれ以上さか
　　　のぼりえず，その発生を了解することができないものをいう．真正妄想ともいわれて
　　　いる．

しかできない．つまり父親は遺言しかできない．遺言だけが父親の贈与を明示するのである．それゆえ，父親——法的に登記されている父親——からの贈与を受け取ること，それは，父親の死の必然性——不可能な贈与を可能な相続とすること——を考えることであり，父親の同意によって殺人をもたらすことである．妄想とは，一方で，生きている父親からの不可能な贈与をすべて認める解決法であり，他方で，誰が殺すのかの遺言への同意としての，父親の贈与・父親の承認を拒否できない娘を認める解決法でもある．つまり妄想は，不可能な贈与と受け入れ難い殺人を共に可能なものとして言明しているのである．妄想が始まり，Ｌ夫人は息子に対して行動に移し，父親の殺人を行なったのである．[34]

　ある傷痕の回りに配置されて見えるものの世界がつくられるソジーの妄想的構成は全体として一貫性がある．ただし，**子どもの声が**その妄想的体系の完全性に対する**反論になっている**という一点を除いてだが．Ｌ夫人は妄想的確信のほかに，もう一つのことを知っていたのである．彼女は言う．「声が同じだし，**声は（私を）騙さない**から，私の息子だと分かります」．小さい声でも彼女にはよく分かる．自動車レースの激しい音の中にいるほどではないにしても，オペラ座で働いている彼女はたくさんの声を聞き分けられるのである．

　したがって，彼女が妄想を認めて妄想だとはっきり言えることを，声が保証しているのである．そうでなければ，彼女は，彼女の世界であるイメージやソジーの体系にまったくからめとられてしまうだろう——彼女の夫，彼女の子ども，医者たち，一般の人々，そして彼女が監禁されている病院という場所はソジーであり，レプリカであり，コピーであり，偽物にすぎなかった．要するにそこに広がっているのは影たちやイメージたちの世界だった．しかし，声が彼女を呼び戻すのである．そうしたいかなる見せかけも維持できない．声は透視的なもの le scopique には収まらないのである．誰か物知りの親切な者による強制（Platon, *op. cit.*, 515c/494頁）よりも，声によって，Ｌ夫人が非現実的な逃げ場を見出そうとしていた影とイメージたちの世界はその本来の不確かさへと戻

---

　34)〔訳註〕Ｌ夫人は自らの妄想によって，「生きている父親からの不可能な贈与」，即ち，息子は生きているままなのに「罪悪感を思う存分表現」するという贈与を受け取り，同時に「誰が殺すのかの遺言への同意としての，父親の贈与・父親の承認を拒否できない娘」として遺言を受け取り，「受け入れ難い殺人」，即ち「息子を殺すこと」ができたのである．

されるのである.

　狂気の場合——人命を奪うといった最も極端な狂気の場合でさえ——，型どおりの言語性幻覚やその命令的な言葉でなくとも，声は確信の領野での分節化を可能にする要であるといえる——たとえ声がその分節化を意味作用 significations によって整えるにせよ，引き裂くにせよ．こうした意味で，声と確信は互いに接触し合う境界 frontalières なのである．E夫人は自分の二人の子どもを殺害し，自殺しそこなったのだが，その自分の行為のきっかけについて，下の息子が小児愛の大人たちにくり返し誘惑されているという妄想的確信を大声で笑われたことから説明している．その確信は視覚的だった．彼女は二歳の息子の肛門の周囲に精子の白い痕跡を見たと断言する．彼女は夜のパーティーに招待した近所の男——この隣人が横たわる裸の息子の上に乗っていた——の眼差しを見たのである．E夫人はその妄想的確信によって母親としての自分を維持していたのだが，彼女がその核心的光景を目撃し最初に直観した際[35)]，夫が大声をあげて笑ったため，その妄想的確信を引き裂かれたのだった．彼女は自分が母親であることを示すため，妄想は絶頂まで行くしかなかった．彼女は子どもたちを殺すことによって性的脅威から救おうとしたのである．

【身体と享楽——境域の作用】

　対照的に自閉症では，声と確信との境界 frontière は機能していて，修正されたり移動したりしない．自閉症を通して分かるのは，身体を，境界 frontière・限界 limite・縁 bordureに近づけないもの，享楽に近づきにくいものとして示すのは困難であるということである．「次のことを付け加えなければなりません——皆さんに四つの部分欲動を提示したばかりですが——[36)]．諸境界で生じるもう一つの欲動があります．そこでは，享楽が身体とその境域 confins に関わるものとなる別の欲動が生じるのです．それは苦しみ douleur です」(Lacan, J., 1978a, p. 71).

　ラカンはこの指摘で自閉症について語っているわけではないが，**境域**

---

　35) ここで私〔アイルブルム〕は，直観を視覚の領域に分類しているラカンの考えにしたがっている (Lacan, J., 1972).

　36)〔訳註〕ラカンはこの引用の少し前の箇所で，食べる (bouffer)，糞をする (chier)，飲む (boire)，喋る (jaspiner)，の4つの欲動を提示している.

confins という媒介を導入して，共に結びつきぴったりくっついていると思われているもの，即ち身体と享楽との境界 frontière を緩めることによって，別の部分欲動，別の対象を導入している．境界，それは境域ではない．境界は限界と分離とを示すものだが，変更可能で何度も書き換えられる明確な線として生じる．境界は図面や略図，地図に基き書かれることで，自然な線にしたがっているといえるようになる．境界はどのようにも線引きされ，こちらとあちらを区切り生み出す限界線である．諸地方や諸国，諸言語の空間，そして当然だが諸民族があちこちに広がっている．そして大脳にも諸領野があるが，フロイトは周知の通り，その諸領野という概念，ブローカ領野，ヴェルニケ領野についてかなり批判している．事後的に次のように言えよう，フロイトは，言語活動の神経学の領域，即ち無意識の概念形成の拠点において，境界や領野 zone の概念にまさに疑いの目を向けたのである[37)]．

　享楽 jouissance と身体についてラカンは次のように述べている．その関係の仕方の核心では，一つのセットとして理解するなかで境界が存在することを仮定しなければならない，と．しかしその境界は享楽の領域と身体の領域との分離を示すのではなく，享楽と身体の境域 confins du corps とを同時に思い出させるのである．

　境域 confins．この用語は両極端と中間を同時に示すのに使われている．境域は一つの領野のようであり，あらゆる側面で一つの空間でありながら，正確には広がりではなく，境界への単なる予備的な道筋であり，諸限界 limites の一つとして境界自体を持っている．境域，それは，最も極端な閉じこもりが同時に最も大きく開かれた広がりでもあるという特異な空間である．その作用の中では，享楽は，自閉症者にとって，そして自閉症には不可能であり考えられない[38)]．境域は場所であり線である．自閉症者は境域において，自分の身体を，いっ

---

37) これは『夢解釈』第一章「夢問題の学問的文献」〔Freud, S., 1900=2011, 13-130頁〕の趣旨である．夢について書かれたものすべてをみても，意識の次元にあるものと無意識を定義づけるものとの間で限界 limite や境界 frontière に出会うことはない．否定 négation がそうでないように，無意識は意識のネガではない．それは意識全体の中の（あるいは，その中に挿入された）意識的ではない箇所である．問題は別のところにあり，フロイトは境界 frontière をしかるべく位置づけるために，境域 confins を前意識 pré-conscient と名付けている．

38)〔訳註〕境界を定められず，疎外（＝言葉の世界に入ること）を拒絶している「自閉症者にとって，言葉の世界にいる〈他者〉は……訳の分からない脅威であり，自分

せいに，あるいはほんの少しずつ振り撒きながら，休みなく閉じたり拡がったりする中で，見失う．とりわけそのため，自閉症者は転移として居場所が在ることに，境界たち frontières が画定されることに依存し，そしてその境界たちを拒むのである．それによって精神分析家も，境界たちによって戯れることを割り振られているかのようになり，無知 méconnaissance によって身体に着目し，身体を確保しようと考える．こうして精神分析家は自閉症者に引きつけられ，治療を身体による遊び，身体の遊びとするようになる[39)]．この意味で，精神分析家はこの時，セラピストとなり倒錯を強いられる，つまり自閉症者によって享楽するよう強いられる．境域 confins において閉じたり拡がったりする身体は扱いにくく，自閉症者は境界を知らないのである．

【自閉症者の身体とは，声とは】

　自閉症者の身体はつねに境域から境域へと移ろい，いかなる対象も，地平線が地平線の中に消えて広がっていくように，境界を定めることがない[40)]．この点で自閉症者の身体は，あらゆる次元での排泄，滲出，振動，軋みによる，身体の音〔おと〕たち-かけらたちのシステム système de bruits-éclats de corps であり，対象として生じる声（痕跡の身体 corps du trait としての）をめざしているざわめきのシステム système de la bruisure なのである．

―――――――――――――――――――――――

　　のなかに侵入してきて，享楽を空っぽにしてしまうような存在にしかならない……．神経症者は疎外において享楽を喪失しても，分離において剰余享楽を見出して，それを部分的に回復できる．だが自閉症者は，疎外されるといかなる享楽も残らないのだと感じてしまう」（片岡，2017，179頁）．

39)〔訳註〕ここでの無知は，自閉症者の身体が声をめざしている「音〔おと〕のざわめきのシステム」であることを分析家が知らず，無視していることを指している．ちなみに「無知の機能」（ラカン，1966=1981，120頁）とは，真理の位相に無知であり続ける自我の根本機能のことである（藤田，1993，119頁，121頁）．

40)〔訳註〕限界 limit，境界 frontiere，境域 confinsの違いは次のようにいえるだろう．限界は「ここ」から「そこ」，「内」から「外」へと向かって進んでいった場合に，ギリギリ「そこ」ではない「ここ」，「外」ではない「内」といえるようなところを指している．境界は「限界と分離とを示すもの」（本書153頁）であり，限界をふまえて「ここ」と「そこ」，「内」と「外」の区切りを示す線である．それは「どのようにも線引き」され，「区切りを生み出す」ことを強調する．「境域」はそうした区切りの線ではなく，曖昧さを強調する．

声とは，自閉症者が自らのざわめき bruisure の中へ閉じこもっていることにより，問題となる対象のことである．

概要と解説

Ⅰ．概要

1．著者について

　本書は，Serge Hajlblum の *Hors la voix: Battements entre aphasie et autisme*（2006）の全訳である．1996年から2001年にわたって発表された7つの論文からなる論文集であり，カナダの文学研究者・教授，翻訳家でラカン派精神分析家のミシェル・ペテルソン監修による叢書『精神分析の声たち Voix Psychanalytiques』（全24冊）の一作として刊行されている．

　著者のセルジュ・アイルブルム（1944-2008）はフランスの精神分析家である．アイルブルムは哲学を学んだあと，パリでラカン派の精神分析家として約30年間臨床に携わり，本書が刊行された2年後の2008年に亡くなっている．Cartels Constituents de l'Analyse Freudienne（CCAF，フランス）および École Lacanienne de Montréal（カナダ，ケベック州）の会員であった．本書以外の著作としては，自伝的エッセー『デベレイム通りのおっぱいたち Les nichons de la rue Debelleyme』（2007）という小品がある．なお本書の原題をそのまま訳せば，『声の向こう――失語症と自閉症のうなり』のようになるだろうが，訳者の判断で，本書の内容がより明確に伝わることを願い，訳書のタイトルを『失語症・自閉症・口ごもる言葉たち――「声」・「音〔おと〕」のざわめきとラカン派精神分析』とさせていただいた．

　本書の7つの章は内容の面からみると，以下のように4つのグループに分けられる（括弧内は初出の発表・刊行年である）．

　　a．自閉症を主題とする章
　　　第5章　無言症のヴェラ――知に閉じ込められた子供（1996）
　　　第7章　自閉症者と声（1997）

b．失語症を主題する章
　　　　第 1 章　解剖学的観察───眼差しから声へ（2001）
　　　　第 2 章　ブローカと失語症───「ざわめく」発話における主体（1997）
　　c．自閉症と失語症とを一緒に論じている章
　　　　第 4 章　ざわめきたち───失語症と自閉症（1998）
　　d．その他の章
　　　　第 3 章　ユダヤ人，神経学者，そして精神分析家───口ごもる言葉たち（1998）
　　　　第 6 章　ラカンを読む，ラカンを聞く（2001）

　本書は，失語症と自閉症における「ざわめき」，イディッシュ語を母語とする人々などの「口ごもる言葉たち」（アイルブルム自身の経験も含む）を主題とした論文集である．上記 7 つの章を貫いているのは，人間にとり，「音〔おと〕たち」・「声たち」，「ざわめき」とは何か，それらがどのように人間に作用しているのか，というテーマである．訳者は精神分析家ではなく，言語聴覚士であり，脳血管障害後に生じる失語症を中心に言語臨床に携わっている者だが，その過程で，言語活動と失語症者との基本的な関係について，フロイト-ラカンの精神分析理論・言語論から見直せるのではないかと考え，以来その作業を続けてきた（中西，1997，1998，2004，2005，2008，2023）．本書に出会ったのも，そうした関心からであった．

　アイルブルムは，本書の記述から分かるように，自閉症の臨床に従事している分析家だが，失語症については臨床的に関わっていることはないようである．しかし，ラカン派の精神分析家が失語症と自閉症とを「声」・「音〔おと〕」という観点から同時に論じている点に大いに惹かれるものがあった．そこでさっそく読んでみたのだが，アイルブルムの書き方がそれほど説明的・論証的ではないこともあってか，なかなかすんなりと読み進めることができず，すぐには理解し難い箇所が多く残ったままであった．しかし各章の本文に自分なりに小見出しをつけ区切りを入れるという作業をしながら，何度も読み返し訳出してゆくうち，アイルブルム自身の"ざわめく声たち"が聞こえはじめ，読み取ってゆくうち，それらが少しずつ繋がってくるという感触が得られた．以下では，そうした感触をもとに，本書の梗概を作成し，また訳者の関心に沿った形という限界はあるが解説を付した．多少なりとも読者のお役に立つことを願っている．なお梗概については，本文を読まれる前に目を通していただいてもよいか

概要と解説　　*157*

もしれない.

2．本書の梗概

　冒頭の「はじめに」でアイルブルムは，精神分析家として精神分析を始めた
間もない頃に，自閉症者クレールから受け取ったという問い──そしてその後
も問い続けている問い──を次のように記している.

　　　人間という存在は声や発話,言語活動によってつくられ形成される. その結果,
　　　人間は自らを保つ欲望を自分のものとし，自分の生の一瞬一瞬において自らを
　　　根拠づけ駆り立てるものから離れる. こうした人間存在に，一体何が，声の向
　　　うに身を置いておくという選択させるのだろうか？

　続く「序」では，この問いに対する回答，というより，この問いを問い続け
る自らの基本的姿勢について，次のように述べている.

　　　ドルトによって私は次のことを忘れないで来られた. 精神分析家としての私
　　　の仕事を今もなお何よりも根拠づけるものを. そして,様々な人生の波乱を被り,
　　　声から隔てられて（『声なしで』ではなく，『声の向こうで』）生きることを選択し
　　　た人たちがいることを.

　　　失語症の人たちにせよ，自閉症の人たちにせよ，ともかく「声の向こう」に
　　　いる人たちの謎. 彼らが提起するのは，声のかけらという残滓たちに身を任せ,
　　　それらの道行についてゆくことを甘受する者において，人間的なものを設立す
　　　る声，発話，言語活動という謎である.

　　　精神分析家に真理の力を要求してくる緊張. この緊張によって，人間の現実
　　　と想定されるあらゆる科学の領域に反して，声と発話の道を開くことの根拠が,
　　　自閉症者といともたやすく名付けられピン止めされた人のために，精神分析家
　　　へともたらされる.

　　　精神分析家の機能とは，不可能なものへと向かっていき，そこで可能なもの
　　　を絶えず切り開くこと. その行動の指針は，特に主体が遠ざかっている時には
　　　主体の契機だけを支持すること，そして特に欲望がたじろいでいる時には欲望
　　　の表出だけを支持することである.

この論文集は，アイルブルム自身が言うように，クレールに捧げられたアイルブルムの「引っ掻き傷たち」（本書 ii 頁）である．以下では，それら引っ掻き傷たち——7つの章——の梗概を示してゆこう．

第1章　解剖学的観察——眼差しから声へ

　「正確で驚くほど模範的な筆致．ジャン-ポール・グランジャン・ド・フシーはその筆致により，晩年だが，科学的言説は主体なしでは存在しないと主張し，そしてそれを立証している」．アイルブルムはド・フシーについて，本書の序でこう評価している．ジャン-ポール・グランジャン・ド・フシー（Jean-Paul Grandjean de Fouchy, 1707-1788）は18世紀フランスの天文学者，自然学者であり，王立科学アカデミー終身書記を33年間務めた人物である．彼は晩年77歳の時，科学アカデミーにおいて，1年前に被った自らの失語症的体験について，「解剖学的観察」（1784）と題して短い報告を行なった．

　ド・フシーはある日，道路の敷石につまずき転び顔面を強く打ちつけ，その直後に一時的に失語症的状態に陥った．「言いたい言葉を言えなくなったのです．人が私に話すことは分かりました．頭の中では返答しなければならないことを考えていました．でも自分の考えを説明するはずの言葉とは違う言葉を言ってしまいました．言葉を言い始めても，言い終えることができず，その代わりに別の言葉を言ってしまうのです」．ド・フシーはこの失語症的体験を自己観察し，その結果をほぼ1年後に，王立科学アカデミーへ報告している．

　ド・フシーの生きた18世紀フランスは啓蒙の時代であり，ド・フシーの二代前の王立科学アカデミー終身書記フォントネルの時代に比べ，より普通のものとなっていた諸科学に対して，一般的な形而上学の諸概念に縛られない新たな原則・方法を見つけ出すという課題が課せられていた．「ド・フシーがいっそう取り組まねばならなくなったのは，諸原理の精神とそれらに固有な方法を示すことであった」（王立アカデミー第四代終身書記コンドルセによる追悼演説）．ド・フシーが晩年，王立科学アカデミーに対して報告した「解剖学的観察」はこうした時代背景の中で生まれ，「新たな原則・方法」を示すものであった．ド・フシー自身はこの報告を次のような言葉で結んでいる．「この種の観察はかなり稀に違いありません．なぜならこの観察には，まず自然学者が観察の主題＝主体であること，次に受傷事故がそれほど重症ではなく自然学者があらゆる状況を観察できること，この二つの条件が必要だからです」．

アイルブルムはこうしたド・フシーの「解剖学的観察」の意義を次のように
まとめている.

　1．自己観察の特異性＝単独性は，のちにフロイトの自己-分析——精神分析の
　　端緒である——と呼ばれるものの基礎となるものである．この自己観察によっ
　　て，従来対象として生じない限りで重要とされていた領域での障害において，
　　まさに一つの対象が生み出された．ド・フシーは，科学および科学の対象に
　　ついて語る手段にすぎなかった発話を来たるべき科学の対象として仕立て上
　　げ，さらに主体という必要な変数を導入している.

　2．ド・フシーは，〔自分が発する〕語たちが破壊されていることをたんに分かっ
　　ているだけではなく，それらを自分が口に出していることも分かっている．「頭
　　の中では返答しなければならないことを考えていました．でも私は自分の考
　　えを言わなければならない言葉とは違う言葉を言ってしまいました」（ド・フ
　　シー）．この分裂がド・フシーを主体にしている.

　3．「解剖学的観察」は眼差しの次元を免れている点で，描写の次元を脱している.
　　発話の破壊について語ることはできるが，いかに望んでもその破壊を眼差し
　　に対して示すことはできない．ド・フシーの「解剖学的観察」は，精神医学
　　が疾患によってピン止めする人々すべてに対してそうするように学問的な眼
　　差しを上演するのではなく，そうした描写の次元を脱して，声に立ち戻り，
　　人間的なものl'humainを扱う新たな方法を生み出している．描写から声への
　　転換が精神分析を出現させたのであり，今もなおこの転換を維持していかな
　　くてはならない.

　ド・フシーは一般的な形而上学の諸概念に縛られることなく，自らの失語症
的体験について単純な医学的観察を越える「解剖学的観察」と自ら名付けた方
法によって分析し，発話や言語活動を科学の新たな領域として仕立てあげたの
であった.

第2章　ブローカと失語症——「ざわめく」発話における主体

　ド・フシーの次の世紀，即ち19世紀の医師，人類学者，神経学者であるポー
ル・ブローカ（1824-1880）は「近代神経心理学の基礎を築いた先駆者の一人」
であり，失語症学の分野では現代でもヴェルニケと共に最も名を残している人
物である．本章では，そのブローカとトゥルソー〔パリ大学内科教授〕との論争

──即ち，一つの特性〜発話 parole や言語活動 langage における様々な分節化の障害〜と，一つの領域〜例えば大脳の左第三前頭回〜とによって定められた症状を名付ける造語をめぐる論争──を取り上げている．アイルブルムが捉えようとするブローカは，神経心理学や失語症学の祖として周知されたブローカというより，ド・フシーと同じく「主体」を重視するブローカであり，フロイト-ラカンの精神分析へと繋がるブローカである．

　　ブローカが自分の発見を定式化することにより，即ち，アフェミーという語（のちに消えゆくのだが）をつくり出したことにより提起された問題，即ち，声，発話，言語活動のざわめき bruisure における主体の問題は，後に別のところで展開されることになる．精神分析は失語症と明らかに一線を画しているとしても，フロイトやラカンにおいて精神分析は，他ならぬポール・ブローカが発見したような神経学の身体の内奥から生まれたのであり，そうした身体において現前する主体という命題を忘れていないのは確かである（本書24頁）．

　　精神分析にとって，この論争〔ブローカとトゥルソーの論争〕やその争点たちにはこの上なく興味をそそられる．それらに注目しないこと，それはつまり，「対象として考えられる声」により開かれる発話や言語活動という領域が存在することで始まる諸問題を考えないことである．しかし精神分析家はそれらの諸問題に取り組むことに関心がある（本書38頁）．

　ブローカと精神分析とが繋がるのは，「神経学の身体の内奥」，「そうした身体において現前する主体」，そして，その主体の設立と不可避の関係にある「対象として考えられる声」においてである．
　アイルブルムがまず着目しているのは，ブローカが1861年，「タン」という言語残余しか発しない患者の発話の障害を名付ける時，アファジー aphasie ではなく，アフェミー aphémie（ブローカによるフェーメー φήμη やフェーミス φῆμις「私は話す」からの造語）という語を選択したことである（その後．周知のように，トゥルソーの命名したアファジーという語のほうが広く使われ固定されてゆくのだが）．トゥルソーへの手紙の中で，ブローカは「ギリシャ語の語源学と語形成のメカニズムの領域」をふまえ，アフォニー aphonie，アラリー alalie，アロギー alogie，アフラジー aphrasie，アファジー aphasie などの語は，問題の障害を示すには皆不適切であり，アフェミーが最も適していると主張し，アファジーについ

て，アフェミーと対比させて，次のように述べている．

　　つまり，このアファジー aphasie という語は明快さに反しており，今問題に
　している疾患を少なくとも正確には表わしていないのではないでしょうか．
　……この語〔アファジー〕は，議論が底をつき，答えるものが何もなくなった
　人間の状態を指しています．プラトンは反対者をそうした状態にするのを好ん
　でいたと言われています．……アファジー患者に欠如しているのは，発話では
　なく，観念なのです．彼は何も言うことがなくとも話せるでしょうが，沈黙す
　るでしょう．……反対に，アフェミー患者は表現すべき観念はあるのですが，
　発話が欠如しているのです（本書30頁）．

　　プラトンが認めているアファジア ἀφάσια という語の意味はもう変えられませ
　んので，発話の能力の喪失を指し示す別の言葉を探さなくてはなりません（本書
　31頁）．

　ブローカがアフェミーという語を選んだのは，ブローカの患者が「発話の分
節化に不可欠な側面は障害されているが，話す主体としては依然保たれている」
こと，即ち，「完璧な意味を形成する言表を生みだ」せなくとも，「タン」や罵
り言葉しか言えなくとも，自ら発話し欲望を表出していることを示すためで
あった．このアフェミーの状態を，アイルブルムは「ざわめき」，「ざわめきな
がらも話し続けること」，「ざわめく発話において主体を示している」といった
印象的な言葉を用いて捉えている．これとは対照的に，アファジーは，プラト
ンも認めている語だが，「自分が自己を失い茫然自失になった時のような，大
脳の一定領野の破壊による主体の廃止」を意味している．即ち，アファジー患
者はもはや「話す主体」ではないのである．
　さてブローカが，当初「他の語よりも気に入っていた」というアフラジー
aphrasie という語を土壇場で選択しなかったのはなぜだろうか．「アフラジー
という語に特にひきつけられたのは，この語が，私が示したい病者を十分に特
徴づけるからであり，また唯一厳密に特徴づけているからでした．動詞フラク
ソー φράξω はたんに『私は話す』ではなく，『私は明確に話す』を意味してい
ます」．つまりアフラジーは正しく明確に結合することの障害であり，「一種の
完璧な本来の言語」の障害である．この意味で，話すこととは，あらゆる形の
曖昧さを排除して，連結，つまり自由な連鎖を最も入念に実現することだとい

えよう．そうだとすると，アフェミー患者の障害は「正しい文章を作るために
語をつなげる能力」の障害であるとのブローカの主張が，「アフラジー」とい
う用語に正確に対応している．それなのになぜブローカは最終的にアフラジー
ではなくアフェミーを選択したのだろうか．

　アイルブルムはその理由を，主体の措定と「闇の不在や一義性を前提とする
話すことの明晰さ」とは両立し得ないことをブローカが認識していたからだと
している．つまりブローカは主体の措定のため，主体を確保するためにアフェ
ミーを選択したのである．ここがアイルブルムの最も強調している点である．
主体は，声，発話，言語活動が，明晰さ，多義性の欠如という想像的なものに
閉じこもっていないことと一致する．アフラジーでは，話すことの一義性にお
ける主体，つまり，ある自我空間に捕えられた主体が想定されており，その主
体が損なわれていることを示している．しかし，ブローカは，自我に捕えられ
た主体ではなく，「ざわめく発話」における主体を確保するために，アフェミー
という語を選択したのである．

第3章　ユダヤ人，神経学者，そして精神分析家——口ごもる言葉たち

　本章は，フランスの精神科医・精神分析家ルシアン・イスラエル（1925-1996）
へのオマージュとして，イスラエルの死から1年後に発表された論文である．
この章では，ドイツと国境を接するバイリンガル地域の伝統的ユダヤ人家庭に
生まれたイスラエルのほかに，神経病学者ジャン＝マルタン・シャルコー，そ
のシャルコーの指導の下，『サルペトリエールの彷徨えるユダヤ人』を執筆し
たアンリ・メージュ〔シャルコーの助手〕，そしてシャルコーのいるサルペトリエー
ル病院を噂と期待をもってめざした「彷徨える-ユダヤ人」たち——即ちメー
ジュが上記の著作中で取り上げている5症例——が登場してくる．なおメー
ジュの著作に序文を書いているのがルシアン・イスラエルである．

　アイルブルムは，これらの人物たちを通して，そして自らの幼年時代にも言
及しつつ，ドイツ語やフランス語社会の中で消えつつあるユダヤ人の言語「イ
ディッシュ語」，そしてその言語を話す人々の在りようについて語っている．

　　　私〔アイルブルム〕の幼年時代は，今やあり得ない言語，つまりピチポイ
　　　Pitchipoï と呼ばれていた所で主に話され，東方のどこかで空しく消えていった
　　　イディッシュ語によって，つくられている．ピチポイでは，そこで生きている人々

概要と解説　　*163*

が大量に焼き殺されたが，一つの言語が焼き殺されることなど，まだ思いもよらなかった．この不可能なものによってつくられた私の幼年時代は，曖昧なものをつかんでおく，予想もしていないものも捨てない，誤解をつくり出す，こうしたことすべてが生きるのに何より欠かせないものだった．それは言語──フランス語とイディッシュ語──の空気によって，〈他者 Autre〉の命令をくじく手段であった．言語の空気，即ち，多くのイディッシュ語の名残りが物語や小話のテンポ，歌のリズムの中で維持され伝わっているということである（本書52頁）．

　ルシアン・イスラエル，その名は東方 Est からの風，息吹，私にはすでに名高い香りさえする空気のようなものとして，私〔アイルブルム〕のもとへやってきた．……アンリ・メージュの著作にイスラエルが書いている序文から想起されるユーモアある筆致からも読み取れる親しみのある香りである（本書51頁）．

　ドイツ語社会の中でのイディッシュ語の存在と影響力に関して，私が投げかけた疑問に対し，アルザス〔度々フランスとドイツの紛争地となった地域で現在はフランス領〕出身の中産階級の知識人家庭に育った知人が次のように答えたことがあった．彼は私に，「祖母は「私はイディッシュ語は話さなかったよ」と言っていた」と語った．このように否定することで，彼の祖母はイディッシュ語を，アルザスのゲルマン語やドイツ語の話し方とは違う，全く独自の言語だと認めていた．しかしその孫〔アイルブルムの知人〕によれば，それでも祖母の言葉にはイディッシュ語に由来する異なった抑揚があるのだった──私はそれを言語の空気，言語の音楽と名付けたのである（本書53-54頁）．

　私〔アイルブルム〕の幼い頃，母親と父親は口ごもることが多かった．……セーヌ河岸を散歩していて数人のドイツ人観光客と出会った時のことである．彼らは私の両親にドイツ語を話すのかどうか尋ねてきた．両親は少し下手くそに「はい」と，口ごもりながら答えるのだった．両親はこの困惑の時，はっきりと下手くそドイツ語 malallemand──もはやそうとしか言いようのない言葉の苦しみ──を喋るのである．彼らがたどたどしく返答する時──言おうとした瞬間に閉じ込められ自由が奪われ，口ごもる時──，言いたいことは浮かんでいても，同時に声にならず絶対に言われることがない．こうして苦しみに締めつけられ，もはや言語の穴としてしか存在できない名前たちすべてが重みを増すのだった．

今まで決して存在したことさえなく，これからも存在しないであろう……墓たちすべてが大切となる．……ルシアン・イスラエルが自身の現実から断言しているように，人生というカードを賭けている以上，今日も下手くそドイツ語を話すのをやめてはならない（本書54頁）．

　なぜイディッシュ語に関する回想をこのように長々と紹介しているのか？　疑問はメージュの本文やルシアン・イスラエルの序文の中にある．私をあなたがたに向かわせたテクストの中で，イディッシュ語という言語，この言語が特に忘れられているのか？　脇へ置かれているのか？　無視されているのか？　ドイツ語によって，そしてドイツの土地によって追放されているのか？　いずれにせよ，ここで逆説的にだが，ルシアン・イスラエルがユダヤ性に依拠し，根を下ろしていることが分かる．それゆえ，消え去り脱落したイディッシュ語によってもたらされた下手くそドイツ語というテーマのもと，私としては，アンリ・メージュのテクスト『サルペトリエールの彷徨えるユダヤ人 Le Juif-errant à la Salpêtrière』──名と体をなす奇妙なハイフンのついた彷徨えるユダヤ人 Juif-errant──について，口ごもりながら一つの解釈を述べることにしよう（本書55頁）．

　以上〔＝5症例のエピソード〕は，境界を越えて異郷に門戸を開いているシャルコーへの風変わりなオマージュを通してメージュが明らかにしている通り，広大な東方のイディッシュ語の土地，……東方のどこかで語られていた噂と期待なのである．その門戸はパロディや悪意あるイロニー，軽蔑を越えて，あえて言えば，もう一つの言語 une langue autre をもたらす言葉たちの往き交いにあふれた門戸である（本書63頁）．

　記憶の欠落．イディッシュ語は私〔イディッシュ語の歌をうたう若い歌手，モッシュ・ライザー〕の母語ではありません（私の母語はフランス語であり，母親にフランス語を教えました）．でも両親は互いにイディッシュ語で話していたので，私もイディッシュ語を覚えました（しかし父親とはヘブライ語で話しています）．私はゲルマニストでもありません（私はアンヴェールで生まれたので，フラマン語〔ベルギーで話されているオランダ語〕で教育を受けました）……．だから，この録音がなんらかの「記憶の欠落」で潤色されていても驚かないで下さい．例えば，「der Rebbe ラビ」と言うべきところが「die Rebbe」〔イディッシュ語の定冠詞の誤り〕

となっています．……．こうした「〔記憶の〕欠落」もすべて私のイディッシュ
語の一部なのです．なぜなら私がイディッシュ語を身につけているのは，まさ
にこの欠落した記憶を介してだからです（本書66-67頁）．

「イディッシュ語」という言語，その話し手にアイルブルムは何を見ようと
したのであろうか．「曖昧なもの」，「予想もしないもの」，「誤解」，「ためらう」，
「下手くそドイツ語」，「口ごもる」，「言語の穴」，「墓たち」，「言語の空気，言
語の音楽」，「もう一つ別の言語」，「欠落」──こうした語句を用いながらアイ
ルブルムはイディッシュ語を話す人々の在りようを語っている．そしてこの章
を次のように締めくくっている．「声，発話，言語活動は，精神分析において
存在しているだけではなく，人間的なもの l'humain のために存在している」．

第4章　ざわめきたち──失語症と自閉症

失語症と自閉症とが同時に論じられることは普通ほとんどない．しかし本書
の肝ともいえるこの章では（そして本書全体にわたって），アイルブルムは失語症
と自閉症とを共に精神分析という俎上にのせ，本書の主題である「声」とは何
か，「音〔おと〕たち bruits」とはどのような存在なのか，フロイト，ラカンを
はじめ，レオ・カナー，フェルナン・ドゥリニー，ギュンター・グラス，アン
トナン・アルトー，プラトン，ジョルジュ・ペレックなどを登場させながら論
じ，それぞれ核心へと迫ってゆく．

アイルブルムは随所で失語症と自閉症について様々に論じている．少々長く
なるが抜粋しよう．それによって失語症と自閉症から，彼が何を取り出そうと
しているのか，みえてくる．

（1）失語症
①「ずれ」・「しくじり」・「残滓」・「欠落」の抽出

フロイトは失語症へ接近することにより，言語活動崩壊の様々な形に結びつ
く神経学の臨床領域で出現し定義されるような声，言語活動，発話の諸問題が，
同じ神経学の臨床の諸発見・諸仮説にそれほど重なっていないと仮定するよう
になった……，つまり言語活動と大脳組織との間に一対一の対応は存在しない
のである　フロイトが主張しているのは，ざわめく発話 parole bruisée と障害
された大脳との間にはどれほど望んでも鏡のイメージはないということである

（本書72頁）．

　フロイトをフロイトの根本的態度において読まなくてはならないのは，彼が失語症の障害とその障害に特異的な神経学的領野との間のずれ écart やしくじり ratage を取り出しているからである．即ちフロイトは固有なものという観念を疑問に付し解体しているのである——神経学はこの観念によって，声，発話，言語活動と身体との間にイメージや類似性，同一性の関係を想定し，自らの根拠を確立しようとしているのだが——（本書77頁）．

　フロイトは，失語症批判の最初から，声，発話，言語活動について新たな理解の仕方を提起している．一方に，ヒューリングス・ジャクソンによって検討し直された「言語残余 restes du langage」という観念がある——私はそれを，さらに進めて「話すことの残余 reste de parler」として，つまり「話すことが残存している reste de/du parler」ことと同時に，「話し続けている reste à parler」こととして理解している．他方，様々な失語症の困難である主要な諸症状を通して，大脳諸領野とその連関の一般理論における発話，言語活動の領野を体系化する試みには，必ず袋小路や残滓が生じる，という事実がある．フロイトはこの事実から，こうした領野の観念への準拠を無効にするべく駆り立てられている．フロイトは，鏡像化 spécularisation におけるしくじり ratage，つまり同類イメージ image semblable であり空隙のない投射 Projektion と対立する代理 Repräsentation という名のしくじりに結びつく残余の観念に依拠し，精神分析や無意識を生み出す現実的なものという別の次元に開かれた，声や発話の道へ進み始めたのである（本書83-84頁）．

　読者なら誰でもフロイトの失語症研究からはっきり読み取れるのは，フロイトが同一性にもとづく推論を疑問視している，そして，欠落があるという事実により投射と代理の間で分裂が作用している，ということである（本書100頁）．

② 「対象-声」

　私は失語症の諸困難を「ざわめきたち bruisures」と呼んでいる〔この「ざわめき」という用語はすでに第 2 章で使われている〕．このざわめきたちを通して，精神分析領域での対象-声 objet voix の問題に近づくことができる（本書69-70頁）．

　フロイトがこの最初の著作で探ろうとしているのは，対象-声——失語症に関

する研究では，声それ自体はテーマとなっていないが，折にふれてはっきりと
その姿を現わしている――は特有で固有な領野 zone という観念すべてに対す
る反論であるということである．彼は『失語症の理解にむけて』を次のような
基本的定式によって締めくくっている．「失語症にとって局在という因子の重要
性が誇張されすぎており，あらためて言語装置の機能的条件に注意を向けるの
がよいと思われる」(本書75頁).

　失語症の諸障害は，それらが声の存在を証している点で，つねに，有効な手
立てが急激に放棄されたという状態にすぎないのである．対象aとしての声のた
どる道も同じ次元にある．声は，たとえ指示され誘われ促されたとしても，呼
びかけ invocation としてしか生じない――最初から声を呼びかけ欲動 pulsion
invoquante として位置づけられるわけではないが．こうした呼びかけは，談話
療法の理論や実践にとり，……まさに不可欠なものである――精神分析治療や，
声によってもたらされる発話すべてが，その根底では，呼びかけでしかないこ
とが明らかであるように．別の言い方をすれば，声とは，残余としての対象の
理論の／における，対象の残余 rest d'objet なのである．……それはまさに対
象における二番目の底の例である．声はかけらである（本書82-83頁).

③「主体」

　失語症は，その根底では，失語症を被った者によって自己観察されるしかない．
その理由は次のことから明らかとなる．失語症者にとって失語症が現前するの
は，研究の対象としてではなく，フロイトやサロ博士の場合にみられたように，
ほとんどの失語症者が自覚できるギリギリのところで，叫び，声，書字が織り
成す中，声・発話・言語活動の機能自体が戯れる限りにおいてである．精神分
析に関わることだが，自己分析と呼ばれているものは精神分析だけに閉じられ
ているわけではない……．失語症者たちも自己分析によって同様の〔発話機能の〕
根源を見出し，その語りの中で表明するのである．彼らは，主体形成の余地を
与えないような発話・言語活動の装置をすべて裁断し，裂け目を入れ続けてい
るのである．つまり，ここでの焦点は，罵り言葉たちや話すことの自動症とい
うざわめきたち bruisures の最たるものを介してさえも，主体は到来するとい
うことである．……罵り言葉，冒瀆的言葉，激しい非難の言葉，そして話すこ
との残余としての侮辱的言葉，言葉のたどたどしさ，そして幻覚の噴出と密接

する言葉たち，これらの言葉たちは，他者 autre との想像的関係から生じる攻撃性を示しているのではない．それらは，精神自動症や言語性幻覚のメカニズムというえぐられた部分において，〈他者〉Autre から主体を生じさせるものの極限にある（本書85-86頁）．

（2）自閉症
①「しくじり」，「対象–声」は存在しない

　「自閉症」といわれるものの領域では，声と発話は存在しない．……そこでは，固有なものとして生じ続けるものは身体とその彷徨 erres にとどまっている（本書77頁）．

　「自閉症」といわれるグループにはしくじり ratage は存在しない．この意味で固有なものしか存在しない．そこでは声は対象として構成されていない（本書79頁）．

②しかし「音〔おと〕たち」が存在する

　自閉症とは，声をめざしている音〔おと〕bruit を示す言葉であり，自閉症者とは音〔おと〕に満ちた自らの存在において，対象–声の形成に関する問題を行動によって提起している者のことである（本書99頁）．

　（幼児）精神病あるいは自閉症と呼ばれる，神経学的なものに近いこの領域において，われわれは，話すことから退却しているとは言えないが，要求された場所にともかく単に居ることができない人たちとずっと関わってきたが，そこでは声の向こうでの際限のない彷徨しか読み取ることができない．この領域は，言語活動の残余自体に関わる特徴をもつと解釈できるヒステリー性の無言症を越えている．しかしこの領域は，声・発話・言語活動の諸機能において神経学がすでに示しているものと明らかに交差している．なぜなら，彷徨は，発話–言語活動の関係として置き換えられて生じる声–発話の関係の残余としての音〔おと〕だからである．声の向こう les hors la voix とは，この置き換えの／における残余としての音〔おと〕bruit である．残余としての音——おなら，げっぷ，大汗，叩き打ちつける音，擦れる音，滑る音，尿漏れ，下痢，腹鳴り，震え，ため息，さらに，生気のない皮膚のざらざら，あるいはずたずたに切断された

身体と呼ぶべき生身……. 生きた身体は，えぐられた木のように排泄がすべて止まり乾いてしまい沈黙するなどといったことは決してない. こうした音〔おと〕の響きたち bruitages によって，身体は発話-言語活動関係の残余あるいはかけらである（となる）（本書86-87頁）.

③カナーの自閉症

　まず一方に，東ヨーロッパの平原から，あのニューヨークという名の折り返し点を通過して，アメリカ中北部の大平原までの〔カナーがたどった〕一種の行程があり，そして他方に，揺れの中に囚われた主体たちのある種の自閉的逃走がある——オスカルの首に固定された太鼓のような60ワットの二つの電球の光の中においてにせよ，プラトンの洞窟の壁に横に並んだ影たちに相対する囚人たちのような，〈他者〉の声を越えた眼差しにおいてにせよ，無言の叫びと，言語残余にとらわれた身体との間に囚われているにせよ. こうした「行程」と「逃走」との出会いにしたがって，カナーの言う自閉症とはまず次のような概念だと言おう. 即ち，北アメリカのインディアンたちの性的殺戮において芽生え，話すことの残余において展開され，1942年から43年のワルシャワ＝アウシュヴィッツの人々すべての閉じ込められた叫びや声を知らないという不可能性の中から社会へ排出された概念である，と. 自閉症は，性的殺人から，無言症を伴う麻痺から，そしてあらゆる壁の中で混じり合う，世界中の多くの個々人たちの声と叫びから編み出された概念であり，これらすべてが，我々の意に関わらず，我々に対して絶えず音〔おと〕立てし bruiter，ざわめき bruiser 続けていることを示す概念である（本書99頁）.

（3）ざわめきたち

　失語症の諸困難は「ざわめきたち bruisures」であり，失語症では，対象-声が局在因子，同一性，鏡など，特殊で固有な領野 zone という観念すべてに対する反論となっている. 自閉症においては，絶えず音〔おと〕たちがざわめき続けているのだが，対象-声は構成されていない.

　「ざわめきたち」とは，「意味作用の領域」とは直接関わらない器質的な「声の諸困難」を幅広く掬い上げた概念である.「ざわめきたち bruisures」は，フロイトが指摘しているようなヒステリー性の無言症とは違い，器質性なものに属する声の諸困難に関連している. 言いよどみ，吃音，失声，さらに様々な

声門狭窄があり得るし，ちょっとした障害物によって生じる無意味な息souffle，そしてすべてのタイプの失語症がある．これらは，機知や言い間違いなど——フロイトが精神分析をつくり上げてゆく際，拠り所としたもの——とは異なり，意味作用の領域で直接つくり上げられたものではない」(本書71頁)．

　失語症の場合，「ざわめきたち」は錯語や言いよどみ，喚語困難等々の症状として，声，発話，言語活動において生じる．一方，「『自閉症』といわれるものの領域では，声と発話は存在しない」．つまり「『対象として考えられる声』により始まる発話や言語活動という領域」がいまだ始まっていない．しかし自閉症においては音たちがざわめいており，自閉症者は声をめざす「音に満ちた」存在なのである．

第5章　無言症のヴェラ——知に閉じ込められた子供

　ヴェラは「音〔おと〕bruit が声 voix になれない」無言症だった．ヴェラは8歳の時，家族と同乗していて自動車事故に遭った．7人目の子供を妊娠していた母親が6人の子供たちを一緒に乗せて起こしたとされる事故だった．この事故で母親（と，お腹の子），妹，弟の4人の命が奪われた．この事故の瞬間，8歳のヴェラだけが意識がしっかりしていて，すべてを見てすべてを警官に話した．そしてヴェラはこの自動車事故という出来事のすべてと，もう一つ別の事故＝出来事——母親が7度目の妊娠をし，母親自身がその妊娠を強く拒否していたこと——をいつまでも忘れずにいた．ヴェラは記憶であり知であり，この出来事によって発達が遅れたのだった．この発達の遅れのため，ヴェラは様々な専門家のところへ連れていかれ，父親が求める判定——年齢よりも遅れるだろうとの判定——を繰り返し受けさせられた．この繰り返しの判定の果てに，ヴェラは8歳の時から拒絶し家の中に閉じこもるようになり，その後27年間，無言症のままとなった．

　ヴェラの父親は自分の娘のいうこと——彼女の涙，彼女の叫び声——を聞くことに耐えられなかった．……大人の言葉だけを聴き，静かに物思いにふける父親の耳には，いらいらさせる音〔おと〕bruit にしか聞こえなかったのだろう．……その音は，ひどい雑音 parasites のように苦情を言われる音であり，主体が何もできないほど強いてくる思考のように父親を妨害する音だった．それがヴェラから発せられていた音である．つまり，確かにヴェラがその音を作り出していた．……ヴェラの父親にとって，ヴェラはたんに音を作り出しているだ

けではなく，彼女がまさにその音だった．それゆえ彼女は我慢ならないものであり，耐えられないものだった．ヴェラはそのために叩かれていた．

アイルブルムが介入することとなったヴェラ35歳の時，彼女はすでに子宮癌を患っており，死が近い状態だったが，アイルブルムに突然「つらいの」と話し出し，それを繰り返すようになったのである．ほぼ27年間，壁（ある機関）から壁（別の機関）へと導かれるしかなかったヴェラは自分の身体と話をしていた．彼女の身体が自分の声であり，無言の彼女自身であった．彼女がたてる物音や叫び声に合わせて動き回ったりしながら，やさしく言葉かけをしたり撫でたりしても，ヴェラの心をとらえることはできなかった．ヴェラの身体は「残余としての声，対象となっていない声，失敗した声」，「声になれない音たち」であった．彼女はある発作をきっかけに，この身体＝壁から脱出し，対象としての自分の声——他者たちに聞こえて捉えなおせる対象としての声——を作り出そうとし，何某かの人間的享楽，何某かの言い表せる愛を求めて，自分の身体——いまだ理解されておらず，考慮されていないもの——から抜け出そうとしていた．それが「つらいの」という言葉に結実したのである．つまりこの「つらいの」は，身体の痛みはまったく伴っていない一言なのである．すでに彼女の腫瘍は腫れていたが，緩和ケア病棟での最後の時まで，彼女は身体の痛みとは無縁なままであった．

しかしヴェラには，さらに「つらいの」と言わなければならない事態が待っていた．ある時，ヴェラの二人の姉がヴェラに会いにやって来た．ヴェラもいるところでの，かなり長い話のやりとりの最後に浮かび上がってきたのは，家族四人を失った自動車事故は偶然の事故ではなく，まさしく殺人の意志があったということだった．母親のお腹の中にいた7番目の子供は，息子との間の近親相姦の子供だったのである．カトリックを信仰し教会の掟を守り，中絶の観念自体を拒否している母親にとっては耐え難いものだった．自動車事故は運転していた母親が企図した，子供たちをも巻き込んだ殺人だったのである．アイルブルムもこのことを聞かされたが，この時ヴェラも，アイルブルムの目の前に立っていて，すべてを聞いていた．その瞬間，すべてが凍りついた．この場に居合わせた者は皆，真実をはっきりと語るその口調に捕らえられ凍りついた．ヴェラはその最たる者であり，その動転は大変なものだった．……その後，ヴェラは廊下で私とすれ違った時，私の前で止まり，アイルブルムに向かって，「あなたに話したい」と言ったのだった．この言葉をアイルブルムはやはり「つら

いの」と解釈している．ヴェラは8歳の時から，すべてを知っているが故に無
言症となったのだが，この35歳の時にさらに新たに知ることとなり，そのつら
さをアイルブルムに告げたのだった．

　アイルブルムは本章の最後をこう締めくくっている．「知っていることのつ
らさをずっと分かっていたヴェラ．ヴェラは主体として知ることのつらさを忘
却しその方向を変えることができなかった．知のつらさをようやく忘れること
ができたのは死においてであり，……どんな時もどうしても消えなかった享楽
においてでしかなかった．……ヴェラは自分が葬られるまで，知を余儀なくさ
れ，その知に閉じ込められることを余儀なくされた子供だった……」．

第6章　ラカンを読む，ラカンを聞く

　「ジャック・ラカンの声によって語られた魅惑的なセミネール．1950年代か
ら1980年にかけて，パリから次々に伝わっていくラカンの反響を聞かずにいる
ことはほとんど不可能だった」．こう述懐するアイルブルムもおそらくラカン
のセミネールを聴講していたのだろう．

　彼は「フロイトからラカンへ，そこには声の跳躍，声による，声高に語られ
る発話の跳躍がある．この跳躍は，精神分析作業の原則──声に出して言うこ
と，全てを言うこと──へと，そしてその本来のテンポにまで立ち戻っている
……．そしてこの跳躍は精神分析教育の原則であり，おそらくその継承の原則
でもある．……そしてラカンが言うように，分析主体の原則なのである」と述
べて，ラカンを「読む」／「聞く」という問題へと筆を進めている．

　アイルブルムはまず一つの定式化を仮説として提唱する．「ラカンは自分が
書いたこと以上のことは──あるいは以下のことは──書かなかった」．しか
し，ラカンはさらに自分が実際には書いていないものにはっきりと署名しただ
けではなく，自分のサインによって，著者の個人名を署名できたはずのテクス
トにとらわれずに指名するよう要求したものにもはっきりと署名している．こ
こからアイルブルムは，「ラカンを読むこと」を次のように定義づけている．「そ
れはつまり，彼が書いたものを読むこと……，彼が署名したものを読むことで
あり，署名の作用自体を読むことである．そしてその署名の作用によって，書
かれたものの問題，添えられた署名の問題，そして指名の問題がたえず生じる
のである．したがってラカンを読むこと，それはラカンの名によって組織され
た書字 écriture の戯れを読むことであり，そしてまた，唯一の署名としての

ラカンの名の立場を示す「署名の戯れ」を通して指名自体を戯れさせる書字の戯れを読むことでもある」．こうして先の仮説「ラカンは自分が書いたこと以上のことは——あるいは以下のことは——書かなかった」は単純で分かりやすい明らかな仮説ではなく，触れがたい現実的なものについて考えさせるためのうわべ grimace を提示しているものにすぎないと結論している．

　書字と呼ばれるものは，最後に定まった書かれたもの écrit のもとに潜む書字の戯れでしかないが，うわべの形はそのことを忘れるために定められたにすぎない．うわべの形によって，書字の様々な時たち，書字たちが同一化してきた様々な時たちを忘れることができる．うわべの形はそうした様々な時たちのうちから，固まりやかけらとして生じているにすぎない．書字はうわべとしてしか，書字たちや同一化の過程全体から離れられないために，対象——その典型はフロイトがフェティッシュとして理論化したものに類似する対象である——として利用できる．

　こうして，うわべの形への注目から，アイルブルムは「書字を生み出す読み lecture」を，フェティッシュの対象の設立として捉えようとする．フェティッシュの対象は，その対象によって去勢の否認や去勢不安から逃れることが目指される際に，発話や書字の戯れによって設立される．フロイトはそのモデルを，「鼻への視線 Glance（グランス）」から「鼻の光沢 Glanz（グランツ）」への移行，即ち，言語間〔英語—ドイツ語間〕での同音異義語的移行と，「ce」が「z」となる圧縮による同綴異義語的移行（同じラテン文字）によって示している．「つまり鼻はフェティッシュだったのである．しかも彼〔ある若い男性の事例〕は自分の好きなようにこのフィティッシュに他人には分からない光沢を与えること（octroyer）ができた」．この誰にも分からない光沢を与えるということが，「書字を生み出す読み lecture」の基本的操作である．この読みは本質的な点で「声で言うこと」とユニゾン同然の領域に属している．つまり読みによって，書かれたものは，一人ずつと考えられる読み手たち各々の特異性に向けられた特異性として生み出される．フロイトを敷衍して言えば，読み手あるいは一般的に言って音読 lecture en voix は，先の若い男性の事例がファリックと考えられる享楽の道の赴くままに光沢という価値を与えているのと同じように，書字を読み取りとりながら書字を与えるのである．これによって，書字を，一つのかけら——声のかけらとしての読むことのかけらéclat de lire ——へと戻すのである．

このかけらは不可避的に現実的なもの le réel を前提とし，その現実的なものから，かけらとして現われるといえよう．したがって，結局，現実的なものは不可触な存在どころではなく，原因として働く効果として現われる．書字の読取可能性は，声でもある書字のかけらの読取可能性である．つまり，その読取可能性は，授与の次元，したがって声と書字の特異性の次元にある．読むことlireとは，読取 lecture によって生じ喚起された書字に声を先行して与えることである．声を先行させることから生じるものを「与える」ことによって私は理解するのであり，予め存在するものが現われることによって理解するのではない．書字として現われているものを読む際には，音〔おと〕bruitに声を与える，つまり，遡及的な因果関係によって，読取可能なもの／不可能なものの戯れの中で書字を生み出す声，書かれたものの戯れの中で書字を生み出す声，を与えるのである．

声のかけら＝読むことのかけらは精神分析の時間すべての根底にある．つまり，精神分析の領域では声のかけらしか存在しない．声の向こうの内奥 un intime hors la voix において形成されていること──19世紀の神経学者たちが，声によらないがゆえに「内言語 langage intérieur」と呼んでいるもの──，そしてあえて呟きもしないことを声に出して話させること，そしてそれにより予測不可能なことが口から突いて出るのにまかせておくこと──例えば，言い間違い，主体を生じさせる「言うこと le dire」など──，これら口にし得ることすべては，精神分析の領野では声のかけら éclat de voix しか存在しないという限りで，かけらとしての声の領域に属している．

ヒューリングス・ジャクソンはあらゆる神経学的障害によって言うことが障害された際の，声で言うことの核，言うことにおける声の核について「不意の発話（叫び）jaculation」として論じているが，フロイトは，主としてこのヒューリングス・ジャクソンに依拠した『失語症の理解にむけて』の中で，声を享楽とするものに直面し，発話の問題に接近している．声の核から発せられるかけらは享楽に出会うのである．

第7章　自閉症者と声

自閉症者の音たち＝ざわめきたちが，なぜ・どのようにして声・発話の道へ開かれてゆくのか．それをアイルブルムは自閉症と言われてきた少年アドリアンを通して論じている．そして最後に，自閉症者とは，そして声とは何か，定

義づけている.

アドリアンは何年も全く喋らなかったが,ある日,アイルブルムを受け入れ,自分の席の向かいにあるアイルブルムのいつもの場所に座って,即ち,転移的方略によって,「ぼくはいたずらっ子,ね!」とアイルブルムへ初めて言葉を発した.

ラカンは「泣き叫びとの関係と,……人間存在が何かを言えるようになることとの間には,深淵があるのです」といったが,そうした人間的なものに関する「深淵」,それがアドリアンであるとアイルブルムはいう.しかもアドリアンが同時に示してくれているのは,その深淵を乗り越える力を生み出すための支えや梃子も存在しているということだった.アドリアンには,声や言葉を発することがなくとも,音たち bruits——世界という観念をすべて解体するいまだ声 voix ではない音〔おん〕son のようなもの,いまだ音〔おん〕ではない音〔おと〕bruit のようなもの——があった.アイルブルムは,そうした音たちにどうしても慣れず,唖然としたままだったのだが,こうした耐え難い音立て bruitement こそ,分析の条件自体が現われていることであり,精神分析と精神分析家はこうした耐え難いもの,我慢できないものを相手にするのだとしている.

アドリアンの世話をする人たち皆が,彼に惜しみなく与えようとしたあらゆる礼儀作法の世話にもかかわらず,アドリアンはよだれ,鼻汁など,あらゆる排泄物をこらえることができなかった.こうした排泄物たちはすべて受け入れ難い汚物として,後ずさりや嫌悪を引き起こしていた.アドリアンは強い嫌悪感を呼び起こし,ほとんど無遠慮に享楽として扱われることもあった.これら排泄物たちは社会的に承認し難い身体的なものであることを示しているが,同時に,声という対象に関する本質的困難,即ち声–対象の特殊性や目立たなさをも示している.排泄物たちを通して,声は対象として生じることを目指しているのだが,不可能の様相を呈したままである.排泄物たちが声を抑え込んでいるのである.

自閉症者に,排泄物たち,薄皮のような音〔おん〕son たち,音〔おん〕が円形脱毛したような音〔おと〕たちによって覆われ,音〔おと〕たちの断片の中に投げ込まれているのだった.その断片たちには歯ぎしりする口が対応していて,顎や歯はズレたりこすれたりしてバラバラな動きしかできない.一方に身体の空洞=洞窟の奥から響きわたる音〔おと〕たちがあり,他方にこうした歯ぎし

りがあるのだった．明確な切れ目はなく，縁（ふち）たち bords は胸郭の振動
や歯ぎしりではっきりしない．こことそこ，内と外．境界 frontière や分離
séparation を画定し刻みつけるものは明確な線ではない．つまり，きちんとし
た縁やはっきりと分かる限界をもつ線ではない．このことによって自閉症は，
逆のイメージとして倒錯を呼び寄せる．倒錯は境界の明瞭さや様々なためらい
と考えられるものを，それらの滲みにおいて／によって，自然に無視して享楽
する．精神分析家は自閉症によって，そのイメージを通じて境界たちへ呼び出
され，限界の／における享楽，つまり倒錯的享楽のためにそこへ身をおくよう
招かれる．……この時，自閉症において分離の線は，まるで吸い取り紙で吸い
取られるかのようであり，また，水がしみる質の悪い紙に，下手にカットされ
たペンで下手くそに書かれているかのようである．よだれは流れたりすすられ
たりする．しかし，われわれはそこから離れようとして，いつまでも滲みの中
に限界 limite を見つけようとし続け，限界にとらわれ続ける．われわれは，
理解する（理解させる）ことができないもののあらゆる様々なかけらたちにつね
に捉えられているからである．しかしそれが一つの保護となる．おそらくそれ
は自閉症者への転移である．あるいは，それは，混乱し狼狽している瞬間に《他
者》によって限界が恣意的に決められる時である．「恣意的に」とは？　清潔
さという要請が個人的にも社会的にも他者に受け入れられると，汚物，それは，
公然と晒された恥ずべき性的なもののようにあげつらわれ，辱められ，耐え難
いものとなる．つまり度を越した永続的欠陥であるかのようになる．

　しかし，排泄物という音〔おと〕たち bruits は，声や声らしきものをめざす
身体から滲み出てくる「音たち」として聞くべきものである．排泄物や音〔おと〕
立て bruitage は，声を求めるお喋りな身体から滲み出てくるのである．よだれ，
鼻汁，汗，糞などは，実際，口唇的なものや性器的なものの挫折と対をなす全
身に広がった肛門的享楽を示す排泄物として価値があるのではない．自閉症者
がよだれと共にあらゆる廃棄物をあふれ出るままにしている時，彼は肛門でも
肛門的な口でもない．身体のあらゆる穴，皮膚すべてから流れ出て現われるも
のは，何よりもまず音〔おん〕的なもの le sonore に関わる問題という隘路を
通じてしか認識できない．つまり，それは聞かれなければならないのである．

　アイルブルムは描画，粘土や水遊びの技法，身体像の確立・回復をめざすそ
の他の技法には決して頼らなかった．そうではなくアイルブルムは，滲出物や
排泄物たちによるごくわずかな表出 expression がこだまする次元において，

それらが反響する中に身を置きつつも，話すことをつねに優先し，その都度それらの音〔おと〕たちを声，発話，発言にするようにした．分析家は反響 résonance の生起する地点にいなければならないが，その地点でこだま écho が重なることによって，無意識が語音の響き consonance として分析家に繰り返し現われるのである．アドリアンの場合，こだまをつくり出さなくてはならなかった（こだまは分析家に何かしら，何らかの役割をもたらすと言われている）だけではなく，そのこだまはイメージ image や意味作用 signification にとらわれてはならず，要するに，こだまは語音の響き consonance の作用の中に取り戻されなければならなかった．その作用の中で分析家によって無意識の次元が開かれる．アドリアンは，こうして分析（家）における欲望という無意識の中に書き込まれ，入りこむことによって，声から発話にまで達し，自分が発した初めての言葉,初めての文によって欲望としての場所を得ることができたのである．その最初の文 première phrase は，十分蝕知できる精神分析家の場所から，つまり発話するための席が在る場所から発せられた．「ぼくはいたずらっ子，ね！」と．

　アイルブルムはこの章を次のように締めくくっている．「自閉症者の身体は，あらゆる次元での排泄，滲出，振動，軋みによる，身体の音〔おと〕たち-かけらたちのシステム système de bruits-éclats de corps であり，対象として生じる声を目指しているざわめきのシステム système de la bruisure である．声とは，自閉症者が自らのざわめきの中へ閉じこもっていることにより，問題となる対象のことである」．

Ⅱ．解説
──声たち・音〔おと〕たちのざわめきと「人間的なもの」

　失語症者の声たち，自閉症者の音たち，そしてイディッシュ語を話す人々の
口ごもる言葉たち．アイルブルムはこれらについて，「ざわめき」と名付けて
記述し論じている．そして彼が結論づけているのは，それら「ざわめき」たち
がなければ，主体を設立する「人間的なもの」は生じないということである．
アイルブルムの着眼は，「人間的なもの」が生じ主体が設立される構造について，
特に失語症，自閉症の事例を通じて，言語活動（ランガージュ）という次元から
ではなく，さらにより基底的な次元，即ち声，音〔おと〕のざわめきという次
元から見極めようとしているところにある．以下では，この着眼をめぐって，
失語症（者），自閉症（者），口ごもる言葉たち，そして文字と声の関係という
４つのテーマを立てて，訳者なりの検討を加えて考察したい．

1．失語症と声

　アイルブルムは第２章で，ポール・ブローカが提唱したアフェミー aphémie
を取り上げ，ラカン派精神分析の観点から，失語症をめぐって論じている．ア
イルブルムの論点は，以下の３つの定式化に凝縮されている．

> （1）アフェミー患者は「ざわめきながらも話し続けている」（本書40頁）．
> （2）アフェミーは「ざわめく発話 parole bruisée において主体を示している」（本
> 　　 書48頁）．
> （3）アフェミーは「声によって主体を現わしている限りで，話すことの領域に
> 　　 属している」（本書39頁）．

　この三つの定式はほとんど同じことを言っており，「ざわめき」，「主体」，「声」，
「話す」の４つの語は，アイルブルムが捉えようとする失語症におけるキーター
ムである．

1-（1）　ブローカのアフェミー
　アイルブルムの捉える失語症の詳細をみてゆく前に，先ずは，ブローカがど
のような言語の障害を「アフェミー」と名付けたのか，その命名の際に，なぜ

概要と解説　*179*

「アファジー」ではなく，「アフェミー」を自ら造語し，それを選択したのか
——この点にアイルブルムは注目している——，ブローカの論文を取り上げ，
ブローカ自身のことばに即して，確認しておこう．

1-(1)-①　アフェミーの臨床像

　ブローカは1860年代に失語症に関して一連の報告をしているのだが，アフェ
ミーという用語を初めて用いたのは，自ら設立の中心メンバーであったパリ人
類学会へ提出した論文「失語症の一例にもとづく構音言語機能の座に関する考
察」(1861) であった．この論文に登場する症例タン（ルボルニュ氏）は，元来て
んかん発作があり，30歳で「慢性進行性軟化」に罹患，以降死亡する51歳まで
ビセトル病院に21年間入院していた．30歳での入院当初，「了解は良好であっ
たが，すでに「タンタン tan, tan」という残語ないし再帰性発話（recurring
utterance）しか発することができない状態に陥り，10年後に右上肢の麻痺，14
年後に右下肢の運動障害，その後次第に「知能の低下」をも示すようになった
後，21年目に右下肢壊疽を併発した．この時，初めてブローカが診察し外科的
治療を施したが，6日目に死亡した[1]」（濱中，1985，145頁）．

　以下，最初に入院当初（30歳時）の症例タンの臨床像をブローカの記述から
引用し紹介しよう（なおこの所見はブローカが直接診察や観察をしたものではなく，ブ
ローカが「また聞き[2]」したものに拠っている）．

　　　ビセトル病院に入院したときは話せなくなってからすでに2，3カ月経って
　　いた．当時は健康で頭もよく，構音言語活動 langage articulé[3] を失っているこ
　　とをのぞいては健康な男性と異なるところはなかった．病院の中を動きまわり
　　通称タン Tan として知られていた．彼は人が言うことはなんでも分かった．
　　……しかし彼にどんな質問を向けても答えはつねに tan, tan であり，これにき
　　わめて変化に富む身振りをまじえて，彼の考えていることはほとんど表現でき

　1）ブローカと症例タンとの邂逅はなんと6日間に過ぎなかったのである．
　2）この「また聞き」という語はブローカの症状記載の正確性を批判するピエール・マ
　　　リーの言葉である．マリーはさらに老人脳の病理解剖に関するブローカの知識のなさ
　　　を指摘している（萬年，1982，55頁）
　3）萬年訳（ブローカ，1861=1982）では，langage articulé の訳は「構音言語」となっ
　　　ているが，本訳書では langage をほぼ一貫して「言語活動」と訳しているので，こ
　　　こでも「構音言語活動」とした（以下，同様）．

た．話し相手が彼の身振りを理解できないとすぐに怒り，彼の語彙にただひと
つだけ粗野な罵りの言葉を付け加えるのであった．……Tan は身勝手で，執念
深く，意地悪〔だった〕，……このような欠陥は大部分脳の障害にもとづくもの
であろう．いずれにせよ，それらは病的というほど著明なものではなく，……人々
は彼を完全に責任能力のある人間とみなしていた（ブローカ, P., 1861＝1982, 31頁）．

　次に，症例タンが死亡する直前（51歳）の 6 日間，ブローカ自身が直接診察
した際の所見は以下の通りである．

　　咀嚼はきわめて良好で……舌には全然障害はなく……声の響き timbre de la
　voix は普通で，患者が持ち前の単音節〔tan〕を発音する場合の音声は完全に澄
　んでいた．

　　知能の状態は正確には決めかねた．〔症例〕タンは人が彼にいうことをほとん
　どすべて理解していたことは確かである．……何年前からビセトル病院にいる
　かとの問いには，手を 4 回つづけて開き，それに指を 1 本足す．これは21年を
　意味しており，この答えがきわめて正確なのはすでに知る通りである．翌日私
　は同じ質問を繰り返したが同じ答えを得た．しかし，私が三たびこのことにふ
　れようとすると，タンは私が彼を練習させようとしていることを知り，怒り始
　めてすでに述べた罵りの言葉〔こんちくしょう Sacré nom de dieu〕を発したが，
　私が彼の口からこれを聞いたのはこのとき限りであった．

　　普通の知能をそなえた人間なら，身振りで，あるいは一方の手だけでも，な
　んとか答えるすべを見出すようないろいろの質問には返答しなかった．また他
　の場合にはいくつか答の意味が分からぬことがあり，患者はこのため大変いら
　いらしているようにみえた．また答えははっきりしているが誤っていることも
　あった．例えば，彼には子供がいないのに，ある，と言い張ったごときである．
　それゆえにこの男の知能は，脳の疾患のためにしろ，その診察時に彼を苦しめ
　ていた熱のためにしろ，はなはだしくおかされていたことは疑いのないところ
　である．しかし，話をするために必要な知能水準よりは，あきらかにもっと知
　能が高かった（ブローカ, P., 同上, 32-33頁）．

　このような症例タンの経過をブローカは二つの時期に分けている．「第 1 期
は〔最初の〕10年間で，この間，言語機能はおかされたが，脳の他の機能は無

概要と解説　　*181*

傷であった．第2期は〔後半の〕11年間で，この間は運動麻痺が右側の上肢ついで下肢をおそい，最初は部分的であったが，のちには完全麻痺になった」（ブローカ，P.，同上，39頁）．最初の10年間は，「アフェミーだけが唯一の症状」であり，「患者の知能は長期にわたって完全に保たれていたが，いつとはなしにある時期からいちじるしく衰えだし，われわれがはじめて診たときはひどく低下していた」（ブローカ，P.，同上，39頁）．しかしこの最後の時期でも「話をするために必要な知能水準よりはあきらかにもっと知能が高かった」．ブローカはこの論文（1861）の中で初めて「アフェミー」という語を提唱しているのだが，この論文を読んでみると，この呼称は，症例タンの検討のみによるものではなく，すでに知られていたブイヨー Bouillet，オビュルタン Auburtin らの業績もふまえたうえで，複数の症例に共通する特徴に対して名付けたものであることが分かる．

　　言語活動の一般的機能 faculté general du langage [4]はなんら変化をこうむることなく，聴覚器は完全，発声および発音のための筋を含めてすべての筋が意志にしたがうが，脳の障害によって構音言語活動が失われるというような例がある．麻痺でもなく重度の知的障害でもない人々にみられるこのような発話の消失 abolition de la parole はかなり独特な症状なので，私はこれに特別の名を附した方が有益であるように思う．それで私はこれをアフェミー aphémie と呼ぶことにする．なぜならば，こうした患者に欠けているのは単に言葉を構音化する機能（faculté d'articuler les mots）だけだからである（ブローカ，P.，同上，23頁）．

ブローカはさらに続けて，

　　彼らは人々が彼らにいうすべてのことを聞いて了解するし，彼らは知能を完全にそなえている．また彼らは音声を容易に発する……，しかし，彼らが道理にきちんとかなった応答をしようとしても，それはきわめてわずかの音声になっ

―――――――――――――――――――――――――

　4）ブローカは同じ論文の少し前で「言語活動の一般的機能」について次のように定義している．「思考を表現する諸様式を司る言語活動の一般的機能というものがある．それは次のように定義できる：思考と記号との間の恒常的関係を確立する能力．その際，記号は音〔おん〕son でも，身振り geste，図 figure でも，なんらかの線 tracé でもよい」（ブローカ，P.，1861＝1982，22頁）．

てしまい，いつでも同じ音，同じ表現になってしまうのである．それを彼らの語彙と呼ぶことができるとすれば，その語彙は短い一連の音節からなり，時には単音節のこともある．そしてこれがすべてを表現するかあるいはむしろなにも表現しないのである．なぜなら，このたったひとつの言葉はあらゆる語彙たちと無関係なことが最もしばしばだからである．……オビュルタン Auburtin 氏の観察した……1例では，興奮などせずとも紋切型の罵り言葉 juron stéréotypé を発音するという．その患者の応答はいつでも6音節よりなる奇妙な語ではじまり，「こんちくしょう Sacré nom de Dieu」……という言葉で終るという（ブローカ，P.，同上，23頁）．

　ブローカはこの論文の最後で症例タンの観察結果を6項目にまとめているが，最初の2項目で「脳の前頭葉の内の一つの葉（l'un des lobes antérieurs）の損傷により生じた結果は，いかなる知的障害でも，いかなる麻痺でもなく，アフェミー，すなわち，発話の喪失 la perte de la parole である」，「それゆえに，われわれの所見は構音言語活動機能 faculté du langage aritculé の座がこれらの葉にあるとしたブイヨー氏の見解を確認するものである」（ブローカ，P.，同上，40頁）と記している．

　こうしてブローカは，1861年の論文の中で，知的障害や麻痺によるのではない構音言語活動機能の障害＝発話の喪失をアフェミーと名付けたのである．なおブローカとの論争の相手であるトゥルソーはブローカと対立し，「失語患者はつねに知的障害を示す」（大橋，1987，193頁）と指摘している．

1-（1）-②　アフェミーという語の選択

　ブローカは，以上のような病像を命名するにあたり，アロジー alogie やアファジー aphasie（トゥルソーによる命名）ではなく，そしてアフラジー aphrasie でもなく，なぜアフェミーという語を選択したのだろうか．

　ブローカはそれをトゥルソー宛の手紙（本書第2章に全文掲載）の中で詳細に述べている．「アフェミー患者たちが障害されているのは，ある特定数の語を言う能力ではありません．ご存知のように，こうした患者のほとんどは少しの語彙はあります．しかし，正しい文章を作るのに必要な語をつなげる能力を失っているのです」（本書26頁）．「アフェミー患者は表現すべき観念はあるのですが，発話が欠如しているのです」（本書30頁）．

アフェミーという用語は，ブローカが，古代ギリシャ語の形容詞アーフェーモス ἄφημος──話さない（人）──から名詞として造語した語である．ブローカは「〔アーフェーモスは〕科学の分野でまだ使われていませんが，私は適切だと思い，この語を思い切って採用しました．……新造語ですが，できるだけ使いやすい語にしたつもりです」（本書26頁）と述べている．

このアフェミーに対し，ブローカがアロジー，アファジーという語を選択しなかったのは次のような理由からであった．アロジー（失論理）alogie は「必然的に不合理 absurdité という観念を生み出し」ている語である点で，知能を備えているアフェミー患者には明らかに不適切な語である．アファジー aphasie は「誰にでも生じる一個人の状態を表わし，遠慮や混乱のため，一時的に話すことができないことを説明する語」（本書25頁）であり，プラトンがすでにそうした意味を持つ語として認めている（本書31頁）．「患者に欠如しているのは，発話ではなく，観念」（本書30頁）であるということになり不適切である．アフェミー患者は反対に「表現すべき観念はあるのですが，発話が欠如しているのです」（本書30頁）．以上から，「正しい文章を作るのに必要な語をつなげる能力を失っている」状態，「構音言語活動機能の障害」，「〔観念ではなく〕発話の欠如」を表すのに適している語として，ブローカはアフェミーを造語したのである．

しかしブローカには，最後まで迷い，捨てきれかった別の候補もあった．アフラジー aphrasie がそれである．それゆえ，トゥルソーへの手紙の末尾でブローカは，トゥルソーのアファジーか自分のアフェミーかではなく，自分が提案している二つの語，アフラジーかアフェミーかについて比較検討するよう，トゥルソーへ丁重に依頼している．論敵にこのような依頼をしたのはブローカの自信の現われであろうか．ブローカによれば，アフラジーの語源である古代ギリシャ語の動詞フラクソー φράξω は，たんに「私は話す」ではなく，「私は明確に話す」（本書26頁）を意味しており，またフラーズ phrase（文）という語はほとんどの近代ヨーロッパ諸語で，「完全な意味をなす一続きの言葉を意味して」（同上）いる．このアフラジーをブローカが最後まで捨てきれなかったのは「この語が，私が示したい病者を十分に特徴づけているからであり，また唯一厳密に特徴づけているから」（同上）であった．しかし結局，ブローカは最後の印刷の段階で，アフラジーではなく，アフェミーを選択したのである．それはブローカ自身の言葉によれば，「〔古代〕ギリシャ語で一番使われていない語

はしりぞけたいという願望」（同上）からであり，それ以外の理由については特に言及していない.

　ブローカが失語症の命名をめぐって悩み，最後になぜアフェミーを選択したのか，精神分析家の立場から着目し，いわばブローカのいう理由を越えて検討を加えたのが，アイルブルムである.

1-（1）-③　症例タンは現代の分類ではどのような失語症といえるか

　さて症例タン（ルボルニュ氏）は現代の失語症のタイプ分類ではどのような失語症といえるか，という点にもふれておきたい．症例タンの死後，ブローカによって「剖検はできるだけすみやかに，すなわち24時間後に行なわれた」．その剖検所見の結果，および症例タンの脳のその後について，濱中（1985）は次のように述べている.

　　剖検所見では左第3前頭回，前および後中心回を中心にSylvius溝周辺の広範囲な軟化がみられたが，経過を考慮したBrocaは原発巣が左「第2あるいは第3前頭回，特におそらく後者」であると考えて，「構音言語活動（faculté du langage articulé）の機能の座（siège）」が「これら二つの脳回のいずれかにある可能性」があると結論した．この症例Leborgne〔ルボルニュ〕の脳標本は——おそらくは当時議論の焦点であったGallの平面的大脳皮質局在論の延長上で皮質損傷の部位のみが関心の的であったので——脳割されることなくDupuytren博物館に保存され，後にP.Marieがスケッチした図や，これに基いて病変の拡がりを図式的に示したものによって知られていたにとどまり，特に深部への病変の拡がりの詳細や，他の病変の有無が解明されていなかったが，……Broca没後100年祭の折にSignoretら（1980）の手によってCT検査をうけ，その結果が発表されたので詳細が明らかになった．これによると，病変は第3前頭回後部，第2前頭回下部，前中心回と後中心回の下半部，第1側頭回の一部，Heschl回，Reil島などの皮質，白質のみならず，深部のレンズ核，尾状核の一部をも含んでいる（濱中，1985，104-107頁）.

　以上のブローカの剖検所見，シニョレ Signoret ら（1980）によるCT所見をふまえて，濱中（1985）は，症例タンの末期の病像について次のように述べている．「ブローカの報告に復唱，書字，音読に関する記載がないために，その失語像がいかなるものであったかを今日十分な根拠をもって同定することは困

難であるが，ブローカが自ら診察した末期の病像は，神経学的所見，病変の範囲から考えて，再帰性発話のみの残存する重度Broca失語と考えて大きな反論は出そうにない」．

杉下（1985）も症例タンについて，「〔ブローカの記載のみでは〕失書や失読（書き言葉の了解障害）があったのか否かが明らかではなく，この症例がBroca失語か純粋語唖かはっきりしない」が，「ルボルニュの剖検時の損傷が左中大脳動脈領域を広範に侵すものであったことから，ブローカがルボルニュを診察した時点（発症後21年）では純粋語唖というよりもBroca失語である可能性の方が強いと思う」（杉下，1982，71頁）と結論している．

ブローカ自身の記述，濱中，杉下の判断をふまえ，訳者の私見を述べるなら，ブローカが直接診察した末期の病像は重度ブローカ失語に聴理解の障害が加わった前方型混合性失語（mixed anterior aphasia）とも考えられる．初期の病像については，聴理解が良好であることから重度ブローカ失語でよいだろうが，失書を伴わない純粋語唖（純粋運動性失語）であるという可能性も捨てきれない．いずれにしても，発話に影響するような知的低下が認められないことがポイントであり，症例タンはこの点をクリアしている．

1-（2） アイルブルムの失語症[5]──ブローカ評価から「主体」の抽出へ

アイルブルムが以上のようなブローカのいうアフェミーに着目したのは，精神分析家の立場から，そこに「主体」が見出されると考えたからである．第2章で次のように述べている．「ブローカが自らの発見を定式化することにより，即ち，アフェミーという語（のちに消えゆくのだが）をつくり出したことにより提起された問題，即ち，声，発話，言語活動のざわめき bruisure における主体の問題は，後に別のところで展開されることになる．精神分析は失語症と明らかに一線を画しているとしても，フロイトやラカンにおいて精神分析は，他ならぬポール・ブローカが発見したような神経学の身体の内奥から生まれたのであり，そうした身体において現前する主体という命題を忘れていないのは確かである」（本書24頁）．これは，精神分析家アイルブルムによる，ブローカへ

5）アイルブルムは失語症の呼称について，「アルマン・トゥルソー教授以来，それらはアファジーと名指されている．しかし私はこの点についてはポール・ブローカ教授にしたがい，次の名称を使うことに決めている．つまり，アフェミー aphémie である」（本書32-33頁）と述べている．

の最大限のオマージュであり，ブローカに着目した彼自身の自負が示された一文であろう．

アイルブルムは，ブローカのアフェミーについて，なぜアフェミー（という語）においてのみ主体の措定を示すことができるのか，失語症の名付けをめぐるブローカの主張に沿いながら，論じている．

それをみてゆこう．

1-（2）-①　アファジー，アフラジーとアフェミーの違い

アイルブルムはこれら三つの語について，いくつかの箇所で繰り返し取り上げ，説明している．

まずアファジー aphasie について．

(i)ブローカによれば，プラトンがすでに認めているように，アファジーは「誰にでも生じる一個人の状態を表わし，遠慮や混乱のため，一時的に話すことができないことを説明する語」(本書25頁)であり，「議論が底をつき，答えるものが何もなくなった人間の状態」(本書30頁)を指す言葉である．「〔アファジー〕患者に欠如しているのは，発話ではなく，観念」（同上）なのである．

(ii)トゥルソーの〔アファジーの〕立場では，この発話の障害は，「完璧に話すこと」として輝くこと・見せること・見させること・現われることに属する障害，つまり「完璧な文の変質」である．ここでは主体は全く問題にされず，自我の立場が問題になっているのである（本書39頁）．

(iii)エミール・リトレは，自分が自己を失い茫然自失になった時のような，大脳の一定領野の破壊による主体の消失 abolition を意味する，アファジーという用語を選ぶことしかできなかったのである．……．リトレが，大脳との関連における声の機能不全，語や文での声の構音化の機能不全を名付けるためにアファジーという語を提起することに与した時，忘れられ追放されたのが主体である（本書44-45頁）．

(iv)描写の対象になると想定された声や発話は，結局は見られるものである．つまり，この絵〔『えび足の少年』〕はブローカとトゥルソーとの間の激しい論争と論理的連続性があり，アファジーを描写していると考えられる．「アファジー」という名によって声と発話が眼差しにしたがうとき，絵はおそらく，

声と発話の機能低下を描写するものとして読み取られるだろう．それらは身体の奇形，その醜さと同じものとされるのである．トゥルソーにとって，身体-大脳が傷つき変形したアファジー患者は奇妙な「身体の右側半分」と同じように知能が不自由なのであり，〈他者 Autre〉と調和しない知能や感情によって主体は不安定な状態となり，発話はアファジー患者の支えとならない．アファジー患者はもはや話すことの主体 sujet de parler ではない（本書49頁）．

次にアフラジー aphrasie について．

（ⅰ）アフラジーは正しく明確に結合することの障害であり，「一種の完璧な本来の言語」の障害である．この意味で，話すこととは，あらゆる形の曖昧さを排除して……自由な連鎖を最も入念に実現することだといえよう．こうして自我は，語となる音同士の連鎖や，観念の結合となる語同士の連鎖，即ち文を理解するのである（本書47頁）．

（ⅱ）アフラジーでは「話すことの一義性における主体，つまり，ある自我空間 espace moïque に捕らえられた主体が想定されている」（本書48頁）．

最後にアフェミーについて．

（ⅰ）アフェミーでは，……言表内容の主体 sujet de l'énoncé における分節化の崩壊は言表行為の主体 sujet de l'énonciation をむき出しにする（本書22頁）．

（ⅱ）アフェミーは「声によって主体を現わしている限りで，話すことの領域に属している」（本書39頁）．

（ⅲ）アフェミー患者は「ざわめきながらも話し続けていること bruisé mais toujours parler」（本書40頁）．

（ⅳ）主体のいかなる措定も，闇の不在や一義性を前提とする「話すことの明晰さ」とは両立し得ない．まさにそのために，……結局〔ブローカは〕「アフェミー」という語にすることに決めたのである．つまり，主体の措定のためにそうしたのである．主体は，声，発話，言語活動が，明晰さ，多義性の欠如という想像的なものに閉じこもっていないことと一致している．……アフェミーはざわめく発話 parole bruisée において主体を示している（本書48頁）．

⒱ブローカのアフェミー患者は，発話の分節化に不可欠な側面は障害されているが，話すことの主体としては依然保たれている（本書49頁）．

　アイルブルムは以上のように三者について区別している．ここでそれらの違いをごく簡単に次のようにまとめておこう：自我に注目するアフラジーとアファジー．主体の消失を示すアファジー．そして主体が保たれているアフェミー．以下では，これら三者の違いをさらに詳細にみてゆこう．

1-(2)-②　（トゥルソーの）アファジー，アフラジーと自我
　自我は「正しく明晰に結合すること」，「完璧に話すこと」，「完璧な文」をつくること，「一義性」を重んじ，「曖昧さを排除する」．つまり自我は，自分と同類と想定される他者たちと同じように言葉を使って交わることができているかどうか，それをチェックすることに腐心する．自我は共同規範としての言語に沿う形で言語を使おうとさせるのである．こうした自我の機能が崩壊した結果としての言語の状態に着目して名づけられたのが，アフラジーそしてアファジーという語である．この自我中心の見方の出処について，アイルブルムは，アファジーに関するブローカの語源による検討をふまえて，次のように詳しく述べている．

　　トゥルソーの〔アファジーの〕立場では，この発話の障害は，「完璧に話すこと」として輝くこと・見せること・見させること・現われることに属する障害，つまり「完璧な文の変質」である．……この意味の派生を辿ってみよう．例えば，ギリシャ語の変遷をたどることによって，ブローカは一つの結論を強調している．「〔古代〕ギリシャ語では，ファシス φασις の最も普通の意味はファオー φάω（私は話す）から派生する意味です．しかしこの語はラテン語に入った後，例外なく，ヨーロッパ近代の言語ではすべて，ファオー φαω（私は輝く）から派生する意味を担っています．まず天文学者たちが月やその他のいくつかの天体の様々な見かけ apparences を示すのにその語を使い，その後，医師たちが病気の経過の諸局面 aspects を表すのに使い，そして発達の諸段階 phases ……などと言うようになりました」．あたかも，ギリシャ語からラテン語へ，話すことが，声という特性を離れて，眼差しの中，輝くものや見えるものの中に住みつき，意味を見出してゆくかのようである．ギリシャ語では，ファオー φαω（私は輝く）は副次的で，使われていない語だったが，ラテン語に入ってか

ら中心的な語となった．この変化は……輝きや眼差しを意味する語源的派生を
際立たせる断絶であろう．こうしてアファジー aphasie という語が必然的に要
請されてくる．それゆえ主体はもはや問題とされず，解剖学や剖検，もちろん
電気的描出，そしてその後，様々なイメージングの方法が取り上げられてゆく．
科学と医学では，話すことの混乱はイメージ image の領域に属しており，それ
を可視化できるとずっと思い込み続けることになる．話すことの障害，ざわめ
きながらも話し続けていること bruisé mais toujours parler は，大脳損傷の随
伴物として，即ち，もはや医学領域には事実上属さない症状として片づけられ
ることとなり，医学的説明ではハンディキャップとされ，リハビリテーション
のアプローチが必要と見なされる．話すことは，言語治療，リハビリテーショ
ン──医学の領域外にある，不確かな治療手段──の対象となる（本書39-40頁）．

　自我が自己についてのイメージという一つの対象である（ラカン，1954-
1955=1998，下81頁）のと同様，トゥルソーの採用したアファジーの立場では（そ
してアフラジーの立場でも），失語症の諸症状は「イメージの領域」に属するもの
として対象化され，正常か異常か，普通か普通でないかなど，外側から見（診）
られて判断されるだけのものとなる．そして話すことは，リハビリテーション，
言語治療の対象とされる[6]．

　この自我の次元では，例えば「罵り言葉」や「タンタン」という音節の繰り
返しだけの発話は失語症の一症状と見なされるしかない．このことは，フィン
ク（1997）が「自我は……，私たちが責任を持つことを拒否する錯誤行為（言い
間違い，失敗など）の中にすべり込んでいる思考や欲望をすべて排除する」（フィ
ンク，1997=2008，36頁）と述べていることを想起させる．「罵り言葉」や「タン
タン」は言語残余という神経学や神経心理学のレッテルが貼られるためだけの
ものとなり，その存在と価値は問われず無視されることになる．

1-（2）-③　アファジーと主体の消失
　ブローカによれば，すでに取り上げたように，アファジーという語は，そも

　6）アイルブルムは本書第2章，註20で「こうした〔言語〕治療 orthpédies は必要で
　あり言語聴覚士 orthophoniste は欠かせない．しかし，ブローカがすでに示している
　ような主体の次元を考慮に入れる限りにおいてである」と述べている．訳者もこの見
　解に賛同する立場である（中西，1997，1998，2004，2005，2023）．

そもプラトンがすでに認めているように，「誰にでも生じる一個人の状態を表わし，遠慮や混乱のため，一時的に話すことができないことを説明する語」（本書25頁）である．ブローカはアファジー患者とアフェミー患者という形で比較し，前者は「欠如しているのは，発話ではなく，観念」であり，後者は反対に「表現すべき観念はあるのですが，発話は欠如しているのです」（本書30-31頁）という．アイルブルムの序での言葉を用いれば，「主体が遮られ」，「欲望がたじろいでいる」（本書3頁）のは，「発話ではなく，観念」が欠如しているアファジー患者のほうである．

　アファジーの推進者トゥルソーについて，アイルブルムは，「アファジー患者 aphasique では，身体の半側半分がそうであるように，彼の理解力は永久に障害されたままである．知能もずっと不自由だろう」とのトゥルソーの論に対して，「〈他者〉と調和しない知能や感情によって主体は不安定な状態となり，発話は決してアファジー患者の支えとならない．アファジー患者はもはや話すことの主体 sujet de parler ではないのである」（本書49頁）と断じている．アファジー患者は「話すことの主体」ではない．一方，アフェミー患者は「話すことの主体としては依然保たれている」（本書49頁）．アイルブルムは，この二つの立場が異なるのは，ピエール・マリーの次のような見解をみればわかるという．「アファジー患者では，語の意味の喪失よりも，はるかに重大ではるかに深刻なことが生じており，一般的に知的能力にかなり明らかな低下がある．もし，私が失語症の定義をしなくてはならないなら，何よりも知能の低下 la diminution de l'intelligence を明らかにするだろう」．アイルブルムは，アファジーにおける主体の消失の根拠を，「観念の欠如」，「無言の茫然自失」，そして「〈他者〉と調和しない知能や感情」などに置いているのである．

　ここで，アフェミー患者と違うアファジー患者の立場を示す見解として，アイルブルムがマリーに依拠して「知的能力の低下」を挙げている点について，若干の補足をしておきたい．ラカンによれば，「知性的なもの l'intellectuel」は「自我という水準」，「自我の想像的投影」の水準に位置づけられる（ラカン，1953-1954＝1991，下186頁）．そして主体と知能（知性）intelligence との関係についてラカンはこう述べている．「フロイトはこう言っています．主体 sujet というものは，彼の知性 intelligence ではなく，知性と同じ軸の上にあるものでもなく，中心をはずれている excentrique，と．主体そのもの，主体としての機能体は，適応する生物とは別の物です」（ラカン，1954-1955＝1998，上12頁）．主

概要と解説　*191*

体の措定と，想像的なものとされる知能（知性）との間には対応するような関
係はないのである．訳者の臨床経験においても，失語症患者の場合には，たと
え一般的な知的低下を合併していても，それを直接，発話する行為自体の欠如
に結びつけて考えることは基本的にない．

1-（2）-④　アフェミーと主体
　ブローカは，アフェミー患者が「少しの語彙」しか出ず，「正しい文章」を
作れないことを，アフラジーという語が一番よく表しているとして，最後まで
アフラジーを捨てきれないでいた．アフェミー患者のネガティヴな面に目を向
けて名づけるのなら，確かにアフラジーを選択するほうがふさわしいかもしれ
ない．しかし他方で，ブローカは，アフェミー患者が人の言うことはよく分か
り，「タンタン」という言葉だけしか発話できなかったが，「タンタン」によっ
て人とやりとりしているというポジティヴな側面を見逃さずに詳細に記載して
いる．ブローカは「正しい文章」が作れないこと（＝アフラジーでの着目点）より
も，「少しの語彙」でも話し続けていること（＝アフェミーでの着目点）のほうを
重視したといえよう．ブローカが最終的にアフェミーを選択したのは，「〔古代〕
ギリシャ語で一番使われていない語はしりぞけたいという願望」（本書26頁）と
いう「まったく二次的なちょっとした動機から」（本書32頁）であって，アフェミー
のポジティヴな側面を明確に意識したうえでの選択ではなかった．しかしアイ
ルブルムはブローカのこの最終的な選択に着目し，トゥルソーでは「主体はも
はや問題とされ」（本書40頁）得ないが，ブローカは「主体を重視する立場と論
理を支持している」（本書21頁）として，ブローカを積極的に評価しているので
ある．
　アイルブルムはこのブローカの主体について，「言表行為の主体 sujet de
l'énonciation」（本書22頁），「ざわめく発話 parole bruisée において主体を示し
ている」（本書48頁），「話すことの主体 sujet de parler」（本書49頁）などと表現
している．すでに引用したが「精神分析は他ならないポール・ブローカが発見
したような神経学の身体の内奥から生まれたのであり，そうした身体において
現前する主体という命題を忘れていないのは確かである」と書いたあと，アイ
ルブルムは次のように続けている．

　　　アフェミー．この語は一つの繋がりを明らかにし引き出し，一つの道を切り

開いている．たとえ，この語とその概念が何処にも道を開かないと見なされ，
消えていき，……永遠に帰って来なかったとしても．無意識の概念——いまだ
混乱している概念——がフロイトによって現われるのは，葛藤 conflits，口ごも
り balbutiements，言いよどみ bégaiements といった領域によってである．
言語 langue によって，語 mots によって，声 voix によって，どこにも通じな
い道など決してない……（本書24頁）．

　症例タン（ルボルニュ氏）は，何かを言おうと口を開いても，言いたいことと
全く異なる「タンタン」いう言葉しか出ない，言いたいことを示す適切な表現
へと修正しようとしてもそれも全くできない．それでも話し続けている．意識
的に言おうとすると思い通りには全く言えないが，無意識的には「タンタン」
と出る．ブローカは神経学の身体の内奥から発せられるこうした「タンタン」
や「罵り言葉」を見逃さず，アイルブルムはそこに「ざわめきながらも話し続
ける」主体を見出しているのである．そしてフロイトも，『失語症の理解にむ
けて』を通してこの「身体において現前する主体」に出会い，「葛藤 conflits，
口ごもり balbutiements，言いよどみ bégaiements といった領域」にもとづい
て無意識の概念を見出すことに繋げたのである，とアイルブルムはブローカを
フロイトへとつなげている．

1-（2）-⑤　主体とは何か
　しかし，「タンタン」しか言えないというところに，「主体」を見出すとはど
ういうことなのか．ここには矛盾があるのではないか．「タンタン」しか言え
ない，ほとんど自由に話せない，……こうした状態は，むしろ「主体」・「主体
性」が損なわれていると考えるほうが一般的なのではないか．
　ラカン（派）には，彼（ら）の理論・臨床にとり欠かせない，固有の「主体」
概念がある．アイルブルムもラカン派の精神分析家として，その主体概念を念
頭にブローカのアフェミーについて検討し，そこにそうした主体が認められる
と主張している．そこで，ラカン（派）の主体概念とは，どのようなものなのか，
見ておくことにしよう．
　その前に，まず辞書による「主体」の一般的な定義（インターネット『コトバン
ク（デジタル大辞泉)』）に目を通してみると，「１．自覚や意志に基いて行動した
り作用を他に及ぼしたりするもの．例：動作の主体⇔客体．２．物事を構成す

るうえで中心となっているもの．例：食事療法を主体に種々の治療を行う．市民主体の祭典」とある．つまり，行動や作用の主体，物事の中心としての主体といった意味が一般的な「主体」の意味だろう．ラカンやラカン派精神分析の文献においても，こうした一般的な意味で使われている箇所も多い．また，「英語圏では，被分析者は通常「患者」とか「個人」とか（ある心理学派では）「クライエント」と言われる一方で，フランスでは，極めて当たり前のように「主体」と呼ばれる」（フィンク，1995=2013，61頁）．アイルブルムも，個人や症例をたんに「主体」と呼んでいる箇所も多い．

　さて重要なのは，ラカン（派）の理論的概念を担う用語としての「主体」である．以下ではアイルブルムの言うアフェミーの「主体」の検討に関わる範囲で，ラカンの主体概念についてみておきたい．ラカンの主体の理論はその初期（1950年代），中期（60年代），後期（70年代）にわたり，「大幅に進展して」（フィンク，同上，3頁）いくが，終生，「主体」という概念自体を捨て去ることはなかった．ラカンは，クロード・レヴィ＝ストロースやロラン・バルト，ミシェル・フーコーらとともに「構造主義」の旗手の一人と見なされていたが，「構造」のうちに「主体」を解消することはなく，「『象徴的なもの』によって決定されながらもその構造の余白に留まり続ける主体，それどころか，そこにおいて文字どおり責任の「引き受け」を迫られる主体に注目し続けた」（立木，2016，35頁）．

　ラカンに初期の時代に，「主体」について次のように語っている．

　　　フロイトとともに出現した新しい観点は，主体性 subjectivité についての研究を改革し，まさに主体 sujet は個体（個人）individu と同じではないことを示しました（ラカン，1954-55=1998，上11頁）．

　　　フロイトはこう言っています．主体というものは，彼の知性ではなく，知性と同じ軸の上にあるのでもなく，中心をはずれている，と．主体そのもの，主体としての機能体は，適応する生物とは別のものです．主体は他のものです（ラカン，同上，12頁）．

　　　主体は個体に対して中心をはずれている．これが「私とは一個の他者だ」という言葉の言わんとするところです（ラカン，同上，12頁）．

　　　話す主体，それを我々は否応なく主体と認めなくてはなりません．何故でしょう．それは，この話す主体が嘘をつくことができるという単純な理由によって

です．つまり，この主体は，それが語っていることとは区別されるということです．ところで，話す主体という次元，騙す者という限りでの話す主体の次元，それこそがフロイトが無意識の中に発見したものです．……フロイトは逆に，人間主体の中には話す何かがあること，話すという語の充溢した意味で話す何かがあること，即ち承知の上でにしろ，意識せずにせよ，嘘をつく何かがあること，これを我々に示しました．……この主体という次元は最早エゴと混同されなくなります．自我は主体の中で，その絶対的位置から失墜します．自我は他のものと同様幻影の地位に就くことになります．それは最早主体の対象関係の一要素に過ぎません（ラカン，1953-54=1991，下56-57頁）．

……ただし主体と言っても，専門用語として，語のフロイト的意味における，無意識の主体 le sujet inconscient のことですから，それゆえ本質的に話す主体 le sujet qui parle のことです．……，この話す主体は「エゴ〔自我〕」の向こう側にあります（ラカン，前掲，下3頁）．

無意識とは自我の知らない，自我によって無視された主体です．これが，フロイトが『夢解釈』の夢過程についての章で「我々の存在の核」と書いたものです（ラカン，同上，上71頁）．

自我のシステムから締め出され，無意識において，主体は語るのです（ラカン，同上，95頁）．

主体は個人（個体）のことでも，その知性のことでもなく，自我（自分というイメージ）でもない，「一個の他者」である．主体とは，自我が知らない無意識であり，「話す主体」である．人間においては，自我だけではなく，この主体も話す．こうした無意識の話す主体がフロイトのいう「我々の存在の核」である．主たる体をなすもの，それは，ラカンの精神分析では自我ではなく，こうした主体なのである．

"自我が話す"とは，私たちが社会的な存在として，例えば親，子，会社員，学生などとして，共同規範を意識しつつ，毎日皆（他者たち）に合わせて，言葉を紡ぎ話を交わし，上手く話そう，スムーズに生きていこうとすることに対応するだろう．しかし他方，こうした生活の中で，私たちはケアレスミス，忘れ物，名前の度忘れ，失言，言い間違い等々，「失策行為」をしてしまう．こうした「失策行為」は，夢，機知，神経症の症状などと共に，"主体が話す"

概要と解説　*195*

ことの例である．これらは自我によって抑圧されたものが回帰したものたちであり，「無意識の形成物」と言われ，精神分析では，「自我が話す」ことより，こうした「主体が話す」ことに着目し，分析が展開されてゆく．

　「主体」についてさらに留意しておくべき点がある．それは，主体は実体ではなく，その都度〈生じる〉ものである，という点である．「偽の主体としての自我の外に，真の主体としての無意識の主体がある」という考えは正しくない．主体は上述した失策行為のように，ほんの一瞬アクシデントのような形でその都度生じるものであり，その後すぐに消え去ってしまう．「無意識的なものが生じた」としか言うことのできない経験なのである[8]．しかし，このように一瞬しか生じない，"はかない"無意識の主体が「我々の存在の核 Kern unseres Wesens」（フロイト，1900=2011，407頁）なのである．

1-（2）-⑥　ざわめきたち──「言表行為の主体」の露呈

　「ざわめきたち」という語はアイルブルムが独自に使う最も重要なキータームである．ここで「ざわめき」について取り上げ，それが「主体」とどのように関わるのか，それを確認しよう．

　「ざわめき」には第4章で次のような定義的説明が与えられている．「「ざわめきたち pruisures」は，フロイトが指摘しているようなヒステリー性の無言症とは違い，器質的なものに属する声の諸困難に関連している．言いよどみ，吃音，失声，さらに様々な声門狭窄があり得るし，ちょっとした障害物によって生じる無意味な息 souffle，そしてすべてのタイプの失語症がある．これらは，機知や言い間違いなど──フロイトが精神分析をつくりあげてゆく際，拠り所としたもの──とは異なり，意味作用の領域で直接つくり上げられたものではない」（本書71頁）．「ざわめきたち」とは，「意味作用の領域」とは直接関わらない器質性に関わる「声の諸困難」を幅広く掬い上げた概念であり，その点で

　7）我々が共同規範にしたがおうとするのは，逆説的に聞こえるかもしれないが，我々には，他の動物のように本能による行動によってひたすら生きる，よどみなく生きるという生き方への欲望があり，そこへ少しでも近づきたいからだと考えられるかもしれない．つまり，動物のようにひたすら生きることへの欲望が，共同規範という形を成立させたとも考えられるのではないか．しかし，他方，言語活動の中にいるわれわれは，共同規範にしたがうだけでは生きられず，すでにそこから逸脱するしかない存在でもある．

　8）このパラグラフの記述は片岡（2017，40-46頁）に依拠している．

身体的なものを含んでいるといえる.

アイルブルムは「すべてのタイプの失語症」がざわめきであるとしか述べていないが, 具体的には失語症者が実際に声を発し, 発話することによって生じる,「完璧に話すこと」(トゥルソー)(本書39頁)からは逸脱している言語活動の諸現象(症状)——喚語困難, 錯語や保続, 自己修正等々——が「ざわめきたち」[9]ということになるだろう. つまり失語症患者がある文脈の中で意味ある発話をしようとする過程で, その意思に反して口から出てしまう音〔おん〕たち・語たち・句たち・文たち, そしてそれらの断片たちを指している. こうしたざわめきたちは, 例えば, ブローカ失語であれば, ぎこちなく言い間違える音韻・音節たちや単語たち, たどたどしく区切られる発話, 失文法と言われるものなどであろうし, ウェルニッケ失語の場合なら, 多量に現われる流暢な錯語・錯文法などと言われるものに相当するだろう. そして罵り言葉たちや「タンタン」などの「言語残余」は「ざわめきたちの最たるもの」(本書86頁)である. しかし, ここで重要なのは, こうしたざわめきたちを神経心理学的に分類することではなく, これらざわめきにおいてこそ「主体」が示される, ということである. 「主体は, 声, 発話, 言語活動が, 明晰さ, 多義性の欠如という想像的なものに閉じこもっていないことと一致している. アフラジーでは, 話すことの一義性における主体, つまり, ある自我空間に捕らえられた主体が想定されているが[10], アフェミーはざわめく発話 parole bruisée において主体を示している」(本書48頁). ざわめく発話における主体とは, 共同規範としての言語をスムーズに話す意識的な自我ではなく, 失語症状, 言語残余, 罵り言葉などを無意識のうちに生じさせる「本質的に話す主体」・「無意識の主体」(前節1-(2)-⑤)なのである.

失語症者が「タン, タン tan tan」としか言えないその時, 自我としては発話が意味・内容を伝えられず不全感に苦しむのだが, そこで主体が露わになる

---

9) 失語症状の中には意味に関わる, 語性錯語(意味性錯語)とその保続や自己修正行動といった症状もあり, これらも「ざわめき」であるといえる. したがって厳密に言えば, 失語症のざわめきたちには「意味作用の領域」と関わるざわめきもある, と言えるだろう.

10) この「話すことの一義性における主体」,「ある自我空間に捕らえられた主体」とアイルブルムが言っている「主体」とは, 厳密に言えば,「自我」であることに注意したい.

のである．それをアイルブルムは「言表内容の主体における分節化の崩壊は言
表行為の主体をむき出しにすると言えるだろう」（本書22頁）と表現している．
言表内容とは話されたこと・内容であり，言表行為とは話すという行為そのも
のをさす．この区別は，「失語症者が話し言語聴覚士（ST）が聞く」（中西,
1997；Nakanishi, Y., 1998）という言語臨床での彼らの発話の様子を良く説明する．
失語症者の言っていることが喚語困難，錯語，ジャーゴンなどばかりでさっぱ
り分からない．しかしそれでもなお彼・彼女は話を続け何かを訴えている．そ
の内容はほとんど分からなくても，何かを訴え伝えようとしていることはよく
分かる．どうすればよいのか．ここはどうにかして聞かなくてはならない．
STに失語症者の発話を聞くよう促すものは，その内容だけではなく，そのST
に向けてなんとか話そうとする失語症者の姿勢，その言表行為自体なのである．
　「ラカンは早くから，発話において二つの主体が同時に生じることに気づいて
いた．発話は，語彙や文法をそこから借用するという点で，シニフィアンの
システムに依拠している．その一方で発話は，それとは別のもの，すなわち言
表行為を必要とする．発話は言表されなければならず，そこに身体的な要素が
導入される．呼吸，額や舌の動きといったすべてが，発話の産出のために必要
とされるのだ」（フィンク，2004=2015，205頁）．ラカンはこう述べている．「あら
ゆる発話は応答を必要とする．たとえその発話が沈黙にしか出会わなくとも，
聞き手がいるかぎり，応答のない発話にはならない．ここに精神分析における
発話機能の核がある」（ラカン，1966=2015，100頁）．「言語活動の機能は，発話に
おいては，伝達すること informer ではなく，呼びかける évoquer ことである．
私が発話において探し求めるもの，それは他者の応答である．私を主体として
構成するもの，それは私の問いかけ question である」（ラカン，同上，Ⅰ-408頁）．
ここで言う発話は言表行為としての発話である．例えば，アフェミー患者ルボ
ルニュ氏の「タンタン」は言表内容としては何を意味しているかすぐに分から
ないとしても，それがざわめきであり，言表行為であるかぎり，彼は他者の応
答を求めて話し続けることができる．言表行為の主体はざわめくことにおいて
示されるのである．

1-(3)　ブローカからフロイトへ──「機能」の重視

　ブローカのアフェミーを念頭に置いた上での，アイルブルムのフロイト評価
は，第2章で否定的に記述している箇所がいくつかあるものの[11)]，結論的には肯

定的であり，フロイトはブローカの問題提起を引き継いでいるとしている（1-
（2）-④参照）.

　ブローカにおける「タンタン」や「罵り言葉」などのざわめきは，フロイト
の「葛藤，口ごもり，言いよどみといった領域」に繋がっている．こうした繋
がりが見出される根拠としては，両者とも，主体（患者）の発話・言語活動そ
のものに注目している点をあげることができる．つまり，失語症研究の基本的
態度として，ブローカもフロイトも，大脳の「局在」のみを重視するのではな
く，むしろ「機能」にも，よりいっそう注意を払っているのである.

　アイルブルムは，ブローカが「言語活動を注意深く読み取る」こと，「機能
の分析」を重視している点について次のように述べている.

　　　ブローカは，自分の基本的立場だと断言している人類学者の立場では，即ち，
　　言語の大脳局在の理論を表明した人物との位置づけの外では，言語活動を注意
　　深く読み取り，自分から問題提起をしている（本書34頁）.

　　　ブローカ自身が局在の理論，言語野の理論に設定した限界を読み取ることも
　　必要である．例えば，彼は次のように書いている．「もし仮にあらゆる大脳の諸
　　機能が上述したもの（構音言語活動という特殊機能）と同じように明確に区別され
　　ているなら，激しく論争されている大脳局在の問題に取り組める確実な出発点
　　にはなるだろう」．〔このあと続けてブローカは次のように述べている．「しかし，あ
　　いにく実情はそうではない．この分野の生理学の進歩を阻んでいる最大の障害は機能の
　　分析が不十分かつ不確実なことにもとづいている．諸器官と各機能とを関係づける研究
　　では，必ずそれに先立って機能の分析が行われていなければならない」〕（本書35頁，註
　　34）.

　近代的な大脳局在論の端緒を開いたブローカ自身，機能局在を早急に安易に
求める前に，まずは機能の十分な分析が必要だと述べている．この至極もっと
もなブローカの姿勢が，局在という観点のみにとらわれることなく，ルボルニュ
氏の言語活動，発話の様子についての詳細な観察を可能にしたと考えられる.

　11）例えば，「不思議なことに，フロイトは27年後（1864年から1891年へ）……，あの
　　ざわめき bruisure を名指すための呼称の選択をめぐってブローカが提起した問題を，
　　すべて見落とし，おろそかにしている」（本書33頁）．この記述には論証・根拠が欠け
　　ており，唐突に結論だけが述べられている感がある.

その結果, 彼が「タンタン」としか発話できなかったにもかかわらず, その「タンタン」によって人とやりとりしているという事実を見逃さずに記載し得たのである. ハイブルムがそれをさらに「ざわめきながらも話し続ける」と定式化できたのも, このブローカの姿勢による賜物といえるだろう.

フロイトも『失語症の理解にむけて』の締め括りで,「私の意見の核心部分」として次のように記している (アイルブルムも引用している (本書75頁参照)).

　　ヴェルニケが, 彼にちなんで名づけられた大脳部位と感覚失語との関係を発見して以来, 言語障害の多様性はすべて局在の状況から理解できるのではないかという期待が生ずるべくして生じた. それによって, 局在という要因が失語に対してもつ重要性は過大に評価されてしまったために, 言語装置の機能的条件について再び考えをめぐらすのが妥当であろうと思われるのである (フロイト, 1891=2009, 127頁).

また, その少し前の箇所では,

　　(損傷が皮質自体にある限り) 同じ場所にある損傷が, これほどさまざまな臨床像をつくり出すことに対する説明が必要であった. 我々はその説明を, いわゆる言語の諸中枢は, 部分的に破壊する損傷に対して, 総体としての機能的変化をもって応じるという仮説に求めた (フロイト, 同上, 123頁).

ブローカの「言語活動を注意深く読みとる」という姿勢はフロイトにも見出されるのである. それはフロイトが局在論に対して機能論を提示した (石澤, 1995, 222頁) と言われる点に対応している. しかし, フロイトは局在論を単純に否定し, 代わりに機能論を提出したというわけでは全くない. 失語症 (の諸症状) を機能的に詳細に検討すると同時に, それに相応するように局在論も大きく修正したのである. ここにフロイトの失語症論の独自性がある. フロイトは「神経系における生理学的な事象の連鎖は, おそらくは心的な事象に対して原因と結果の関係にあるわけではない」(フロイト, 1891=2009, 68-69頁) として, ヒューリングス・ジャクソンにしたがって「心的なものは……生理学的なものの平行現象なのである (「従属的共存付随現象」(フロイト, 同上, 69頁))」との立場から, 言語中枢, 言語領野, 言語機能などの用語以外に,「言語装置 Sprachapparat」という概念を二元的に用いて自らの論をすすめている. 解剖学的・器質的な水準と心理学的な水準の両方で「言語装置」なる語を用いてい

るため，ややもすると論が曖昧になっているとも思えるが，むしろ，器質的な損傷の水準とは区別される，心理学的な「言語装置」の水準の内において，言語活動，失語症状の様々な面について検討できるという利点があると考えられる．

　「言語装置」は解剖学的には「一続きの連続体として機能する皮質領域」（フロイト，同上，83頁）であり，「言語の連合領野」（フロイト，同上，79頁）として機能する．ヴェルニケ・リヒトハイムらのいう「言語中枢」はもはや中枢でも中心部でもなく，連続体としての皮質領域の「縁（辺縁）（フロイト，同上，78頁）」として位置づけられる．心理学的な次元での「言語装置」については，特に定義的な説明はないが，この解剖学的言語装置と「平行」するように，「連合装置」，「言語連合」の装置（フロイト，同上，105-106頁）とされている．この「言語連合」について，「通常我々が言語活動を行う際に用いる言語連合にはどうやら，連合の上に連合を重ねる能力 Superassociation が含まれているらしい」とフロイトは述べている．フロイトは，この心理学的な「言語装置」の概念を，ヒューリングス・ジャクソンの「機能的退化」（進化の逆-行）の定理[12]と掛け合わせて用いることによって，「非常に多くの失語の症状を説明することができる」と述べている．そしてフロイトは次のような例をあげているが（フロイト，同上，106-108頁），それらは「機能的条件」，「機能的変化」に注目するフロイト機能論の恰好の例である．

　1．運動失語でも「はい」・「いいえ」や，「話すことを覚えて以来使われてきた言葉」は言語残渣〔言語残余〕として依然として保持される．
　2．字を書くのに習熟していない人でも，自分の名前だけは書くことができることが多い（→「連合は使い込まれれば使い込まれるほど，それだけ破壊に対する抵抗力は増強される」）．
　3．数字，曜日，月などの系列語と言われる語は保持されやすい（→「系列とし

───────────────────

12）「あらゆる条件下において，遅くに発展した，より高次の連合配列は先に失われ，初期に獲得された，比較的単純な連合配列は保持される」（フロイト，1891=2009，106頁）．なお「機能的退化 Dis-involution」という言葉はフロイトが引用しているジャクソンの論文の中には登場しない．この論文の中でジャクソンは「解体 dissolution」「解体の原理 Principle of Dissolution」という用語を使っている（フロイト，同上，506頁，編註（31））．

て連合された語表象は，単独の語表象よりもよく保持される」）．

　4．固有名は容易に失われる．まず名詞，それから形容詞や動詞が障害される（→「非常に限定されて明確な意味を持つ言葉ほど，つまり，見つけ出すためにはわずかな特定の対象連合を起点とする必要がある言葉ほど，容易に失われる」），など．

　フロイトがこのように言語活動そのものに注目し，「機能的条件」を重視した失語論を提唱し得たのは，ヒューリングス・ジャクソンを参照し依拠したことによるだけではなく，『失語症の理解に向けて』を執筆時，すでにヒステリー患者の臨床・研究に取り組んでいた時期でもあったことが深く影響していると考えられる．フロイト自身，「ブロイアーは，私がパリに留学する〔1885年10月から5か月間〕よりもかなりまえに，1880年から1882年にかけて特殊な仕方で扱ったあるヒステリーの症例について，いろいろと教えてくれた[13]」（フロイト，1925=2007，78頁）と語っている．この失語論が1886年から執筆開始され1891年に刊行されたこと[14]（Rizzuto, A-M., 1989）と考え合わせると，フロイトは失語論執筆以前から，すでにヒステリーに大きな関心を寄せており，ヒステリーの言語障害，カタルシス法など，発話，言語活動そのものについて思索をめぐらしていたのである．こうした事実も，失語症患者の発話・言語活動を検討する際に当時の局在論に縛られず，「機能論」的に失語論を展開し得た要因となっているのだろう．

1-(4)　ド・フシーの「自己観察」

　19世紀後半に活躍したブローカについて，「私は，今日，ブローカと共に，ブローカは主体を重視する立場と論理を支持していると言うことができる」（本書21頁）と断言したアイルブルムは，本書第1章では，ブローカをさらに100年ほど遡り，18世紀後半へと降り立っている．そしてジャン-ポール・グランジャン・ド・フシー（1707-1788）を取り上げて，次のように評価している．「科学や

13）さらに，高田他，2020，346-350頁．には「1883年，ブロイアーから，彼の患者であったベルタ・パッヘンハイムの症例について教えられる」，「1887年，催眠現象の研究を，これまで以上に精力的に行ない始める」「1889年，〔ヒステリー患者〕エミー・フォン・N〔夫人〕の治療を始める．この治療が，フロイトに自由連想をもたらすことになる」とある．

14）この論文の中でリットは「『失語症の理解にむけて』はエミー夫人の自宅で書かれた」と述べている．

その対象について語る手段でしかなかった発話 parole を来たるべき科学の対象として仕立て上げ，さらに彼は主体という必要な変数を導入している」．アイルブルムは精神分析の源流を見つけるべく，ブローカから，さらにド・フシーへと遡行しているのである．

　天文学者，自然学者であり，パリ王立科学アカデミーの第3代終身書記を務めたジャン−ポール・グランジャン・ド・フシーは，晩年77歳の時，科学アカデミーにおいて，1年前に被った自らの失語症的体験について，「解剖学的観察」(1784) と題して短い報告を行なった．アイルブルムはその「解剖学的観察」を取り上げて，自らの精神分析の観点から読み解いている．「自己観察の特異性＝単独性 singularité」，「主体の導入」，「分裂した主体」，「読み取り，語ること」，「眼差しから声への転換」，これらはアイルブルムによるド・フシー読解のキータームである．

　ド・フシーは自らが被った「発話の破壊」について，その時点から「同時に」自分自身によって観察（自己−観察）している．この自己観察は，特異的＝単独的であり，その後の報告までを含めて「のちにフロイトの自己−分析——精神分析の端緒である——と呼ばれるものの基礎といえるものである」(本書8頁)．フロイトは1896年に「自由連想法」にたどり着き，フロイトの精神分析が誕生したと言われているが，その年の秋に父を亡くし，それに続く精神的危機の間に，自ら自由連想を用いて「自己分析」を行ない，その内容を友人フリースに宛てた膨大な数の手紙の中で報告している．「これは紛れもなくひとつの精神分析であり，フリースは知らずにフロイトの分析家の役目をはたしていたのだと言えます」(立木監修，2006，58-59頁)．ド・フシーの自己観察は，このフロイトの自己分析と構造的に重なっていると考えられる．

1-(4)-①　主体の導入

　アイルブルムによれば，この自己観察の特異性＝単独性から「主体」が生じるという．ド・フシーは自己観察によって「頭の中では返答しなければならないことを考えていました．でも私は自分の考えを言わなければならない言葉とは違う言葉を言ってしまいました」と述べている．アイルブルムはこのド・フシーの発言について，「ド・フシーは自分の口から発せられるそうした発話・語・言語の破壊 bris について意識できているが，それらに対して何もできない．彼は，語たちが破壊されていることがたんに分かっているだけではなく，それ

らを自分が口に出していることも分かっている」と述べ、「要するに、この分裂が彼を主体にしているのである」（本書15頁）と評している。ここで注意しておきたいのは、ド・フシーにおいて主体——ラカン派精神分析のいう主体——が出現しているといえるのは、自らの言語の破壊を意識できているという反省が認められるからではなく、実際に「違う言葉を言って」しまっているからだ、という点である。ド・フシーにおいて言葉は「自分の考えを言わなければならない言葉」と「〔その言葉とは〕違う、言ってしまった言葉」に分裂している。前者は日々意識的に考えて話す自我のディスクールであり、後者は実際に出現した錯語、言い間違いであり、前者とは異なる〈他〉の種類のディスクール、即ち〈他者〉のディスクールである。フロイトはこの〈他〉の場所を無意識と呼び、ラカンは「無意識は〈他者〉のディスクール」と言っている（フィンク、1995=2013, 18-19頁）。アイルブルムはラカン派精神分析家としての視点から、ド・フシー自身の「発話の破壊」に対する自己観察に着目し、そこに、こうした主体、主体の分裂を見出しているのである。

1-（4）-② 眼差しから声へ

「ド・フシーの「解剖学的観察」はレンブラントの『ニコラス・テュルプ博士の解剖学講義』の閉じた場面に侵入し、それを引き裂いている」とアイルブルムは書いている。『解剖学講義』やシャルコーの患者の写真は、医学的眼差しによってもたらされた描写の場であり、そこで学問的な眼差しが上演されることになる。しかし、ド・フシーの「解剖学的観察」はそうした描写の次元を脱しているという。どういうことだろうか？

「発話の破壊」を眼差しに対して直接示すことはできないが、ド・フシーは自らの「発話の破壊」の「直接的現前」を「細心の注意」をもって自己-観察している。そしてその一年後に、この「発話の破壊」——考えている言葉とは違った言葉を言ってしまう、即ち、主体、主体の分裂が露わになっている発話——について、科学アカデミーの聴衆という他者に向かって語っている。ここには、分析主体が無意識の形成物をめぐって分析家に語るという精神分析の場面と同じ構造を見出すことができる。「彼〔ド・フシー〕は王立科学アカデミーが招集する会合で、自らこの〔発話の破壊という〕出来事 événement の主題＝主体 sujet となり、それにより、科学的医学的言説の領域において、その出来事を、話すことに関するこれまでとは異なる探求への第一歩に変化させた。よ

り一般化して言えば，ド・フシーは科学的医学的な言説の中へ，分裂した主体として入り込んでいるのである」（本書16頁）．アイルブルムが第1章の末尾で，「声に戻ることだけが人間的なものを扱う新たな方法をもたらすのである．精神分析を生み出したのはこの転換であり，今もなおこの転換を維持していかなくてはならない」（本書16頁）と述べているのは，このことを指している．

1-(5)　「対象-声」

　「声」は本書のテーマであり，後に述べるように特に自閉症において中心的な主題となるのだが，失語症をめぐる検討においても取り上げられている．失語症は大脳の器質的障害による発話・書字障害，言語理解の障害など，言語活動における症状群を指す概念であり，神経心理学的には声・発声のレベルは，失語症において直接問題とされることはない．しかし精神分析家アイルブルムは，フロイトを通して，失語症において「声」を問題として論じている．彼はどのような意味で，どのような次元で，失語症者の「声」を取り上げているのだろうか．自閉症のテーマに移る前に，それをみておこう．まずは失語症との関連で「声」に言及している箇所を抜き出してみる．

　　　私は失語症の諸困難を「ざわめきたち bruisures」と呼んでいる．このざわめきたちを通して，精神分析領域での対象-声 objet voix の問題に近づくことができる（本書69-70頁）．

　　　声─発話の関係が発話─言語活動という新たな関係に置き換えられると，もはや声はすべてかけらとして想起される限りでしか把握されない．……この観点からは，驚くべきことだが，失語症の諸障害は，それらが声の存在を証している点で，つねに，有効な手立てが急激に放棄されたという状態にすぎないのである．対象aとしての声のたどる道も同じ次元にある．声は，たとえ指示され誘われ促されたとしても，呼びかけ invocation としてしか生じない──最初から声を呼びかけ欲動 pulsion invoquante として位置づけられるわけではないが．……精神分析治療や，声によってもたらされる発話すべてが，その根底では，呼びかけでしかないことが明らかであるように．別の言い方をすれば，声とは，残余としての対象の理論の／における，対象の残余 reste d'objet なのである．……声はかけらである．つまり，ラカンによって（a）と呼ばれている対象のかけらなのである（本書81-83頁）．

アイルブルムは，失語症においては，精神分析における「対象-声」が存在しているという．そしてそのことは失語症の諸障害が証言していると述べている．「対象-声」とはどのような声なのだろうか．

失語症者は発話すると，その都度失語症の様々な症状が生じ，その程度が重くなればなるほど，それだけ発話の内容は理解されにくくなる．例えば，重度失語の人が「ke, ke…, keka…oː, oː…」などと懸命に話をしてくれるのだが，何を言おうとしているのか分からない．この時，発話の障害によって意味が全く伝わってこないとしても，「ke, ke…, keka…」という音節（音韻）の断片を通して，こちら＝他者に何かを伝えようとしている，訴えていることははっきり分かる．つまり，彼のその声は，単なる音〔おと〕bruit，あるいは単なる音〔おん〕sonではなく，すでに〈他者〉へ訴えている，つまり呼びかけとしての声になっている．アイルブルムはこの呼びかける現実的な声を「対象-声」と称しているのだろうか……．

そうではない．彼が「この〔失語症による〕ざわめきたちを通して，精神分析領域での対象-声 objet voix の問題に近づくことができる」と言っていることから推測できるように，失語症者の現実的な声がそのまま「対象-声」なのではない．そうではなくて，失語症者の呼びかける声（ざわめき）が「対象-声」の存在を証言しているということである．つまり，逆に言えば，「対象-声」の存在によって，失語症者は音節断片という形にせよ，呼びかけとしての声を発することができる，ということである．

先にみたように失語症者のざわめきを通じて，「言表行為の主体」も示されるのであった（1-(2)-⑥）．つまり「ke, ke…, keka…」という"声の断片"たちは，「言表内容」を満足に表現していないが，失語症者がすでに「言語の世界」に参入していることを示している．失語症者の声の断片たちは，「対象-声」の存在と同時に，「主体」の存在を示している．失語症者において，すでに「対象-声」が存在しており，それにより，失語症者は言語の世界において主体として呼びかけの声を発している．こうアイルブルムは主張しているのである．

それでは，失語症者のざわめきを可能とする「対象-声」とはどういう存在なのか．アイルブルムは上記で，「対象aとしての声」，「対象の残余」，「（a）と呼ばれている対象のかけら」という用語も用い，声は「よびかけ欲動」として位置づけられる，声は「呼びかけ」でしかない，などとも述べている．

ここでそもそも精神分析における「対象」とはどのような対象なのか，確認

しておこう．「ラカンは，対象が全体的であるという考えに，絶えず異議を唱えている．人間は全体的ではあり得ない，とか，欲動の対象は必ず部分対象であるとかいう考えは，彼の基本的立場をよく示している[15]」．そして対象は，本質的に「失われた対象」，「出会いそこねになった対象」でなければならない．ラカンにおいては，この対象の不在性という本質が維持されることが，人間の思考を可能にする．フロイトの「対象の把持」という概念は「不在の対象」が把持されるということであり，対象が不在の場合にも，対象の座は失われないのである．対象の把持とは，したがって直接的な対象の現前のことではない．主体の心の中の，対象を容認する場所のことを，精神分析では対象と言う．つまり対象とは心の中に構成された特殊な部位のことであり，この部位に，さまざまな直接的対象が現われては消える．したがって対象の本質は空であり，空が空としてあることが対象把握と同義になる．決して空が反転して充実になってはいけない．この意味での対象は，欲望を満たすものではなくて，欲望を起こさせるものである．対象は，欲望の原因である．空でありかつ欲望の原因であるこのような対象が，ラカンのいう対象aである．ラカンは次のように述べている．「対象は，実は，穴やうつろの現前にしかすぎません．それはフロイトが言うように，どんな対象によってもうずめることができるものです．われわれはその審級（「場」と訳してもよいだろう〔新宮による挿入〕）を，失われた対象という形で，知っています．これが，プチット・アー〔対象a〕なのです」．

　以上の新宮の記述をふまえると，アイルブルムのいう「対象-声」は，主体の心の中の「対象a」という「空」の場に発生する，欲望の原因となる「失われた声」と言うことができるだろう．ラカンは対象aの場に生じる失われた対象の四つの範例として，乳房，糞便，眼差し，そして声を挙げている[16]．失語症者において，すでに「対象-声」が存在しているというのは，たんに声が現実に出せるということではなく，すでにこうした対象aとしての声の場が構成されているということであり，その結果，声がよびかけとして機能するということである．では，この「対象-声」の場はどのように設立されるのだろうか．この点は次の自閉症のところで詳しく取り上げよう．

　15）以下このパラグラフでは，新宮，1989，213-216頁を引用．依拠している．
　16）乳房，糞便，眼差し，声は，通常たんに対象aの四つの範例といわれるが，新宮が述べているように対象aを「場」・「部位」と捉えれば，対象aの機能はより明確になる．

2．自閉症と音〔おと〕たち

アイルブルムは自閉症について，第4章，第7章において症例を提示しながら論じている．第5章では自閉症に近似するデビリテについて，やはり症例を通して詳細に検討している．これらの章で再三にわたり登場してくるのは，「人間的なもの」という基本的概念，そして「声（たち）」，さらに「音〔おと〕たち」である．そしてこれら三者の関係が中心のテーマとして論じられている．

2-(1)　自閉症のアドリアン

アイルブルムは第7章で自閉症の少年アドリアンを提示し，「対象-声」の問題を論じている．失語症において「対象-声」の存在が示されたが，自閉症では対照的に「対象-声」が設立されていないということが，問題として取り上げられている．

アドリアンは普通に話すことから完全に離れており，ただ引きこもっていた．彼にとって，他者はまったく存在していない，他者は透明だった．アドリアンは何年も全く喋らなかった．しかしある日，「ぼくはいたずらっ子，ね！」とアイルブルムへ初めて声，言葉を発し，アイルブルムを受け入れたのだった．アイルブルムはこうした自閉症のアドリアンをめぐる検討を通して，自閉症について次のような定義的な説明を与えている．

　　自閉症とは，声をめざしている音〔おと〕bruit を示す言葉であり，自閉症者とは音〔おと〕に満ちた自らの存在において，対象-声の形成に関する問題を行動によって提起している者のことである（本書99頁）．

　　自閉症とは，声が対象の問題となっている人間のあり方であると言おう．自閉症とはまさに，人間的なもの l'humain を現にそのようにしているものの核心において，人間的なものを問いに付すものである．声は人間的なものの核にある．それゆえ音〔おと〕たちが存在するのだった（本書140頁）．

　　自閉症という用語を付された人たちは，人間的なものの領野に参入してはいるものの，排泄物のかけらたちに占められた身体ゆえに，発話と言語活動の領域を自らに開く「対象としての声」の問題を抱えたまま（本書147頁）である．

　　人間的なものにかんする深淵，それはつまりアドリアンだが，その彼が何回

もの診察の際に，自閉症者と言われる態度からはかけ離れて，私に，私たちに
示してくれたのは，その深淵を乗り越える力を生み出すための支えや梃子が存
在しているということだった．アドリアンには音〔おと〕たちがあったのである
（本書134頁）．

自閉症者の身体は，あらゆる次元での排泄，滲出，振動，軋みによる，身体
の音〔おと〕たち–かけらたちのシステム système de bruits-éclats de corps
であり，対象として生じる声をめざしているざわめきのシステム système de
la bruisure なのである．声とは，自閉症者が自らのざわめきの中へ閉じこもっ
ていることにより，問題となる対象のことである（本書152–153頁）．

自閉症では「対象–声」が生じていない，そのために他者に向けて声を発する，
呼びかけることがない．ここに問題の核心がある．しかし他方で，アイルブル
ムは「音〔おと〕たち」＝「排泄物のかけらたち」＝「音のざわめき」が存在
していることを強調している．この「音たち」・「排泄物のかけらたち」をクロー
ズアップしているところがアイルブルムの主張の特徴であろう．「音たち」は声・
言葉の世界から隔てられた深淵を乗り越える梃子であり，この梃子を通して，
「声」が対象として生じることを目指すことができる．こうアイルブルムは主
張している．以下では，こうした自閉症における「対象–声」，次いで「音たち」
について詳細にみていこう．

2–(1)–①　ラカン派の自閉症論

その前に，ラカン派精神分析が自閉症をどのように論じてきたか（いるか），
ごく大まかだがふれておきたい．ラカンは，セミネール第1巻『フロイトの技
法論』(1954) で，自閉症（当時は「精神病」の近縁として位置づけていた）の二症例
について論じて以来，1960年代，70年代と折にふれ自閉症を取り上げている．
そして現代のラカン派に引き継がれ，現在，自閉症は重要なテーマとして論じ
られている．アイルブルムの自閉症論もこうした流れの中にあるのだろう．

ラカン派では，自閉症をながらく「子供の精神病」と考えてきたが，2000年
代初頭に自閉症を精神病（統合失調症）から切り離すことに成功する（松本，
2018，43頁）．上記のラカンのセミネールで自閉症の二症例を発表したルフォー
ル夫妻がその後，『自閉症の区別』(2003) において，自閉症を，神経症・精神病・
倒錯というラカン派の標準的な診断体系におさまらない「第四の構造」として

捉える立場を表明している．ルフォール夫妻はこの著書の中で次のように述べている．「自閉症においては，〈他者〉が存在せず，それゆえ対象も存在しない——ここが〔精神病との〕根本的な違いである」(松本，2017，145頁)．松本（2017）はこの主張を受けて「ここでルフォール夫妻は，自閉症者が言語による疎外を拒絶し，その対象も通常の意味では存在しないことも示唆している．……自閉症には対象aの保持という特徴があり，対象aを〈他者〉とのあいだでやりとりすることがない」(松本，同上，146頁)と述べている．

　アイルブルムと同様，自閉症における声の問題を論じているポルトガルのラカン派精神分析家イネス・カタン Inês Catão は，「自閉症では，……声が選択的に回避されており——それが防衛的にせよ，一次的なものにせよ——，そのため声が純粋な音〔おん〕son, 音〔おと〕bruit のままであるという結果が生じている」(Catão, I., 2009-10, Résumé)．「声は，それとして，欲動の対象として構成されるにいたっていない．それが，われわれがその声を，〈構成されていない声〉と呼ぶ理由である」(Catão, I., ibid., p. 13)．「話すためには，声を持たなければならない．つまり声を心的機能として構成していなければならない．それが自閉症において……生じていない」(Catão, I., ibid., p. 28) と述べている．これらはアイルブルムとほぼ同様の主張であるが，アイルブルムよりも記述は明快である．

　上尾（2017）の興味深い観点も紹介しておきたい[16]．上尾は「自閉を，何らかの社会的主体化の失敗というネガティヴな側面から捉えるのではなく，むしろその前社会的主体性の基礎という観点から捉える」ことを提案している．自閉を「全体化されず，また全体性から演繹されるのではない個体性を考え直す起点，すなわち非規範的ではありながらも，無規範として消尽してしまうのではないところに確保される，局所的個体化の領域」と見なすことができるという．上尾によれば，本書にも登場するカナーも1960年代にすでに「自閉において問題となるものを，撤退というより，むしろ外的世界との「特殊な接触」のあり方である，としていた」．この自閉における「特殊な接触」のあり方について，上尾は「まさしく環境との境界における，過剰な刺激との密かな戦い」ではないかとしている．そしてその戦いの第一の局面として，自閉とは，周囲の刺激から自らを守るという営みから構成される実践的空間であり，他方，この環境

---

16) 以下の記述は，上尾，2017，18-19頁に依拠している．

が人間集団としての環境である以上，その実践的空間はすでに他者と共に生きる社会的生へと，抵抗しつつ接触してもいるとする．したがって，第二の局面として，自閉とは社会的な生へ向けた独特の接近であるともいえる．上尾は自閉についてこのように「守り」と「接近」という両面を指摘し，自閉症の臨床についても，「環境の刺激の氾濫から自らを守る線を引きつつ対話し，同時に社会的一般性への回収に抵抗しつつ接近する特異な空間」として考えられるのではないかと述べている．

2-(1)-② 「対象-声」再び

　自閉症者では，失語症者の場合と異なり，〈他者〉が存在せず，「対象-声」も生じておらず，「話す主体」も存在していない，とアイルブルムはいう．〈他者〉も「話す主体」も「対象-声」も生じていない世界，それを彼は「言葉の世界」でもなく，「声の世界」でもなく，「音〔おん〕世界 sonmonde」（本書138頁）と呼んでいる．そしてアドリアンにおける声の問題は，「いまだ声 voix ではない音〔おん〕son のようなもの，いまだ音〔おん〕ではない音〔おと〕bruit のようなものが世界の観念すべてを解体しているという点で，声の「音〔おん〕素材 matière sonore」と正確に呼ばねばならないものにまで及んでいる」と述べている．こう述べることによってアイルブルムは，自閉症の声の問題を，声になっていない「音〔おん〕son」や「音〔おと〕bruit」の次元からも取り上げ得る道を切り拓いているのである．

　しかしここでそれらの次元に行く前に，まずは「対象-声」について再び取り上げよう．精神分析における対象とは，主体でも〈他者〉でもない場だが，主体と〈他者〉をつなぐ役割を担う場として位置づけられる．カタンは「声は，声が両者〔主体と〈他者〉〕の身体を分離する縁（ふち）bords を定めることにより欲動の対象として構成されるまさにその時に，母親と乳児の絆の設立に関与する．主体と〈他者〉を同時に創設するのは声である」（Catão, L. *ibid.*, p. 9）と述べている．声が欲動の対象として構成されて対象-声となる時，主体は自らに閉じこもることなく，そしてまた〈他者〉からも分離し，〈他者〉に呑みこまれることなく，生きてゆく場が確保される．

　自閉症においてはそうした場としての「対象-声」が生じていない．アイルブルムは先に引用したように，この点に注目して自閉症（者）を次のように定義している——「自閉症とは，声が対象の問題となっている人間のあり方」（本

書142頁）である．「自閉症者の身体は……身体の音〔おと〕たち-かけらたちの
システム système de bruits-éclats de corps であり，対象として生じる声をめ
ざしているざわめきのシステム système de la bruisure なのである」（本書152
頁）．カタンも，先でも引用したが，「欲動」という用語をもちいて，自閉症で
は声が「欲動の対象」として，「心的機能」として構成されていないと述べて
いる．この「欲動」の概念は精神分析を，話す主体としての人間を，そしてアイ
ルブルムのいう「人間的なものの核＝声」を根拠づける最重要の概念である．
そこでこの欲動という概念に着目して，対象-声の問題について引き続き，詳
しくみていきたい．

2-（1）-③ 「欲動の対象」としての声

「対象-声」とは対象 a としての声であり，欲動の対象である声（の場）のこ
とである．声は，欲動の対象となる場が確保されることによって，はじめて他
者に向けて発する声となることができる．つまり声が〈他者〉に向かう声，話
すための声になるためには，声は欲動の対象として成立していなければならな
い．声はこの意味で二重化しなければならないのである．

欲動とは何か．欲動は本能ではない．したがってヒトが誕生した後，自動的
に発生し展開するというわけではない．フロイトは，「欲動」は「心的なもの
と身体的なものとの境界概念」であると定義し，「それは，身体内部に発し心
の内へと達する刺激を心的に代表するもの」（フロイト，1915=2010, 172頁）と述
べている．ラカンは，「諸欲動，それは，"「言うこと un dire」が在ること"
に身体が反響することである」（Lacan, J., 1975-1976, p. 17）といい，欲動がはっき
りと本能ではないこと，そしてそこに〈他者〉（の言語活動）が関わっているこ
とを含意する説明を行なっている．この両者の定義的説明をふまえて，河野は
「欲動は生きた身体とシニフィアンの出会いに由来する」（河野，2014, 178頁），
つまり"欲動はシニフィアンに身体が反響することによって生じる"と述べて
いる．「欲動刺激」（＝「欠乏状態〔欲求〕」（フロイト，前掲，169頁））は，例えば飢
えや渇きのように，身体内部から発生するのだが，乳児において，その欲求が
「満足」するには，まず母親的〈他者〉による応じる行動＝シニフィアンが必
要であり，それに乳児は反響＝共鳴しなければならない．乳児が反響すること
によって，さらに〈他者〉のそれに応じる行動が継続され，乳児は再び反響す
る．欲動をめぐるこうした「循環運動によって，主体はまさしく〈他者〉の次

元であるものへと到達するのです」（ラカン，1964=2000）．〈他者〉のシニフィアンがなければ，乳児は〈他者〉の次元へ参入するどころか，死の方向へ向かうしかなくなる．

アイルブルムは「声は，……呼びかけ invocation としてしか生じない」（本書82頁）と述べている．さらに続けて，「最初から声を呼びかけ欲動 pulsion invoquante として位置づけられるわけではないが」（本書82頁）と述べて，「呼びかけ欲動」という用語を用い，「呼びかけ」ということを強調している．だがアイルブルムは「呼びかけ欲動」について，それ以上の説明を加えていない．そこで以下で「呼びかけ欲動」についてみておこう．

ラカンは「呼びかけ欲動」について，セミネール『精神分析の四基本概念』（ラカン，同上）で，「視る欲動」と共に，その「循環運動」をめぐって検討している．ここでは，呼びかけ欲動の「循環運動」（同上，258頁）によって「対象-声」が成立し，呼びかける主体が誕生するまでのプロセスを，ヴィヴェによる「呼びかけ欲動の回路の三つの時間の生成」の記述に基き，確認しておこう（Vivès, J-M., 2013）．

ヴィヴェは，視る欲動の回路に関するフロイトの記述（『欲動と欲動運命』（フロイト，前掲））をふまえ，「呼びかけ欲動の回路」について記述している．三つの時間とは，（1）「聞かれる Être entendu」時，（2）「聞く Entendre」時，（3）「聞かせる Se faire entendre」時，の三つである．

（1）「聞かれる Être entendu」時〔＝幼児の叫びが呼び声として母親に聞かれる時〕
　　この神話的な時は幼児の叫び（泣き声）cri の発現に対応している．幼児の叫びが母親によって，呼び声 appel として聞かれる．この段階では，主体はまだ存在していない．この神話的な水準での主体を，ラカンは「享楽の主体」（ラカン，1962-63=2017，下29頁）と名付けている．ここで母親は乳児の泣き声を要求として読み取ろうとする．つまり，声による苦悶の表出は母親によってシニフィアンとして解釈され，意味作用が与えられる．この時から，声は最初の対象として捉えられ，失われた対象とみなされることになる．対象とし

17）カッツァドリ Cazzadori, C, 2016. は，「声は非常にアルカイックなものであり，計り知れない潜在的な力をもつ性愛érotismeと恐怖effroiをもたらす」と述べている．この神話的水準では，幼児は自他の区別なく，性愛と恐怖をもたらす享楽の世界にいるのである．

ての声とはシニフィアンの生成の中で放棄されるもののことである.

（2）「聞く Entendre」時〔＝乳児は〈他者〉の返答を聞き，声の現実的次元を聞かない〕

　　この二番目の時は，叫び cri に返答する欲動の〈他者〉の出現に対応する.幼児はこの時,〈他者〉の返答に直面させられる.解釈する〈他者〉の出現によって,「聾点」の引き受けがなされる.シニフィアンによる叫び cri の解釈が,声の現実的réelな次元を覆い隠すのである.主体が声の現実的次元に耳を貸さなくなれば，話す主体の地位に到達することになる.

（3）「聞かせる Se faire entendre」時〔＝呼びかける主体の出現〕

　　三番目の時は，生成しつつある主体が声を発して，〈他者〉から返答を得るために，"〈他者〉が聞くこと"を求める時である.これは主体のポジション出現の論理的時間である.主体は言語活動に囚われて，原初の音 son によって呼びかけられ，その音に耳を傾け，聞くことができる〈他者〉となり，そして呼びかける者となる.この状況の反転，欲動のカップルの反転において，主体は自らの声を得て，「（自らを）聞かせる」（ラカン，1964=2000，260頁）ようになり，〈他者〉に呼びかけさせようと，〈他者〉に呼びかける.

　　つまり，「（自分を）聞かせる」ことができるためには，原初の声を聞くのをやめる——精神病にならないということ——だけではなく，さらに，呼びかけること——即ち主体（の声）を聞いてくれる人がいることを予測すること——ができなければならない.「（自分を）聞かせる」ことは，呼びかけ欲動の受動的変換に対応する.

　以上の「呼びかけ欲動の回路」の成立において，対象-声，呼びかける主体の出現,〈他者〉の分離を確認することができる.対象-声とは，シニフィアンの生成の中で放棄されるもの，即ち，失われた対象——現実的次元にある声,原初の声——（の場）のことである.主体は，原初の声を受け入れる——主体

18）Vivès, J-M., 2013が提唱している概念.「聾点 point sourd」とは「心的装置」内に形成される場所であり，聾点により，主体が原初の声音 timbre originaire（声の現実的な次元）に反響した後，その声音に耳を貸さなくなった（聞かなくなった）ことにより,〈他者〉の声から身を守り，自身の声を自由に使うことができる，と定義されている.フロイトによる「盲点」の仮説（視覚野の形成には,《盲点 point aveugle》の形成をもたらすものの排除が必要であるとの仮定）をふまえている.

を生じさせるための呼びかけに対する肯定——，と同時に拒否することにより，その原初の声音を引き受け，自分の声を獲得できる．主体は，原初の声を閉め出すことにより「対象-声」の場とし，同時に〈他者〉からも分離し，自ら声を発する主体となるのである．〈他者〉の声に圧倒されると，自ら声を発することはできない．

「対象-声」についてもう少し付け加えておきたい．アイルブルムは「精神分析での発話と言語活動の領域では，声とは対象の真理として，失われた対象なのである」(本書37頁) と述べている．ここで対象-声が失われた対象であることに由来する，その特徴に言及しておきたい．カタンは「子供が享楽の場から離れて，疎外によって言語活動の場に達するには，純粋な音〔おん〕son pur としての声の喪失が必要である」(Catão, I., *op. cité.*, p. 20) と述べている．また，ヴィヴェは「幼児は，〔呼びかける主体の〕ポジションをつかむために，まず原初の〔〈他者〉の〕声に耳を貸さなくなる (を聞かなくなる)」(Vivès, J-M., 2013) と述べている．呼びかけ欲動の回路の作動により，この喪失された「純粋な音としての声」，聞かれなくなった「原初の声」が欲動の対象，欲望の対象，欲望の原因，即ち対象a＝「対象-声」(の場) となる．失われるにせよ，最初の他者の声，呼びかけてくれた不可欠な声である．この「対象-声」が「欲望の対象，それは欲望の原因です．そして，欲望の原因であるこの対象は，欲動の対象です．つまり欲動がその周りを巡る対象です」(ラカン，1964=2000，329頁)．「対象-声」においては，失われているがゆえに，声の音響的側面は消え去り (Catão, I., *op. cité.*, p. 20)，外部に響く知覚できる声は問題とならない．ポルジュが「声は必ずしも聞こえなくてよいし，音〔おん〕が響かなくてもよい．音〔おん〕的なものというのは声の想像化である」(Porge, E., 2011, p. 87) と述べているのは，この対象-声の次元のことである．欲動の対象としての対象-声 (の場) が設立されることにより，外部に響く声がなくとも，欲動が作動し，欲望が生じ，つまり「対象-声」に促され，かつそこを求めて，主体は〈他者〉に呼びかける声を発するようになる．このような対象-声の設立を，カタンは「心的機能」としての声の設立」と呼んでいる (Catão, I., *op. cité.*, p. 20)．「心的機能」としての声の場は，外部に響く必要のない声として設立されるのである．

2-(1)-④　声とアドリアン

アイルブルムは，自閉症者は「対象-声の形成に関する問題を行動によって

提起している者のことである」（本書100頁）と述べている．この点をめぐって，やはりカタンは「自閉症において，声は心的機能として構成されていない……．声の選択的な回避──防衛的にせよ，一次的なものにせよ──により，声は純粋な音声 son，音 bruit のままであるという結果が生じている」（Catão, L., *ibid.*, résumé），「子供の自閉症者は，発話の意味作用の機能の分節化を可能にする声を構成するにいたっていない．自閉症では，声は音声 sonore の次元に閉じ込められている．……自閉症では，声は欲動の対象として構成されるにいたっていない」（Catão, L. *ibid.*, p. 13），「話すためには，声を持たなければならない．つまり，声を心的機能として構成していなければならない．それが，自閉症においては，……生じていない」（Catão, L. *ibid.*, p. 28）という．また，河野は「自閉症者においては欲動回路が構成されていない．このことは，欲動回路の拠点である身体の開孔部が縁の構造をもたず，対象aもまた主体と〈他者〉とのあいだの交換サイクルを支える媒介となっていない事態をあらわしている」（河野，2017，184頁）という．松本は「自らの口や耳といった縁 bord の構造をもつ身体器官に対象aを保持することは，自閉症の特徴であり，彼らはそのような行為から自閉的な享楽を得ていると考えられる」（松本，2017，140頁）と述べている．

　少年アドリアンは「日常の会話から撤退した世界におり，ただ引きこもっていた．彼にとって，他者たちはまったく存在していない，つまり，透明であって確かなものではないようだった」（本書131頁）．アドリアンの場合も，声は心的機能として構成されていない，呼びかけ欲動の回路が構成されていない，即ち，対象−声が設立されておらず，彼は「声を持つ」ことができず，声を発することができないと考えられる．アドリアンは，「声をもつ」ではなく，「声である」という水準にいる．この「声である」という水準での「声」は，上記したカタンの言葉を引用すれば，「純粋な音〔おん〕son，音〔おと〕bruit のままである」声，「音〔おん〕的なもの sonore の次元に閉じ込められている」声，いわば声ではない声のことである．音声が「声ではない声」のままなのは，対象−声の場，「心的機能」としての声の場が設立されていないからであった．そのため，呼びかける主体となっていない存在は，自らの叫び声と，分節化されていない「性愛と恐怖をもたらす」母親の声の只中にいるままである．この"主体以前の存在"自身の叫びと〈他者〉の声が混然一体となった場所が「原初の声」の場であり，ラカンが「享楽の主体」の水準と名付けたように，そこでは

享楽が支配している．この場所の声を聞き続けて，圧倒され続けているかぎり，存在は声に覆われ，〈他者〉から分離されず，対象（対象-声）の場も設立されない．「日常の会話から撤退した世界におり，ただ引きこもっていた」アドリアンはこうした構造の只中にいると考えられる．

2-（1）-⑤　音〔おと〕たちとアドリアン

　アイルブルムは「声は人間的なものの核にある」（本書140頁）と述べている．この声は，ここまでみてきたように，たんにわれわれが普通にイメージする知覚的に聞こえる声のことではなく，「対象-声」の場，「心的機能」として構成された声のことである．対象-声は人間的なものの核にある．そしてこの定式から，人間的なものとは何か，言うことができる．それは端的に"存在が主体として〈他者〉に呼びかける"ことである，と．そして，そのように〈他者〉に呼びかけることは，アイルブルムが言うように，「欲望や対象の表明 déclaration をもたらす」（本書42頁）ということであり，「声，発話，言語活動は，……〔その〕人間的なもののために存在している」（本書66頁）のである．

　一方，「自閉症という用語を付された人たちは，人間的なものの領野に参入してはいるものの，排泄物たちのかけらに占められた身体ゆえに，発話と言語活動の領域を自らに開く「対象としての声」の問題を抱えたまま」（本書147頁）である．こう述べるアイルブルムだが，「声は人間的なものの核にある」と書いたあと，すぐに続けて「それゆえ，音〔おと〕たちが存在するのだった」（本書140頁）と続けている．この一文は重要である．自閉症者は，確かに身体が音たち＝排泄物たちのかけらに占められていて，対象-声が心的機能として設立されていないのだが，だからといって，音〔おと〕たちは，対象-声の設立と相反するのではなく，むしろ対象-声の設立のための，即ち，声が人間的なものの核に位置するための条件であることをこの一文は示唆している．ここに「音〔おと〕たち」の存在に着目するアイルブルム独自の主張がある．ではその「音〔おと〕たち」とは何か．「音〔おと〕たち」は「対象-声」の設立にどのように関わるのだろうか．

　アイルブルムはアドリアンの「音〔おと〕たち」について，まず次のように説明している．アドリアンの「音〔おと〕たち」，それは「騒々しい」物音 bruits でもないし，「物や人がぶつかって出る物音」でもない．しかしそれは「耐え難い音立て」であり，「会うことが習慣になっても，私はそうした音たちに

慣れなかった」(本書135頁). こうした説明のみでは曖昧模糊として分かりにくいが, さらに少し先の箇所では, それは「排泄物たち excrémentations」であるとも述べている.「排泄物たち」とは,「よだれ, 鼻汁, 汗, 糞便」など身体から滲み出てくるもののことである (本書142頁). これら「排泄物たちは, 社会的に承認し難い身体的なものであることを示している」(本書139頁) としながらも, アイルブルムは精神分析の観点から次のように, 異なる別の面を強調している.

　　自閉症者は, 排泄物たち, 音 son〔おん〕の薄皮たち, 音〔おん〕が円形脱毛したような音〔おと〕たち bruits によって覆われ, 音〔おと〕たちの断片の中に投げ込まれているのだった. その断片たちには歯ぎしりする口が対応していて, 顎や歯はズレたりこすれたりしてバラバラな動きしかできない. 一方に身体の空洞＝洞窟の奥から響きわたる音〔おと〕たちがあり, 他方にこうした歯ぎしりがあるのだった (本書141頁).

　　要するに, よだれ, 鼻汁, 糞便などは, 実際, 口唇的なものや, 性器的なものの挫折と対をなす全身に広がった肛門的享楽を示す排泄物として価値があるのではない. 自閉症者がよだれと共にあらゆる廃棄物をあふれ出るままにしている時, 彼は肛門でも肛門的な口でもない. 自閉症者はもはやそうしたものに帰着しない. 身体のあらゆる穴たち, 皮膚すべてから流れ出て示されるものは, 何よりもまず音〔おん〕的なもの le sonore に関わる問題という隘路を通じてしか, 認識できない. つまり, それは聞かれなければならないのである. 口から流れ続けるよだれ bave は, 顎の脱臼や歯ぎしりとまったく同じものであり, 歯ぎしり自体, 胸部の振動とまったく同じものである. よだれは切れ目を知らない音立て bruitement なのである (本書142-143頁).

「排泄物たち」＝「音〔おと〕たち bruits」を単なる音〔おと〕として片づけることはできない. なぜなら, この「音〔おと〕たち」は「音〔おん〕の薄皮たち」,「音〔おん〕son が円形脱毛したような音〔おと〕たち」でもあるからである. そして, そうした音〔おと〕たちは, 歯ぎしりする"口"に対応している. だから声につながり得る音声として把握できるのである. そうアイルブルムは述べている. さらに彼は, 困難な道筋だが,「身体のあらゆる穴 trous, 皮膚すべてから流れ出て示されるもの」も, 音〔おん〕的なもの le sonore に関わっ

ており，それゆえ，それらは聞かれなければならないと主張している．

　身体の穴たちから出てくるものを聞く，というのは精神分析家ならではの考えであろう．対象（欲動の対象）の発生を考える際，われわれの身体的条件，「身体各部の穴」に着目するのは精神分析独特の思考法だと新宮は述べている（新宮, 1989, 219頁）．「その条件というのは，この（−）の場〔＝対象の発生する場〕が，われわれの身体各部の「穴」と重なりあうということである」（新宮, 同上, 220頁）．対象（の場）は，人間の「穴」（口唇，肛門，眼裂など）という身体各部を支えとして，発生するのである．ラカンが対象aの範例を「乳房，糞便，声，眼差し」としていているのはこうした思考による．アイルブルムが「身体のあらゆる穴」とそこから流れて出てくる「排泄物」たちに着目しているのは精神分析家として当然なのである．「身体のあらゆる穴」は，シニフィアンに反響して欲動が生じる身体（2-（1）-③）の穴である（本書211頁参照）．対象の場と，呼びかける主体とが同時に誕生するのは，そうした身体の穴における「欲動の回路」の循環運動によってである．この意味で身体の「穴」は人間となるための条件なのである．特に「二つの穴〔口と耳〕に介在する」（Porge, E., 2011, p. 99）呼びかけ欲動の対象である声は，「欲動の諸対象のリストの中で，発話の媒体であることによって主体の誕生自体に関与する点で，特別な位置を占めている」（Vives, J.-M., 2013, résumé）．声は口と耳という穴を巡り，対象−声となり，呼びかける主体の設立に関わるのである．

　排泄物たち＝音〔おと〕たちは「音 son〔おん〕の薄皮たち」，「音〔おん〕son が円形脱毛したような音〔おと〕たち bruits」，つまり「音〔おん〕的なもの le sonore」であった．であるならば，「声」と同様に，この音〔おと〕たち＝「声ではない声」も聞かなくてはならない．このアイルブルムの主張は精神分析家ならではの至極当然な主張であろう．

2-（1）-⑥　音〔おと〕たちと境域

　「一方に身体の空洞＝洞窟の奥から響きわたる音〔おと〕たちがあり，他方に…歯ぎしりがあるのだった」（本書141頁）．そのあと続けて，「明確な切れ目はなく，縁〔ふち〕たち bords は胸部の振動や歯ぎしりではっきりしない．こことそこ，内と外，そうした境界 frontière や分離 séparation を画定し刻みつけるものは明確な線ではない，つまり，きちんとした縁やはっきりと分かる限界をもつ線ではない」（同上）．アドリアンの場合，梃子としての音〔おと〕たちや

歯ぎしりが存在しているとはいっても，それらにおいて縁ははっきりしていないのである．

　縁とは何か．「自閉症者が縁を必要とするのは，安心できる既知の世界と理解不能な混沌（ブラックホール）を分割するためである．縁は，自己と他者の境界線として機能するのである．ただし，この縁は決して安定したものではない」（松本, 2017. 150頁）．「縁」とは，「口や耳といった，縁取り構造をもつ身体器官」（松本, 同上, 147頁）のことであり，性感帯であり，欲動の回路を生み出す欲動の源泉である．こうした縁において，上述したように，呼びかけ欲動の循環運動，欲動の回路が構成されるなら，主体からも〈他者〉からも切り離された対象aの場所が設立され，心的機能としての対象–声の場が生じるのであった．

　アドリアンは，音〔おと〕たちは梃子の可能性を有しながらも，いまだ縁がはっきりしないという，いわば曖昧さ（両義性）の中にいるのである．こうした曖昧さを表現するのにアイルブルムが用いているのが，境域 confins という用語である．

> 　自閉症者の身体はつねに境域から境域へと移ろい，いかなる対象も，地平線が地平線の中に消えて広がっていくように，境界 frontière を定めることがない．この点で自閉症者の身体は，あらゆる次元での排泄，滲出，振動，軋みによる，身体の音〔おと〕たち–かけらたちのシステム système de bruits-éclats de corps であり，対象として生じる声をめざしているざわめきのシステム système de la bruisure なのである．声とは，自閉症者が自らのざわめきの中へ閉じこもっていることにより，問題となる対象のことである（本書152–153頁）．

　境域において，対象–声が生じず，境界が定められず，自閉症者はざわめきの中に閉じこもっている．しかし，少し前の箇所でアイルブルムは「境域」について次のようにも述べている．

> 　境域 confins. この用語は両極端と中間を同時に示すのに使われている．境域は一つの領野のようであり，あらゆる側面で一つの空間でありながら，正確には広がりではなく，境界への単なる予備的な道筋であり，諸限界 limites の一つとして境界自体を持っている．境域，それは，最も極端な閉じこもりが同時に最も大きく開かれた広がりでもあるという特異な空間である（本書151頁）．

　境域は境界を持ちながら，媒介的な性質も示す．アイルブルムの記述は抽象

的であり，拡がりでないが拡がりである，などといった曖昧な言い方がなされているが（それが境域の特徴であろうが），境域において，自閉症者は「音〔おと〕たち」によって閉じこもっていると同時に，境域は境界を設定する道筋へも繋がっている，といった両義性を強調したいのだろう．

　アイルブルムは「音〔おと〕たち」による閉じこもりについて，「自分の身を守る」ため，などとはっきりと説明しているわけではないが，音〔おと〕たちに満ちた境域の両義性の強調は，先に紹介した上尾の指摘（本書209頁）に通じている．先の上尾と同様，自閉症を論じている松本も，「自閉症者は，一方では〈他者〉（言語）や回帰する享楽から身を守りながらも，他方では〈他者〉への関係を独自の仕方で創造しようとしている」（松本，同上，148頁）と述べている．さらに松本は次のような具体例をあげて，縁の機能の両義性を強調している．自閉症者ドナは「激しいまばたきの繰り返し」を行なっていた．ドナ自身の語るところによれば，その反復運動は物事のスピードをゆるめ，自分のまわりのものを，自分からより遠ざかったものにするためであった．そうすることで，あたりがコマ送りの映画のようになって現実感が薄れるので，恐怖心もやわらぐのだという．つまり，享楽の縁の上への回帰は，自閉症者が現実界を生き延びるための防衛手段のひとつなのである．こうした享楽のあり方は，観察者の目にはしばしば奇妙なものに映るが，だからといって自閉症者の縁を取り除くような介入をしてはならない．縁は自閉症者が外的世界と関わるための基点となるものであり，彼らがより高次のコミュニケーションを行う可能性をひらくためには，この縁から出発する必要があるからである（松本，同上，150-151頁）．こうした松本の指摘を踏まえれば，アイルブルムが言うように，アドリアンにおいても，縁がいまだはっきりしていないにせよ，そこに梃子としての音〔おと〕たちが存在しているのであり，それゆえそこから出発し得るのである．

2-(1)-⑦　「ぼくはいたずらっ子，ね！」──「転移的方略」

　そしてアイルブルムは実際，音〔おと〕たちから，境域から出発している．アイルブルムが担当してからも，アドリアンは何年も全く喋らなかった．しかしある日，アイルブルムに向かって「ぼくはいたずらっ子，ね！」と初めて言葉を発した．音〔おと〕たちに占められていたアドリアンの身体において，「対象としての声」が設立され，〈他者〉へ向けて声を発した瞬間である．どのようにしてアドリアンは「隘路」を抜け出ることができたのだろうか．

概要と解説　　*221*

　アイルブルムの側からみていこう．アイルブルムは何よりも「聞くこと」を
強調している．排泄物の音〔おと〕の断片たちと，はっきりしない口の動きが
対応しているがゆえに，排泄物たちは聞かれるべきであり，そして聞くことが
できる．アイルブルムは分析家としての眼，いや耳によって，そう考えたので
ある．排泄物たちは，声や声らしきものをめざす身体から滲み出てくる「音〔お
と〕たち」として聞くべきものである．アドリアンの身体，それは音〔おと〕
の未分化なかけらたち éclats non discrets de bruits──ざわめきたち
bruisures──だが，その身体は声をめざしている．このような「音〔おと〕たち」
は聞かれることにより，声へ向かう圧力となり，「深淵」を乗り越えるための
梃子となるのであった（本書136頁）．
　「音〔おと〕たち」を聞くという介入について，アイルブルムはさらに続けて
詳細に述べている．少々長いがそのまま引用しよう．

　　　私に，描画や粘土，水遊びの技法，身体像の確立・回復をめざすその他の技
　　法には決して頼らなかった．私は，滲出物や排泄物たちによるごくわずかな表
　　出 expression がこだまする次元において，それらが反響 résonances する中に
　　身を置きつつも，話すことをつねに優先し，その都度それらの音〔おと〕たち
　　bruits を声，発話，発言にするようにした．分析家は反響の生起する地点にい
　　なければならないが，その地点でこだま écho が重なることによって，無意識
　　が語音の響き consonance として分析家のものとなるのだった．アドリアンの
　　場合，こだまを作りださなくてはならなかった（こだまは分析家に何かしら，何ら
　　かの役割をもたらすと言われている）だけではなく，そのこだまはイメージ image
　　や意味作用 signification にとらわれてはならなかった．要するに，こだまは語
　　音の響きの作用の中に取り戻されなければならなかった．その作用の中におい
　　て分析家によって無意識の次元が開かれるのである．アドリアンは，こうして
　　分析（家）の欲望という無意識の中にもたらされ，入り込むことによって，声か
　　ら発話にまで達し，自分が発した初めての言葉において欲望の場所を得ること
　　ができたのである．その最初の言葉 première phrase は，十分触知できる精神
　　分析家の場所から，つまり発話するための席が在る場所から発せられた．「ぼく
　　はいたずらっ子，ね！」と（本書146-147頁）．

　アドリアンがこの言葉を発したのは，自分の席の向かいにあるアイルブルム
のいつもの場所に座った時である．それをアイルブルムは転移的方略と呼んで

いる.

　　即ち,〈他者 Autre〉における現実的なものの穴にかかわる場所に自分を実際
に据えるという反転によって,彼はアソナンス assonance(母音の一致)が〈一
者 Un〉の設立を示すという特徴にもとづき,腰をおろし,数に加えられる――
「ね,〈一者〉はある!」彼は何よりそう口にしたのである」(本書132-133頁).

　アイルブルムはアドリアンの音〔おと〕たちを聞き,そしてそれらを声,発話,
発言にしていった.それは音〔おと〕たちのこだま(繰り返し)が語音の響きと
なることであり,「言われたことには音〔おん〕的なもの le sonore があり,そ
の音〔おん〕的なもの le sonore は無意識に属するものと一致する consoner に
違いないということです」とラカンが述べている(Lacan, J., 1976, p. 50)のと同
じように,アドリアンの音〔おと〕たちのこだま=語音の響きたちが分析家アイ
ルブルムの無意識となり,欲望となる.アメリカのラカン派分析家フィンク
によれば,分析家の欲望とは「治療の場において,その原動力となり得る欲望」
(Fink, B., 1997=2008, 4頁)であり,「患者が治療にやって来て,経験,思考,幻想,
夢などを言語化し,それらについて連想することを欲する,たゆみのない欲望」
(Fink, B., 同上, 9頁)である.アイルブルムの場合,分析家の欲望とは,アドリ
アンの音〔おと〕たちを聞くことであり,それらを言語化することであった.

　アドリアンはこの分析家の欲望に出会うことによって,分析家を「信頼」(ラ
カン, 1964=2000, 317頁)し,そこに転移が生じたと考えられる.ラカンは,転
移とは「人間存在の核となる現象としての欲望と結びついている基本的な現象」
であり,「患者と分析家がともにそこへと巻き込まれている一つの現象です」(ラ
カン, 同上, 313頁)と述べているが,アイルブルムとアドリアンの間にもまさに
そうした転移の関係が生じたのだろう.

　60年代のラカン理論によれば,自閉症者は「彼らを襲ってくる疎外(〈他者〉)
に対して拒絶をしつづけているという動的な意味で疎外以前」にあるのだが,
それは「言葉 le verbe から身を守っている」からである(松本, 2017, 143頁).
母親の声の圧倒的力から身を守っているのである.しかしアドリアンの「ぼく
はいたずらっ子,ね!」は,アイルブルムとの転移関係において,言葉から身
を守るのではなく,逆に自ら,呼びかけとしての声,言葉を発し,言語の世界
へと参入したことを証するものといえよう.アドリアンは,あの鼠男がフロイ
トとの分析中,「寝椅子から立ち上がり,部屋の中を歩き回り」,「〔フロイトの〕

近くにいるのを避けている」（フロイト，1909=2008，232-234頁）のとは対照的に，アイルブルムのいつもの場所に座り，そこから，「きみはいたずらっ子」と言ったのではなく，「ぼくはいたずらっ子，ね！」と言ったのである．このことは注目に値する．ここで，「ここでいう同一化は鏡像的な，直接の同一化ではなくて，その支えです」とラカンが述べている同一化が生じたのではないだろうか．それは「主体によって選ばれた〈他者〉の領野の中の一つの視点，そこから鏡像的な同一化が十分満足のゆくような姿で見られるような視点を支えているのです　自我理想の点は，主体がそこから自分を見るようになる視点です．それは，ちょうど「ひとの目から見るように」と言われるようなことです．そしてこのことによって，主体は，愛という観点によって自ら満足できる双数的な状況において自分を受け入れることができるでしょう」（ラカン，1964=2000，361頁）．アドリアンが自分を「ぼく」と言い，そして他者アイルブルムに「ね！」と同意を求めているのは，この時，アドリアンが自我理想の点に立っていることを示しているのではないだろうか．

　「ね，〈一者〉はある！」とアドリアンは口にし，数に加えられた．アイルブルムは「ぼくはいたずらっ子，ね！」という言葉をそのように解釈している．これはどういうことだろうか．ここでは以上の検討をふまえて，次のように考えてみよう．アドリアンは上述したように，「ぼくはいたずらっ子，ね！」と言った時，「ひとの目からみるように」自分を見る視点に立つことができた．新宮によれば，「大文字の他者〔〈他者〉〕が「一」であることを守りつつ，私もまた「一」として加わる」ことによって，「個別の主体が普遍の言語のレベルから己れを見ることができる」（新宮，1995，216頁）．アドリアンに生じたのもまさしくこのことではないだろうか．「ぼくはいたずらっ子，ね！」＝「ね，〈一者〉はある！」とは，アドリアンが「大文字の他者」に出会い，そこで自分も言葉を話す仲間に入ったことを示している．つまり，この言葉は「ね，〈言語活動 langage〉はある！」とも言い換えられるのではないだろうか．

　アドリアンの「音〔おと〕たち」がアイルブルムによって聞かれるところから始まり，アイルブルムは欲動の〈他者〉，解釈する〈他者〉として，その「音〔おと〕たち」を聞き，アドリアンに応答する．するとアドリアンは，さらに応答を得るために，〈他者〉に聞かせること・〈他者〉が聞くことを求めて，〈他者〉へ呼びかけた．即ち，アドリアンと〈他者〉の間において，欲動の回路が構成されたのである．

2-(2) デビリテのヴェラ[19)]

　第5章の事例ヴェラも他者に向かって声を発しないままであった．専門機関によって，「自閉症」ではなく，「デビリテ débilité」（知的障害，精神薄弱，精神遅滞[20)]）とピン止めされたヴェラは無言症であり，死を迎えるまで，「知」に閉じ込められたままでもあった．アイルブルムはヴェラについても，アドリアンと同様，「声」の問題を取り上げ，さらに彼女の「知 savoir」をめぐる問題にも注目し，論じている．

2-(2)-① ヴェラの経過

　ヴェラについては，アイルブルムは詳細な経過を記述しているので，少し長くなるが，まずそれを要約しておこう．

　ヴェラは「記憶であり知」であった．母親，次姉，次兄の命を奪った自動車事故の瞬間，ヴェラだけが意識がしっかりしていて，すべてを見た．警官にすべてを話し，すべてをいつまでも忘れずにいた．ヴェラがただ一人知っており，覚えていた．彼女はさらにこの自動車事故以上のこと，「もう一つの事故＝出来事」についても知っていた．母親は7度目の妊娠をしていたが，その妊娠を強く拒否し，その妊娠は死によって中絶された．ヴェラはこのもう一つの出来事，思いもよらない欲望によるこの出来事——母親と息子（ヴェラの次兄）との間の妊娠——のこともずっと忘れずにいた．彼女はこの出来事によって発達が遅れ，父親によって様々な専門家のもとへ連れて行かれ，「年齢よりも遅れるだろう」との判定を繰り返し受けたのだった．その果てに，8歳の年から拒絶し，家の中に閉じこもり，それ以降，無言症の27年間，ずっと知っているままにしている知のつらさの中にいたのだった．

　ヴェラの父親は娘のいうこと——彼女の涙，彼女の叫び声——を聞くことに

---

19) ヴェラを論じた初出の論文は，1996年に刊行されている．前節のアドリアンを論じた初出論文の刊行（1997年）よりも一年前の論文である．

20) 現代のラカン派は，自閉症と共にデビリテ débilté（精神薄弱，知的障害）についても積極的に検討，議論している．デビリテという用語は1909年まで遡り，知能測定の実施の普及と深い繋がりがある．50-75のIQに対してデビリテという用語が付されるのが一般的である．こうした測定を拠り所とせず，モード・マノーニ（1964）は精神分析治療の中でデビリテを取り上げた（シェママ，R.，ヴァンデルメルシュ，B. 編，1998＝2002，247頁）．ラカンもセミネール『精神分析の四基本概念』（1964＝2000）でこのマノーニの著作にふれて，知的障害児について取り上げている．

耐えられなかった．ヴェラから発せられる音〔おと〕は父親の耳には，いらいらさせる音にしか聞こえず，ひどい雑音のように苦情を言いたくなる音であった．父親にとって，ヴェラはたんに音をつくり出しているだけではなく，彼女がまさにその音だった．それゆえ彼女は我慢ならないもの，耐えられないものとなり，そのために父親に叩かれるのだった．

ヴェラはその後，「壁（ある機関）から壁〔別の機関）へ」と施設入所を繰り返すことになる．ある作業療法の施設に入所していた時，発作を起こし，他院へ転院となった．アイルブルムがヴェラに会い，介入することになったのは，その病院の精神科にヴェラが入院中，そこの主任教授からアイルブルムに依頼があったからだった．その時，ヴェラは35歳，すでに子宮癌を患っており，死が近い状態だった．

それまでの27年間，壁から壁へと移るしかなかったヴェラは自分の身体と話をしていた　彼女の身体は自分の声であり，無言の彼女自身であった．彼女がたてる物音や叫び声に合わせて動き回ったりしながら，やさしく言葉かけをしたり撫でたりしても，ヴェラの心をとらえることはできなかった．ヴェラの身体は「残余としての声，対象となっていない声，失敗した声」，「声になれない音〔おと〕たち」であった．彼女は発作をきっかけに，この身体＝壁から脱出し，対象としての自分の声——他者たちに聞こえて捉えなおせる対象としての声——をつくり出そうとし，何がしかの人間的享楽，何がしかの言い表せる愛を求めて，自分の身体——いまだ理解されておらず，考慮されていないもの——から抜け出そうとしていた．ヴェラがアイルブルムに突然「つらいの」と話し出し，それを繰り返すようになったのはこうした状況においてであった．この「つらいの」は，身体の痛みをまったく伴っていない一言だった．すでに彼女の腫瘍は腫れていたが，最後の時まで，彼女は身体の痛みとは無縁なままだったのである．

しかしヴェラには，さらに「つらいの」と言わなければならない事態が待っていた．ある時，二人の姉がヴェラに会いにやって来て，次のような話をした．あの自動車事故は偶然の事故ではなかった．カトリックを信仰し，中絶の観念自体を拒否している母親にとって，近親相姦による妊娠は耐え難いものだった．自動車事故は事故ではなく，運転していた母親が企図した，子供たちをも巻き込んだ殺人だったのである．この時ヴェラはアイルブルムの目の前に立っていて，すべてを聞いていた．その瞬間，この場に居合わせた者は皆，真実をはっ

きりと語るその口調に捕らえられ凍りついた．ヴェラはその最たる者であり，その動転は大変なものだった．……その少し後，ヴェラは廊下でアイルブルムとすれ違った時，アイルブルムに向かって「あなたに話したい」と言ったのだった．この言葉をアイルブルムはやはり「つらいの」と解釈している．ヴェラは8歳の時から，すべてを知っていることのために無言症となったのだが，この35歳の時にさらに新たに知ることとなり，そのつらさをアイルブルムに告げたのだった．

　アイルブルムはこうしたヴェラについて，最後に次のように締めくくっている．「知っていることのつらさをずっと分かっていたヴェラ．そしてヴェラは主体として知のつらさを忘却しその方向を変えることができなかった．知のつらさをようやく忘れることができたのは死においてであり，……どんな時もどうしても消えなかった享楽においてでしかなかった．……死に向かう重圧のなか，現実的なものを限定する言葉をさらに見つけられなかった知．……彼女は……ただ一人知っている，いつまでも忘れず，ずっと覚えていることを決して捨てられなかった……．ヴェラは自分が葬られるまで，知を余儀なくされ，その知に閉じこもることを余儀なくされた子供だった……」（本書119-120頁）．

2-（2）-② 外傷とデビリテ

　「子供が経験するある種の外傷的状況は子供をデビリテ〔精神薄弱〕に追いやる．フラソワーズ・ドルトがトゥルソー病院での診療で重い制止を持った子供に会うときには必ず近親相姦――父親と娘だけではなく兄弟姉妹間のそれ――を疑っていた．この法の侵犯はディスクールのあらゆる法へといたる門戸を閉ざすのである」（コルディエ，A., 1993=1999, 248頁）．

　ヴェラは二つの出来事――母親（と胎児），次姉，次兄を失う自動車事故，そして次兄との近親相姦による母親の妊娠とその中絶という事実――に遭遇した．ヴェラはまさにセクシュアリティのみならず，死ともかかわる予知不能な現実的なもの＝言葉に言い表せないものに出会ったのである．それ以降，彼女は発達が遅れ，「デビリテ」という診断を受け，その後無言症となり，27年間，「ずっと知っているままにしている知」の中に閉じこもることとなった．事故当時，ヴェラだけが意識がしっかりしていて，すべてを見て警官にすべてを話し，その後もすべてをいつまでも忘れずにいた．

　「外傷 traumatisme〔トゥロマティスム〕の暴力はその出来事がシニフィアン連

鎖へ接続するのを妨げることによって心的生活の連続性を断ち，その出来事を……意味の外に置き去りにし，主体の歴史に統合不能のままに残す．その出来事は彼〔主体〕の歴史においてはひとつの穴 trou〔トゥル〕に過ぎない．この突然の断絶をはっきりと示すために，ラカンは「troumatisme〔トゥルマティスム〕」という造語を考え出した．この同化不能の出来事は，主体が絶対的に依存する保護者である〈他者〉から離れて一人きりでいるときの，虚弱で無防備な，まったくの幼児の根源的な困窮へと主体を立ち戻らせる．この出来事は底なしの深淵を露呈させるのだ．外傷はとりわけ不可能なものとの出会いなのである」（キリアコ，S., 2012=2016，7-8頁）．ヴェラもこうした外傷の暴力に遭遇したと考えられる．彼女は自らの体験，その知をシニフィアン連鎖へと接続して同化することができずに穴を生じ，外傷から離れられずに来てしまった，ということだろう．そのことを示しているのが「無言症」であり，「知への閉じこもり」であるといえよう．そしてそれらはヴェラなりの防衛の仕方でもあったのではないだろうか．以下でこうしたことを確かめていきたい．

2-（2）-③　デビリテ

　ヴェラは「出来事」の後，デビリテ（精神薄弱，知的障害）とピン止めされた．アイルブルムの記述によれば，「ヴェラが年齢相応でなくなるのは，彼女が少女の時，審議会のようなところから戻ってきた時からである．明らかに一種のデビリテであるとの宣告が下され，その後彼女は制限を加えられ，公示 ban されることになる」（本書114頁）．アイルブルムは精神分析家として，彼女のデビリテについて，彼女の発する音〔おと〕たちに注目した臨床像にもとづき次のように述べている．「それ（デビリテ）は，音〔おと〕が現実的なものとして激しく攻撃され，声へと開かれず，そして話すように発音されない時，身体のうちに残存するものである」（本書113頁）．「ヴェラの場合，デビリテの身体がつくられたのは，音〔おと〕と声との間に，林道 Holzweg のように，即ち，どこにも向かっていない道のように，割って入ってきた現実的なものの衝撃，偶然の出来事，一撃の残余によってである．……デビリテの身体は，はっきり発音されず母音にならないしゃがれた音〔おと〕たちを立て，そして文字通り切り離され遮られた身体となる．つまり，デビリテの身体はよだれ bave（バーヴ）のような音〔おと〕——無駄口 bavarderie（バヴァルドゥリ）とは社会的に認められた形でのデビリテである——を生み出し，身体からの漏れをいたる所で引

き起こし，声になれない音〔おと〕たちが聞こえてくるのである．身体のこう
した排泄物たちはすべてどれも音〔おと〕が声になることの失敗 échec の反復
なのである」（本書113-114頁）．

　アイルブルムはヴェラのデビリテについて，それはヴェラの身体のうちに残
存する音〔おと〕たちであると述べている．現実的なものの衝撃によって，彼
女の身体はもはや声や言葉を発し欲望する身体ではなくなり，声にならない音
〔おと〕たちを発するだけの身体であった．このヴェラのデビリテの身体は，自
閉症のアドリアンの音〔おと〕たちに占められた身体と類似している．異なる
のはヴェラの場合には退行によるものだという点であろう．フロイトのいう「同
一化が対象選択の代わりになった，対象選択は同一化に退行したのだ，……つ
まり，自我が対象の性質を帯びるようになるのだ」（フロイト，1921=2006，175頁）
という事態がヴェラに起きたのである．フロイトは，例として父親に同一化す
ることと，父親を対象として選択することの違いについて，「容易に一つの定
式の内に表現できる」として，前者では父親は「そうでありたい」存在であり，
後者では「人がそれをもちたい存在」（フロイト，同上，174頁）なのだと述べて
いる．アドリアンのところで述べた，「声である」ことと「声をもつ」ことの
違いもこのフロイトの定式の内にある．ヴェラの場合も，「声をもつ」ことから，
「声である」こと——アドリアンの場合と同様，その声は「声になっていない声」
ではあるが——への退行が生じていたと考えられる．

　ヴェラの「声になっていない声」，即ち「音〔おと〕たち」は父親にとっては
現実的なものとなり，父親はそれを受け止められず，暴力による返答を繰り返
すことしかできなかった．ヴェラは「音〔おと〕が声になることの失敗」を反
復する身体から抜け出ることができないまま，「無言症」と「知への閉じこもり」
が持続しているのであった．

2-(2)-④　「知への閉じこもり」

　「知っていることのつらさをずっと分かっていたヴェラ．そしてヴェラは主
体として知のつらさを忘却しその方向を変えることができなかった」．ヴェラ
の章はこう締めくくられている．ヴェラはあの出来事の知を新たな知につなげ
て，知を展開させることができなかった．この点に注目して，ヴェラの「知へ
の閉じこもり」について，アイルブルムが明示的には語っていないところを考
えてみよう．

概要と解説　*229*

　コルディエはデビリテの子供たちの臨床経験をふまえ，知的制止の機制を検討するなかで次のように述べている．「知の欲望は……知識が主体の平衡を脅かす場合，それゆえ制止され，禁止の烙印を押される」（コルディエ，A.，1993=1999，184頁）．ヴェラの場合もあの出来事を知ったことが「主体の平衡を脅か」し，新たなる知への展開が制止したままとなったのであろう．「知への閉じこもり」とは「知の制止」でもある．

　コルディエはさらに「あるシニフィアンがあまりにも大きな情動的負荷を保持していることから，一つの連鎖の中に固着して抜け出ることができないことがある．情動，不安は衝撃的効果を与えすべての弁証法的再使用を妨げる」（コルディエ，A.，同上，216頁）とも述べている．このコルディエの主張は次のようなラカンの見解をふまえている．「デビリテをつくりだすのは，……言語〔ランガージュ〕に住まう主体をあらわすシニフィアン連鎖における融合である」．「その融合は「S_1とS_2のあいだの間隙がない，つまり，シニフィアンの最初のカップルが固まり，オロフラーズ／一語文になる」（ラカン，1964=2000，321頁）という事態」（河野，2017，174頁）である．ヴェラが無言のまま抱え続けるしかなかった知というのは，"母親の死，そして近親相姦による妊娠"というシニフィアンが「一つの連鎖の中に固着」している状態といえるのではないか．上述の，S_2をもちいて言えば，"母親の死，近親相姦による妊娠"がシニフィアンS_2であり，S_1はその出来事自体の体験ということなろう．このS_1とS_2とが間隙なく固まり，シニフィアン連鎖はオロフラーズ化し，「塊化した凝固した知」（河野，同上，178頁）となり，そのためにヴェラは知を抱えたままで新たなる知は展開しなかったのだと考えられる[21]．

2-（2）-⑤　無言症──「対象とならなかった声」

　アイルブルムはヴェラの無言症と「知への閉じこもり」との関係について特には論じていない．しかし今見てきたように，ヴェラのデビリテはヴェラの身

　21）コルディエはこうした「オロフラーズ的収縮」について次のように述べている．「主体がある一定の意味作用に固着し，自分のために一回限りで構築したもの以外，何も聞き入れることができないのだという印象を与える」（コルディエ，1993=1999，208-209頁）．河野も「シニフィアンのカップルの癒合は，……言表不可能なものの印となり隠喩の構造をつくりだすわけではない．さらにそこでは換喩的な横滑りも凝固してしまう」（河野，2017，178頁）と述べている．

体のうちに残存する音〔おと〕たちであるとアイルブルムは述べている．ヴェラの身体が生み出す音〔おと〕たちは攻撃され抑え込まれ——父親は音や怒りを言葉にせず（本書112頁参照）——，声になれず，声は発せられることがないままとなる．ヴェラの身体は，閉じ込められた知と声になれない音〔おと〕たちによって占められ，知は声・発話によって展開されることがなく，声は閉じこもった知の引力によって，発せられないままとなる．あの出来事により，声の制止と知の制止とが生じ，互いに関わり合い，ヴェラを「無言症」，「知への閉じこもり」のままとしたのだろう．

　「声になれない」音〔おと〕たちについて，それをアイルブルムは声の側から捉えて，「残余の声，崩壊した声，**対象とならなかった声，対象として考えられない声，失敗した声**」（本書111頁）とも言っている．「対象とならなかった声」とは，アドリアンのところで述べたように，声がやはり二重化しておらず，声が「心的機能として構成されていない」ということである．その結果，「対象[22]としての自分の声——他者たちに聞こえて理解可能な対象としての声」（同上）を発することもできないのだった．そして8歳の時に始まったこの無言症の状態が35歳になるまで続いていったのである．エディプス以後，即ち言語の獲得以降でも，誰もが無言症になり得る．ヴェラの事例はそのことを教えている．

2-(2)-⑥　「つらいの」

　さて，ヴェラはなぜどのようにして突然話し出したのだろうか．ヴェラは，発作が起きたことにより，病院へ転院して以降，壁となっている身体，いまだ理解されていない身体，即ち，「対象となっていない声，失敗した声」，即ち「排泄物たち」・「音〔おと〕たち」の詰まった身体から脱け出し，「対象としての自分の声——他者たちに聞こえて理解できる対象としての声」をつくり出そうとしていた．この点についてやはり具体的な記述がないので分かりにくいが，看護師と医師のチームのほうも，他者と接触できて，かつ孤独も確保できる「隔離室」という場所を設定して対応していた．それは「ヴェラが閉じこもること

22）ここでの「対象」は，知覚ないしイメージできる対象という通常の意味での対象である．なお，ヴェラを取りあげている第4章では「対象-声」という用語はまだ登場していない．第4章のもとになった論文（1996）は，第7章（アドリアン）の原論文（1997）よりも1年前に発表されたものだからであろう．「対象-声」という用語は第7章と第4章（原論文は1998）で用いられている．

において／によって開かれる」という両義的な場所であった．こうした工夫の[23)]
中，「音〔おと〕について……言葉で示されなくてはならない」との立場を貫く
分析家アイルブルムに向かって，ある時，ヴェラは無言症から脱け出て，「つ
らいの」とはっきり言葉を口にした．「対象となっていない声」が「対象とし
ての自分の声」となった瞬間である．この時について，アイルブルムは「それ
は彼女にとって最初の一歩，つまり，自分の身体が邪魔な音〔おと〕──即ち，
もみ消され排除され根こそぎにされることを繰り返し余儀なくされるしかない
音〔おと〕──としてしか見なされてこなかった宿命が消えてゆく最初の一歩
となるだろう」（本書112頁）と述べている．

　この転換の時について，アイルブルムはアドリアンの場合のように，詳しく
述べてはいない．ここではラカンの「分離」の概念によって説明してみよう．
分離とは，享楽を制御された形で担保する対象 a を抽出する操作である（松本，
2015，315頁）．ヴェラにおいてこの分離の操作が生じたと考えられる．即ち「音
〔おと〕たち」は失われ，「対象 − 声」＝対象 a として，〈他者〉からも「享楽す
る主体」からも分離したのである．と同時に，その「対象 − 声」は主体にとっ
て欲望の原因，欲動の原因となり，他者たちにも理解できる対象としての自分
の声＝「つらいの」が他者に向けて発せられたのである．享楽の面から言えば，
この時，ヴェラを閉じ込めていた「排泄物たち」，「音〔おと〕たち」の詰まっ
た身体の自閉的な（ナルシシスティックな）享楽は制御され，ヴェラは「何某か
の人間的な享楽」（本書111頁）を得られたといえよう．

2-(3)　カナーの自閉症

　「自閉症は1943年カナー（Kanner, L）が11人の児童の記載を行い，早期幼児自
閉症と命名したことでその研究が始まった」（杉山，2011，442-443頁）．このカナー
をアイルブルムは第4章で取り上げているが，その論じ方はユニークである．
アイルブルムも自閉症の臨床像を記述する際，カナーの症例の具体例をあげて
いる．しかしそれにとどまらず，アイルブルムはさらにカナー自身にも焦点を
当てている．即ち，カナーの出自やアメリカに移住する前後の経歴・体験，そ
して当時の時勢にも言及し，それらがカナーの自閉症概念の形成に深く関与し

---

　23)　本解説 2-(1)-① (ラカン派の自閉症論) で紹介した上尾 (2017) のいう，自閉に
　　　おける「守り」と「接近」に通じている．

ていると主張しているのである．まずこの後者の点についてふれておきたい．

　カナーは，1894年，オーストリア＝ハンガリー帝国に属する，東方ユダヤ人の中心地ガリツィアのクレコトフで生まれ，伝統的なユダヤ人家庭で育った．1906年，「ベルリン（ドイツの）へ出て医学の勉強をした」（本書93頁）〔1919年にベルリン大学医学部に入学，1921年に学位取得〕．そして「1924年にアメリカへ移住した」（同上）．アイルブルムはこの移住の理由については「私は知らないし関心もない」としているが，補足しておくと，「第一次大戦後のハイパーインフレとワイマールドイツの貧しい経済状況が動機となって」（「Wikipedia（英語版，2022）」による），カナーは妻，娘と共に移住したのである．ナチスの台頭以前である．アメリカ移住後，カナーは「合衆国の中で傷つけられたものや忘れられたもののほうへ，つまりサウスダコタのインディアンの人々のところ」（本書94頁），「ヤンクトンへ」（本書95頁）向かった．そして彼はそこで1926年に最初の論文を発表している．インディアンの人々に関する論文，つまり性的入植，梅毒の最終的な形，全身麻痺という名のもとに彼らが被った悪疫に関する論文である．彼は最初の論文で「北アメリカのインディアンたちの全身麻痺」を取り上げた（同上）．ヤンクトンは「インディアンたちの消失を証言する都市」（本書96頁）である．このヤンクトンの州立病院で医師（助手）として勤務，小児科と精神科において研究に取り組んだ．そして1928年には，最初の著書『歯の民俗学 Folklore of the Teeth』を出版している．この著書についてアイルブルムは「まず最初に注目に値するのは，レオ・カナーがサウスダコタのインディアンの人々のもとを離れる少し前に，歯とそれにまつわる神話について，一冊の本を出版するほど関心を持っていたことである．インディアンの人々を重視するのは彼のやり方であり……」（本書98頁）と述べている．そして同じ年の1928年にボルティモアのジョンズ・ホプキンス大学にてアドルフ・マイヤーに師事することになる．1930年，同大学病院において児童精神医学部門の創設者に選出される．1935年には教科書『児童精神医学』を出版する．1943年には本書でも引用されている，11名の子供の症例を報告した論文「情動的交流の自閉的障害」を発表している．「別離séparationから始まる反響の中で，オーストリア＝ハンガリー帝国の東端クレコトフからベルリンを経由し，1942年から1943年にかけて，自閉症の構想，言い換えれば，世界の構想を提起し切り開くことで締めくくられる．新世界に到着し，レオ・カナーはインディアンたちが担わされた運命から，「引きこもる」子供たちへと向かい，まさに自分が離れてきた世界に異議を唱

える方法を見出したのである．輪はクレコトフからヤンクトンへと閉じられる」
（本書98頁）．

　アイルブルムは，以上のようなカナーの経歴，経験を含めて，自閉症の概念
を次のように導き出している．

　　　まず一方に，東ヨーロッパの平原からあのニューヨークという名の折り返し
　　点を通過して，アメリカ中北部の大平原までの〔カナーがたどった〕一種の行程
　　があり，そして他方には，揺れの中に囚われた主体たちのある種の自閉的逃走
　　がある……．こうした「行程」と「逃走」との出会いにしたがって，カナーの
　　言う自閉症とはまず次のような概念だと言おう．即ち，北アメリカのインディ
　　アンたちの性的殺戮において芽生え，話すことの残余において展開され，1942
　　年から43年のワルシャワ＝アウシュヴィッツの人々すべての閉じ込められた叫
　　びや声を知らないという不可能性の中から社会へ排出された概念である，と．
　　自閉症は，性的殺人から，無言症を伴う麻痺から，そしてあらゆる壁の中で混
　　じり合う，世界中の多くの人物たちの声と叫びから，編み出された概念であり，
　　これらすべてが，われわれの意に関わらず，われわれに対して絶えず音〔おと〕
　　立てし bruiter，ざわめき bruiser 続けていることを示す概念である（本書99頁）．

このように述べたあと，アイルブルムはいわゆる自閉症を次のように定義して
いる．

　　　自閉症とは，声をめざしている音〔おと〕bruit を示す言葉であり，自閉症者
　　とは音〔おと〕に満ちた自らの存在において，対象-声の形成に関する問題を行
　　動によって提起している者のことである（本書99頁）．

　アイルブルムが本書で何より注目し続けているのは，声の問題であり，そし
て声にならない声，つまり「声をめざす音〔おと〕」であり，「ざわめき」の問
題であった．そしてこうした問題意識を通してアイルブルムは独自の「自閉症」
概念を結実させた．その自閉症概念の射程は遠く，裾野は広い．彼は，カナー
についても，“声になろうとする「ざわめき」”を見出している．まずカナー自
身の言葉の問題．アイルブルムは指摘していないが，ユダヤ人カナーにも，ア
イルブルムの両親のように，イディッシュ語とドイツ語の間に生じるような「た
めらい」があったかもしれない．そして「ドイツから移住してきたばかりで英
語に自信のない」カナーが「サウスダコタで，ニューヨークのヘラルド・トリ

ビューン紙のクロスワードパズルを毎日やりながら米語を上達させる」(本書96頁)とアイルブルムが指摘したそうした努力の中で,「ざわめき」が生じていたのかもしれない.そして傷つけられ忘れ去られたサウスダコタのインディアンの人々の「ざわめき」への注目.ワルシャワ＝アウシュヴィッツの人々すべての,決して聞くことのできない叫びや声.カナーは,ナチスの迫害から数百人のユダヤ人医師たちをアメリカへ移住させ,救出したという[26].カナーが後に「早期幼児自閉症」(1946) と名付けられた11名の子供達の症例報告の論文「情動的交流の自閉的障害」(1943) は,まさにヨーロッパでのナチスによるホロコーストの真只中で発表されている.この時期にカナーは,「「引きこもる」子供たちへと向かい,〔それと同時に〕まさに自分が離れてきた世界に異議を唱える方法を見出したのである」(本書98頁).アイルブルムはこうしたカナーを通じて,自閉症とは,自閉症者の問題にとどまらず,広く「声をめざしている音〔おと〕たち」を示すための言葉であることを見出すのである.

3．口ごもる言葉たち

3-(1) アイルブルムの体験

失語症者,自閉症者における「ざわめきたち」が本書の中心テーマである.しかしアイルブルムはそうした個人から発せられる「ざわめき」の問題にとどまっていないのは,すでにみてきた通りである.東ガリツィアからベルリン,そして米国に移住したユダヤ人カナーの行程,新参者の侵略を生き抜いたサウスダコタのインディアンたち,そしてワルシャワ＝アウシュヴィッツの人々の決して聞くことのできない叫びと声.そして第3章では,彼は自らも含めてイ

---

24)「西欧では,19世紀を通じてユダヤ人の非ユダヤ人社会への同化が急速に進んだのに対し,東中欧のユダヤ人は,その人口の多さも手伝い,20世紀になっても,ユダヤ教の風俗習慣にしたがった生活様式や,ユダヤ人独自の言語,イディッシュ語を保持し続けていた」(野村,2006,204頁).カナーの生まれたクレコトフも東中欧,東ガリツィアの小村である.

25) ハーバード大学医学部精神科教授レオン・アイゼンバーグによる,カナーの著作への序文(カナー,『幼児自閉症の研究』,1942=2006, 4頁).

26)「東ガリツィアについていえば,ナチスは,……最終的には,東ガリツィア現地での大量殺害と絶滅収容所への移送との組み合わせによってユダヤ人社会を消滅させた」(野村,同上,235頁).

ディッシュ語を話す人々を取り上げて，そこでもやはり「ざわめき」が存在することを示している．

アイルブルムもユダヤ人であった．自らの幼年時代を次のように記している．

　　私の幼年時代は，今やあり得ない言語，つまりピチポイ Pitchipoï と呼ばれていた所で主に話され，東方のどこかで空しく消えていったイディッシュ語によって，つくられている．ピチポイでは，そこで生きている人々が大量に焼き殺されたが，一つの言語が焼き殺されることなど，まだ思いもよらなかった．この不可能なものによってつくられた私の幼年時代は，曖昧なものをつかんでおく，予想もしていないものも捨てない，誤解をつくり出す，こうしたことすべてが生きるのに何より欠かせないものだった（本書52頁）．

そして続けて，自分の両親の言葉にまつわるエピソードを披歴している．

　　私の幼い頃，母親と父親は口ごもることが多かった．ちょうど思い出すのは，セーヌ河岸を散歩していて数人のドイツ人観光客と出会った時のことである．彼らは私の両親にドイツ語を話すのかどうか尋ねてきた．両親は少し下手くそに「はい」と，口ごもりながら答えるのだった．両親はこの困惑の時，はっきりと下手くそドイツ語 malallemand——もはやそうとしか言いようのない言葉の苦しみ——を喋るのである．彼らがたどたどしく返答する時——言おうとした瞬間に閉じ込められ自由が奪われ，口ごもる時——，言いたいことが浮かんでいても，同時に声にならず絶対に言われることがない．こうして苦しみに締めつけられ，もはや言語の穴としてしか存在できない名前たちすべてが重みを増すのだった．今まで決して存在したことさえなく，これからも存在しないであろう——死体で一杯か，空っぽの，ほとんどどうでもよい——墓たちすべてが大切となる．決して石碑とはならず，人間の痕跡を決して示すことのない石たちが重要となるのだった．歴史と記憶のために，人生と碑文のために，まさしく死の可能性のために，なくてはならないものが大切なのである．即ち，……人生というカードを賭けている以上，今日も下手くそドイツ語を話すのをやめてはならない（本書54頁）．

両親の「下手くそドイツ語」，そこではイディッシュ語で喋るのかドイツ語で喋るのか，葛藤が生じ，その結果，言葉はためらいがちに口ごもるドイツ語となって発せられるのだった．

アイルブルムは別のエピソードもあげている．アルザス出身の知識人家庭に育った知人のユダヤ人祖母の話である．彼女は「私はイディッシュ語は話さなかったよ」と言っていたという．こう否定することで，彼の祖母はイディッシュ語をドイツ語とはかなり違う言語であることを認めていた．しかしそれでも祖母の言葉にはイディッシュ語に由来する抑揚があったという．アイルブルムはその抑揚を言語 langue の空気，言語の音楽と名付けている．イディッシュ語は話さないと自覚していても，抑揚としてのイディッシュ語が回帰してくるのである．

石碑とはならない石たち，イディッシュ語にならないイディッシュ語の言葉たち．これは，まさしく失語症，自閉症においてアイルブルムが光を当てている「ざわめき」たちと変わらない．言葉にならない言葉たち，声にならない声たち，この曖昧さ，両義性，二重性，多義性，無意味性の存在が，人間の「声，発話，言語活動」たる所以である．「声，発話，言語活動は，精神分析において存在しているだけではなく，人間的なもののために存在している」（本書66頁）．なぜアイルブルムの両親が困惑，苦しみの中にありながらも「下手くそドイツ語」を喋り続けるのか．なぜ知人の祖母はイディッシュ語はすでに話さないのにイディッシュ語の抑揚が残り続けるのか．それは，そのように喋る限りで，「人間的なもの」が生み出され，自らの人生を生きることができる，即ち，自らの「主体」が確保されるからである．アイルブルム自身もその幼年時代，「曖昧なものをつかんでおく，予想もしていないものも捨てない，誤解をつくり出す，こうしたことすべてが生きるのに何より欠かせないものだった」（本書52頁）という．これ以上具体的な事柄については分からないが，アイルブルムのこの記述からは，彼はユダヤ人として生きてゆく術を，イディッシュ語とドイツ語の間，「ざわめき」に見出していたのではないかと推測できる．

3-(2)　アンリ・メージュとルシアン・イスラエル

学位論文『サルペトリエール病院の彷徨えるユダヤ人』(1893) の執筆者，シャルコーの弟子で神経学者アンリ・メージュ，そしてその論文に序文 (1993) を付したユダヤ人精神分析家ルシアン・イスラエル．彼らはその論文，序文でイディッシュ語をどのように扱っているのだろうか．第3章でアイルブルムは，次のようにやや強烈な問いを投げかけている．「私をあなたがた〔メージュとイスラエル〕に向かわせたテクストの中で，イディッシュ語という言語，この言

語が特に忘れられているのか？　脇へ置かれているのか？　無視されているのか？　ドイツ語によって，そしてドイツの土地によって追放されているのか？」（本書55頁）．

　少し先の箇所でも，アイルブルムは，ルシアン・イスラエルに対して，メージュのテクストに登場するドイツ語圏の症例たち（いずれもユダヤ教徒）の「ドイツ嫌い」に言及しているのに，ドイツ語 vs. イディッシュ語の問題を取り上げていない，と不満をもらしている．「なぜルシアン・イスラエルは，解釈の方向として，ドイツ語によって忘れられ外されて脇に押しやられた言語——そこに在り続けているのに，メージュのテクストで言及されていないイディッシュ語——について読み解こうとしていないのか．なぜイスラエルは，一つの言語〔＝ドイツ語〕をおろそかにすることにより，結局その言語〔＝イディッシュ語〕もおろそかにしているのか？」（本書61頁）．メージュについても，アイルブルムは，イディッシュ語は「そこに在り続けているのに，メージュのテクストでは言及されていない」とやはり不満を述べている．メージュの原著を確認してみたが，確かにメージュの本文にもイスラエルの序文にも直接「イディッシュ語」という言葉は一度も現われていない．メージュの本文には，普仏戦争後の空気を背景に，ドイツ語対イディッシュ語を対比させるより，フランス対ドイツという意識のほうが強く感じられるし，イスラエルも，「梨の木」の諺において，アイルブルムとは違い，ドイツ語対イディッシュ語の対比に言及するのではなく，シャルコー，フロイト，ラカンを対比させている．こうした中，アイルブルムはあくまでも，メージュの論文に登場するイディッシュ語を話す人々（症例）の在りように目を向けている．

3-(3)　シャルコー＝メージュの症例の言葉たち

　メージュの論文（1893＝1993）は，全100ページのうち，65ページ，つまり半分以上が，シャルコーの観察記録をもとにした症例の報告（5症例）に充てられている．症例ごとに，病歴や生活歴，臨床所見，経過などについて詳細に記述されている．その5症例は放浪神経病質者であり，「みなシャルコー氏の診察を求めて遠方から来ており，いずれもユダヤ教徒である」（Meige, H., 1893＝1993, p. 43）．メージュは，そうした症例たちがシャルコーに向かって語った話，言葉たち，そして各症例の言葉に関する特徴について，イディッシュ語という言葉は一度も使っていないが，具体的に記載している．アイルブルムは

238

そうした記載のうち，三症例についての記述に注目している．

　まず，38歳ポーランドのユダヤ人B．モゼ〔症例2〕．アイルブルムによると，メージュは，今日，片言フランス語 petit nègre の人種差別と呼ばれているものをシャルコーから正確に書き写し記述しているという．「彼の声は嗚咽に満ち，その眼は涙にあふれ，両手を組みはげしく哀願する．「ああ，かみさ Mon Di！〔神様 Mon Dieu！と言うところ〕，ああ，かみさ Mon Di！おたずけを Soulachez moi〔おたすけを Soulagez-moi と言うところ〕，ああ，モーゼ mon bon Mossi！」とシャルコーに向かって飛びつきながら訴えたのである」(本書64頁)．B．モゼは「英語，トルコ語，ロシア語，ヘブライ語も知っているのに，ほとんどいつも哀れな調子でドイツ語で喋っている」(同上)．こうした知識や声，発話，外国語が絢交ぜになった話し方には，恐ろしさや奇妙さが感じられるものであるとアイルブルムは述べている．

　次に，ヴィリニュス生まれのM．ゴットリープ〔症例3〕．メージュは完璧な正確さで，ゴットリープのイディッシュ語を，「下手くそドイツ語malallemand」(同上)としてだが，よく読み取っているという．そしてS．ジークムント〔症例4〕．ジークムントは「知っていた外国語の記憶も失っていた」(同上)が，ドイツ語で話すことはできた．このジークムントの記載について，アイルブルムは「その当時よく知られていた失語症に特徴的な健忘のことも含め，外国語のことも調べている」(同上)とメージュを評している．

3-(4)　イディッシュ語と「人間的なもの」

　「片言フランス語」，「下手くそドイツ語」，外国語の「健忘」．いずれもそこでは言葉たちの「ざわめき」が生じるだろう．それゆえアイルブルムはそこに注目している．なお他の2症例，クライン，ローザにはそうした言葉の問題についての記載はない（例えば，ローザは5か国語話すことができ，シャルコーたちには正確なドイツ語で答えていた)(Meige, *ibid.*, p. 82)．彷徨するユダヤ人たちはイディッシュ語が母語であるとしても，それぞれの地域，それぞれの国で暮らす以上，そこでの言語とも関わり，喋らなければ生きていけない．背後にひそむイディッシュ語と，表（おもて）である各国語．言葉たちの交錯，ざわめき．メージュの論文からアイルブルムはそうした「ざわめきたち」を抽出している．自閉症

---

　27)「片言フランス語」が「下手くそドイツ語」と同様に取り上げられている．

者，失語症者の音〔おと〕たち，音〔おん〕たち，声，発話のざわめきたちを聞き取るアイルブルム．彼は精神分析家となる遥か以前，すでに幼年時代から，世界を相手に同じ聞き耳を立てていたに違いない．「〔イディッシュ語でつくられていた〕私の幼年時代は，曖昧なものをつかんでおく，予想もしていないものも捨てない，誤解をつくり出す，こうしたことすべてが生きるのに何より欠かせないものだった」（本書52頁）のだから．

　この第3章の終わり近くでアイルブルムは次のように述べている．「私にとって，ラカンもイスラエルもその他の誰も，イスラエルが正当にもからかう意味での師ではなかった．しかし私は，一方でラカンから，他方で私が知る必要のあったイスラエルの読みや彼が提唱していることから，そして，お払い箱のように捨て去りたくはない神経学者たちから，次のことを教えられた．即ち，声，発話，言語活動は，精神分析において存在しているだけではなく，人間的なもの l'humain のために存在していることを」（本書66頁）．

　アイルブルムはここでも「人間的なもの」とは何か，それをはっきりと述べているわけではない．しかしその例証として，彼はこの章の締めくくりに，イディッシュ語を歌う歌手，モッシュ・ライザーの次のような言葉を紹介している．「ハシディズム〔18世紀初頭ポーランドで起こり東ヨーロッパに根を下ろしたユダヤ教の革新運動〕のある話に次のようなものがあります．ヨム・キプル〔ユダヤ教の贖罪の大祭日〕のお祈りを読めない文盲のユダヤ人がシナゴーグ〔ユダヤ教の集会堂〕から出てきて，畑の真ん中でアルファベットの字句を1文字ずつ叫びました．その文字たち lettres を思う通りに並べて下さるよう，神様にお願いしながら……．文字たちは天空に昇り，祈りは神様のお気に召したのです！　保守主義の人たちはお気に召さないでしょうが」（本書67頁）．言葉にならなくとも1文字ずつ声を出せば，通じるのだ，……神様に．この1文字ずつの叫びはまさしく「かけらたち」であり，その「ざわめき」が「人間的なもの」なのである．この文盲のユダヤ人が例証しているように，イディッシュ語を話す人々の口から声，発話，言語活動が発せられるたびにその都度生み出されてくるもの，即ち「曖昧なもの」，「誤解」，「ためらい」，「口ごもり」，「欠落」……こうした「かけらたち」において，アイルブルムは「人間的なもの」を見出しているのである．[28]

28）本解説2-（1）-⑤を参照．

4．文字と声

　アイルブルムは第4章と第6章で文字について論じている．第4章の結びでは「文字 lettre の違いによって分析が行われるのだが，つまり分析治療は文字にその場所を与えるのだが，その文字を読むのは声であることを忘れてはならない」（本書106頁）と述べている．声が同時に論じられているのである．読み取られる文字とは何か．そして，文字を読み取る声，それはどのような声なのか．文字を通して，声について何か新たなことが論じられているのだろうか．そこをみてゆこう．

4-（1）　文字による分析

　アイルブルムは第6章で文字による分析を示す例を二つ取り上げている．一つ目は，フロイトによる「ハンス少年の分析での風変わりな註」（本書128頁）である．「またもや典型的な振舞いである．別の二歳だけ〔妹より〕年長の兄は同じような状況で，「（おっきく）ない，（おっきく）ない〔zu k(l)ein, zu k(l)ein〕」と不機嫌そうに叫んで拒絶するのが常だった」（同上）．アイルブルムはこの幼児語について，「Klein 小さいと Kein ない——同時には言えない二つの発声——の間で区別できない叫び声 Ausruf を説明するのに，フロイトは，丸括弧の中へ書字 écriture を入れるという打開策を見出している」（同上）と説明している．フランス語訳全集では，この「zu k(l)ein, zu k(l)ein」について，「これは「klein（小さい）」の「l」〔エル〕を避けることで kein（ない）を出現させた幼児語．ここには新参者を抹消したいという意志を翻訳する機知のようなものがあろう」と注解している（総田，2008，375頁）．フロイトは，あいまいな幼児語kleinの叫びの中から，文字「l（エル）」を抜くという操作をして，kein（ない）という無意識の形成物の生成過程を明らかにし，「新参者を抹消したいという意志」を確認したのである．

　二つ目は，やはりフロイトからだが，フェティッシュの理解の鍵となった書字（文字）による分析の例をあげている（本書125-126頁）．「ある若い男性がフェティシズムの条件にある種の光沢〔Glanz グランツ〕を挙げていた」という事例である（フロイト，1927=2010，275頁）．「この事例の場合，思いもよらない解明の鍵となったのは，患者が子供の頃にイギリスで教育を受け，それからドイツに移住して母語をほぼ完全に忘れたという事実だった．幼少時代の初期に由来する

フェティッシュはドイツ語ではなく英語で読む必要があった.「光沢 (Glanz グランツ)」とは英語の《視線 (Glance グランス)》なのであり,「鼻の光沢」はそもそも「鼻への視線」だった.つまり,鼻がフェティッシュだったのである」(フロイト,同上 275頁).アイルブルムは,このフロイトの説明に依拠して,次のようにフェティッシュの成立を説明している.「フェティッシュの対象は,……発話や文字の戯れによって設立される.フロイトはそのモデルを,「鼻への視線 Glance」から「鼻の光沢 Glanz」への移行によって,即ち,言語間〔英語—ドイツ語間〕での同音異義語的移行と,「ce」が「z」となる圧縮による同綴異義語的移行 (同じラテン文字) によって示している」(本書125頁).

　以上の二つの例,無意識の形成物の生成,およびフェティッシュという対象選択の例では,文字が無意識においてどのように作用するのか,そしてその文字をどのように読み取るのか,それが示されている.

４-（２）　「発話機能の根源」と文字
　アイルブルムはまた,精神分析からの例ではないが,第４章でフロイトの失語症論を論じるなかでも書字 (文字) écriture を取り上げている.フロイトやサロ博士の内的経験について,「失語症は,その根底では,失語症を被った者によって自己観察されるしかない」と指摘し,そこからアイルブルムは「発話機能の根源」に迫っている.「失語症において話すことの限界に達する時,言語装置は,その機能自体が限定される地点,ここでは特に声を発したり,ひらひら舞う書字 écriture を叫び,読んでいるという地点に到達する」(本書85頁).「発話機能の根源では,読みへ向かいつつ叫びとなった声によって内的な発話が発せられる瞬間だけが待ち受けている」(同上).「失語症者にとって失語症が現前するのは,……ほとんどの失語症者が自覚できるギリギリのところで,叫び,声,書字が織り成す中,声・発話・言語活動の機能自体が戯れる限りにおいてである」(同上).発話機能の根源では,叫び,声,書字が互いに織り成し,その中で,声が書字を読み,内的な発話が発せられるのである.

　失語症となったサロ博士は自らの内的経験を「外在化の先取り」としてつぎのように記している.「……遠い内的なこだまが聞こえるようだった.そのこだまは私に繰り返し聞こえてきて,語 mot や文字 lettre を思い出させてくれた.そしてまた語や文字がやって来たが,かなり苦労して考えなければならなかったし,多くの場合,むなしい努力だった.それは,話される言語活動の表

出をある種先取りした外在化によるように，私に知らせる内的な声たちのようだった」(本書84頁)．この「内的な発話」・「内的な声たち」は，社会へ，具体的な他者へ向けられたものではない．むしろそこでは，主体が誰かに話しているのではなく，言語活動のほうが勝手に現われてきて，主体がそれについてゆこうとしなくてはならないといった場所だといえる．サロ博士はそれを「外在化の先取り」と称しているが，逆に言えば，"内在化の後来"とでも言えるかもしれない．つまり，いったん言語の世界へ参入した主体でも，危機的な状況——サロ博士の場合は失語症——に陥った時には，「発話機能の根源」という内在的な世界が支配する地点に回帰する言語活動の動きが主体に生じるのだと考えられる．主体は，この回帰した地点において，再び言語の世界へ戻れるか，それとも言語の世界から消失するのか，その瀬戸際に立たされるのである．[29]「発話機能の根源」とは，まさしく「存在主体と言語活動との出会い」(新宮，1989，156頁)の生じる地点であり，論理的には，ラカンのいう「疎外の演算」(ラカン，1964＝2000，281-285頁)の地点に対応する．

4-(3) 文字のトポス

　ここでさらに注目したいのは，以上のような「発話機能の根源」＝「疎外の演算」の地点において，文字(書字)が出現する——「語や文字がやって来た」(サロ博士)(同上)，「〔言葉が印刷されている紙片が〕ひらひらと舞い落ちる」(フロイト)(本書85頁)——という事態についてである．

　「疎外の演算」の地点において，存在主体は，言語活動と出会うのだが，そこでそこから生きていく以上，言語の世界に取り込まれて(参入して)，言語によって意味を得ながら生きてゆかざるを得ない．しかしこの時，言語では決してとらえきれない存在そのものは無意味として消失する．言語によって生きる主体は同時に無意味の存在を欠如として抱えることになる．「存在がこうして無意味の中へ落ち込んでゆくことが，無意識の基本構造である」(新宮，同上，157頁)．新宮は，こうした「存在と言語の切り結びの様子を見事にイメージ化している」夢分析の臨床例を呈示し，文字の出現の意味を探り，「文字のトポス」という概念を提唱している．[30]

---

　29) こうした症例について，中西(2005)では，失語症者における"「言葉の世界」へ戻る仕事"として詳細に検討されている．

　30) 以下の記述も引用を含め，新宮，1989，158-161頁に拠っている．

新宮 (1989) はその臨床例として「離人症を中核とする抑うつ神経症」の19歳，女性を取り上げている．治療に入り，分析が深まって行ったときに見た夢の中で，「死体あるいは体と，文字の結びつきが，計三回現れている．子供の死体と手帳，死んだ詩人と『汀』という詩集，そして彼女の脳とＴＶ画面上の描線である」．新宮はこの夢の分析を次のようにまとめている．「……私の考えに従えば，言語の中に疎外の演算によって挿入された主体が，このように文字を担いつつ，死体として無意識の中に漂っていることになる．ここには，存在と言語の重なり合いが巧みに描出されている……．言語と重なり合っている存在は死体であり，存在と重なり合っている言語は文字である．少し警句風に言うなら，存在の言語は死体であり，言語の存在は文字である．私は，この症例をはじめ多くの夢分析の経験から，存在と言語の重なり合いは，しばしば，読み取りにくい文字という夢心像によって表現されることを見てきた．そこでこの例にも見られるこの重なり合いを「文字のトポス」と呼んで以下の議論を進めたいと思う」(新宮，同上，160頁)．この文字のトポスは「主体の存在そのもののトポス」であり，症例では，夢の中の死体のイメージとして，言語的なものの下に存在を滑り込ませている．

　新宮は以上の考察から，「文字」が夢という無意識の形成物において，どのような作用を担っているのか，次のように述べている．「言語の中に挿入された主体は，このような死体のイメージとなって，文字のイメージとなった言語に接合しているのである．……言語のもとに置かれた存在が死体となり，消去されることがわれわれの内なる死だとしたら，それが「文字」へ向かうことは，言語の平面における生命の活動の出発点ではないだろうか．〔症例の夢は〕疎外の演算による死と密接不可分な，言語の平面への出産と言う生のベクトルを示していないだろうか．……意識的な生活においては，われわれはわれわれの生が言語の平面における第二次的な生であることを認めていない．われわれは言語を透明なものとみなし，われわれの生と自然との間に，無媒介的な生を想定することに慣れている．実はこれは一つのイデオロギーに過ぎない．言語におけるわれわれの生は，意識的生活においてよりもむしろ夢において表現される」(新宮，同上，160-161頁)．上記の引用のうち，「意識的な生活においては，われわれは……」以下の記述には，精神分析家ゆえの，一般的な道具的言語観とは異なる，言語への洞察が示されている．そして「文字」について，新宮は夢分析を通じて，無意識の領野におけるその作用を詳細に明らかにしている．文字

において，言語のもとでの「われわれの内なる死」と，「言語の平面における生命の活動の出発点」とが重なり合う．そこは「文字のトポス」であり，「内的な死の知……それが生命的な方向へ転換される屈折点」（新宮，同上，162頁）なのである．主体として言語の中で，消去された存在を求め続けながら生きるという，人間に固有の構造が生じるのはこの無意識のトポスにおいてなのである．

　サロ博士の「語や文字がやって来たが，かなり苦労して考えなければならなかったし，多くの場合，むなしい努力だった」（本書84頁）という内的経験，そしてフロイトの危機における「ひらひら舞う書字を叫び，読んでいるという地点」＝「発話機能の根源」も，新宮の夢分析の臨床例と同様，まさしく文字へ向かうという「言語の平面における生命の活動の出発点」と言えるだろう．

4-(4)　文字と声の関係

　アイルブルムのいう「発話機能の根源」での文字・書字の出現は，新宮の夢分析例での「文字の出現」と同様の，無意識の次元，文字のトポスにおける事態と考えられる．精神分析における文字は，無意識の次元における文字であり，言語の平面のもとでの死と生の根源に位置している．

　このような文字の位置を念頭に置きながら，アイルブルムが，文字と声との関係をどのように捉えているのか，確認していこう．

　　　分析治療は文字にその場所を与えるのだが，その文字を読むのは声であることを忘れてはならない（本書106頁）．

　　　声は，文字 lettre や書かれたもの écrit との関係の中で，欠如しているもの le lacunaire が作用していることを，あらゆる仕方で原理的に絶えず明らかにする．それゆえ，我々に対して，まさにその点において支えてくれるよう，声の向こうで求め続ける人たちの声を我々は聞くのである．このことこそ精神分析の根拠であり，そこから精神分析は談話療法 talking cure として展開したのである．この根拠は，それを無視し続ける諸科学に対して，精神分析が絶えず我々をそこへと立ち戻らせるような根拠である（本書106頁）．

　　　フロイトは人間的なものを生み出す幻覚の最も本質的な点にせまり，沈黙の叫び声 cris du silence を要とする，言うこと／聞くこと／読むことの戯れを抽

出することにより，声の機能を，声が自らの沈黙によって導入する文字 lettre の読み手として見出している．文字 lettre を読むこと，それは，声を出さずに文字を生み出し書くことである（本書101頁）．

　この誰にも分からない光沢を与える octroyer ということが，書字 écriture を生み出す読み lecture の基本的操作であるといえる．この読みは本質的な点で「声で言うこと」とほとんどユニゾン同然であり，つまり読みによって，書かれたものは，一人ずつと考えられる読み手たち各々の特異性に向けられた特異性として生み出される．フロイトを敷衍して言えば，あの若い男性がファルス享楽と考えられる道のおもむくままに光沢という価値を与えているのと同じように，読み手，あるいは一般に，声による読み lecture en voix は，書字を読むことにより書字を与えるのである（本書125-126頁）．

　以上の引用をもとにまとめてみよう．①文字と声との関係は，文字を声が読むという関係にある．しかも無意識の次元＝文字のトポスにおける関係ゆえに，その声は「沈黙」の声＝「内的な声」（サロ博士）でもある．②両者の関係は，「投射」の関係ではなく，「代理」の関係＝「欠如」が露わとなる関係である．したがって文字が声によって読まれることで，ざわめき，「ずれ」・「食い違い」が生じる．③文字を読むこと，それは，声を出さずに文字を生み出し書くことである．④「読むこと」とは，フェティシストが鼻に誰にも分からない光沢を与えるのと同様，書字に自分の声を与えること，つまり解釈すること，書字の質を与えることである．そしてその書字は，読み手たち各々の特異性に向けられた特異性として生み出される．

　文字は読まれるものであり，声は文字を読み，文字を生み出すものである．文字と声の役割は対照的になっている．無意識の次元において読まれる文字，そしてそれを読む声とはそもそもどのような存在なのだろうか．アイルブルムはそれをやはりことさら説明していない．そこで訳者なりにそれを確認しておきたい．

　アイルブルムは「分析治療は文字にその場所を与える」（本書106頁）と述べているが，その文字とは，上述の検討から，「文字のトポス」＝「主体の存在そのもののトポス」に在る文字であろう．つまり，その文字は，解釈によって喚起されるべき「「語られないままのもの」＝「失われた自分自身の起源」＝「無意識の主体」」（中西，2011，135頁）と重なり合う文字といえよう．ラカンは「文

字は……沿岸的（littorale）なものではなかろうか」（佐々木，2017，34頁）と述べている．ここで「沿岸」とは，同じ性質のものを二つに分割する「境界（frontière）」に対して，陸地と海を分ける沿岸のように，互いに異質なもの，ここでは現実界と象徴界とを分ける場合を指している（佐々木，同上，34頁）．文字は現実界と象徴界とを分ける境目＝沿岸にいるのである．向井も，ほぼ同様の趣旨で，文字は二重の機能を持っているという．即ち一方では，物質性のみが問題となる廃棄物・剰余としての現実的なもの＝対象aとなり，他方では，シニフィアンを構成し，意味をつくり出す（向井，2016，328-330頁）．

　この沿岸としての文字，二重の機能をもつ文字の位置は，先に取り上げた新宮のいう「文字のトポス」における文字の位置と符合する．なぜならそこは「言語のもとでの死と生の根源」，つまり現実界と象徴界が重なりあっているトポスだからである．そうであるなら，意味が分からないひらひら舞う文字，夢に出現する謎の文字は，現実界（現実的なもの）の側にいる文字といえるだろう．つまりそれは，読まれる＝解釈されるのを待っている，いまだ読まれていない文字である．では，象徴界（象徴的なもの）に接するといえる文字とは，どのような文字だろうか．それは，アイルブルムのいう文字を読む「声の機能」によって，「声を出さずに」生み出され書かれた文字といえるだろう．それは声が主導的役割を担い，生み出される文字である．この声は文字を読むことによって，「ずれ」や「食い違い」を生じさせ，さらなる文字を生み出すというシニフィアンの機能を発揮する——アイルブルムは本書でシニフィアンという用語を使っていないが，この声はシニフィアン的である．

　以上より，アイルブルムにおいて，文字と声の基本的な関係は，文字は現実的なものの側のほうにあり，声は象徴的なものの側のほうにあって文字を読み，さらなる文字を生み出し，主体を言語活動において生の側へ向かわせる機能を有しているといえよう．しかし，アイルブルムが次のように書き記していることにも留意しておきたい．「書かれたもの l'écrit と声 la voix との間の絶対的分裂は維持できないことを特に強調しておこう．両者の間には戯れが存在する．それはその都度，仕方は異なるが必ず見出され，一方が他方の基礎に関与していることを示す戯れである」（本書120頁）．声と書字は，現実的なもの，無意識的なものが重なる中で，互いに織りなしながら，存在しているのである．

概要と解説　*247*

5．おわりに──ざわめきたちと「人間的なもの」

「人間的なものをかけら éclat と結びつけるのは，アンドレ・ルロワ=グーランのような先史学者や古生物学者しかいない！」（本書81頁）．アイルブルムはそう記しているが，「かけら」を「人間的なもの」に結びつけるというのは，フロイト以来精神分析の特徴でもある．アイルブルム自身も本書を通じて，「かけら」，声や音〔おと〕のかけらたち＝「ざわめきたち」に着目し，そこに人間的なものを見出そうとしている．そのことを最後にあらためて確認し，この解説を締めくくろう．

アイルブルムが「人間的なものを設立する声，発話，言語活動という謎」（本書3頁），「声は人間的なものの核にある」（本書140頁）と述べているように，「人間的なもの」は初めから在るものではなく，声によってつくり出され，生じるのである．すでにみてきたように，呼びかける声を求めて呼びかける声が生じるという欲動回路の成立のプロセスがそのことを示している．呼びかけ欲動の循環運動，欲動回路が構成されることにより，対象-声＝対象aという場の成立，呼びかける主体の出現，そして〈他者〉の分離を確認できる．したがって「声は人間的なものの核にある」は，厳密に言えば，「対象-声＝対象aの場が人間的なものの核にある」と言い換えることができよう．この「対象-声＝対象a」が欲動の対象として機能する限りで，「人間的なもの」が生じ続けるのである．

ではその「人間的なもの」と何か．訳者はここまでの解説の中で，「人間的なもの」をめぐって，次のように書いてきた．

　　アイルブルムは，「声は人間的なものの核にある」（本書140頁）と述べている．この声は，……「対象-声」の場，「心的機能」として構成された声のことである．対象-声は人間的なものの核にある．そしてこの定式から，人間的なものとは何か，言うことができる．それは端的に"存在が主体として〈他者〉に呼びかける"ことである，と．そして，そのように〈他者〉に呼びかけることは，アイルブ

31）アイルブルムは「かけらたち」を「ざわめきたち」とも言い換えている．「声をめざしていると言えるもの＝アドリアンの身体，それは未分化な音〔おと〕のかけらたち éclats non discrets de bruits──ざわめきたち bruisures──だが，……」（本書147頁）

32）本解説2-（1）-③（欲動の対象としての声）参照．

ルムが言うように，「欲望や対象の表明 déclaration をもたらす」（本書42頁）であり，……（本書216頁）．

　なぜアイルブルムの両親が困惑，苦しみの中にありながらも「下手くそドイツ語」を喋り続けるのか．なぜ知人の祖母はイディッシュ語はすでに話さないのにイディッシュ語の抑揚が残り続けるのか．それは，そのように喋る限りで，「人間的なもの」が生み出され，自らの人生を生きることができる，即ち，自らの「主体」が確保されるからである（本書236頁）．

　この文盲のユダヤ人が例証しているように，イディッシュ語を話す人々の口から声，発話，言語活動が発せられるたびにその都度生み出されてくるもの，即ち「曖昧なもの」，「誤解」，「ためらい」，「口ごもり」，「欠落」……こうした「かけらたち」において，アイルブルムは「人間的なもの」を見出しているのである（本書239-240頁）．

「人間的なもの」とは，"存在が主体として〈他者〉に呼びかける"ことである．声が〈他者〉に向かって発せられるその時に，「人間的なもの」が生じ，それと示される．イディッシュ語を話す人々の「口ごもり」といった「かけらたち」，そして失語症者の示す罵り言葉たちや話すことの自動症（「tan, tan」など）といったざわめきたち bruisures（本書86頁）において「人間的なもの」が示されるのであった．つまり，声の「かけらたち」＝「ざわめきたち」という言語活動の残余，即ち，象徴的でも想像的でもなく，現実的なものから生じてくるものが，「人間的なもの」を生み出すのである．アイルブルムはこのようにして，失語症者，イディッシュ語を話す人々の「声たちのざわめき」に着目してきたのであった．
　しかしアイルブルムはそれで終わりとしていない．自閉症者の「音〔おと〕たち」を取り上げているのである．自閉症者は，排泄物たちのかけらに占められている身体ゆえに，〈他者〉から呼びかけられる領野にいるものの，自らは〈他者〉へいまだ呼びかけていない．それが自閉症であるという．排泄物たち＝音〔おと〕たちのかけらに身体が占められ，対象-声の場が構成されていないのであった．この時，この「音〔おと〕たちのかけら」はどのような位置にあるのだろうか．すでに詳細に検討したので（本書216-220頁），ここでは簡潔に振り返ろう．

概要と解説　*249*

　声が人間的なものの核にあるのは，音〔おと〕たちがすでに存在するからである．したがって，音〔おと〕たちは，対象-声の設立と相反しているのではなく，その設立の条件である．音〔おと〕たちも，声と同様，「身体のあらゆる穴」から発出し，その身体の穴たちは「欲動回路」の生じる場所であるからである．精神分析家のアイルブルムにとり，こうして音〔おと〕のかけらたちは，分化困難にせよ，音〔おん〕son をめざし，さらに声をめざすものとして聞くべきものとなる．この意味で，音〔おと〕のかけらたちは，それ自体によっては「人間的なもの」を示しはしないといえるが，音〔おん〕son，声を目指しているものとして「人間的なもの」を生み出す条件であるといえる．こうして「人間的なもの」は，存在と〈他者〉との間において，意味やイメージなどによってでなく，音〔おと〕の「かけらたち」，そして声の「かけらたち」＝「ざわめきたち」によって生じ，示されるといえよう．つまり，そこにおいて，存在は〈他者〉へ向かって声を発し，主体が生じることを確認するのである．

　最後にアイルブルムも第6章で言及しているパスカル・キニャール『舌の先まで出かかった名前』の中の一節を紹介して，この解説を終えよう．刺繍で生計を立てる女性コルブリューヌが，向かいの家に住むハンサムな仕立て屋ジューヌに想いを告げた言葉である．「あなたのすべてが好きです．あなたの声の響きさえ好きです．あなたにとって，自分の声の響きとはなんでしょう．ただの声です．でもわたしにとっては，命をかきたてるものなのです」（キニャール，1993＝1998，22頁）．

　人間的な生を生み出す条件となるもの，それは声，そして音〔おと〕たちなのである．

訳者あとがき

　「欲動」から失語症を見なおす．本書から訳者が受けとった刺激である．そのことを書いておきたい．

　失語症の人は「なぜ話し続けるのか」，「なぜ話すことをやめないのか」．臨床を続けているなかで，ふとこんな問いが浮かんでくる時がある．こうした疑問は不要な，そして不遜な問いかもしれない——話し続けるのは当たり前じゃないか．しかし時に浮かんできてしまう．なぜだろう．失語症がたんに人が使う言語という道具の障害であるなら，その道具を捨てて，別のものに取り替えればよいではないか．しかし実際にはそんなふうに言語を捨て去ることはできない．それはなぜなのか．単なる道具とはいえないからである．だから人は失語症であっても言語を捨てられず，失語症のまま話さざるをえない，話すことができる，話し続ける……．失語症なのになぜ話し続けられるのか．その力は一体どこから来るのか．言語活動の不思議を感じる．

　「声」に着目するアイルブルムはこうした失語症について，「驚くべきことだが，失語症の諸障害は，それらが声の存在を証している点で，つねに，有効な手立てが急激に放棄されたという状態にすぎない」（本書82頁）と述べ，失語症そのものより，残存しているもののほうを強調している——失語症者の「残語」を「ざわめきながらも話し続けている」と捉え，積極的に評価しているのである．失語症は一般に，「有効な手立て」即ち，一旦習得した「共同規範としての言語」，病前「普通に話していた言語」が障害された状態と定義される．しかし，そうした言語の障害があっても，失語症者は「声の存在を証して」おり，「話すこと」を続けている，そう精神分析家アイルブルムは述べている．訳者はこの主張を受けて，解説において次のように補足した——失語症では「対象-声」＝「心的機能としての声」の場は損なわれず存在し続け，呼びかけ欲動の回路は作動しており，失語症者は主体として〈他者〉に呼びかけ，「話し」続けることができる（本書204-206頁）．失語症者において，「共同規範としての言語」の障害と「話し続ける」ことは共存できるのである．

　しかし“これで一件落着”といかないのが失語症のやっかいなところである．そのことを強調しておきたい．失語症は慢性期までに消失しない限り，多かれ

少なかれ残存し続ける．話すたびその都度失語症状が現われ，話すことの邪魔をするのである．失語症状を出現させないためには話さなければよいではないか．しかし生きていく以上，話すのをやめるわけにいかない．しかし話すと，失語症状が現われ，病前のように・皆と同じように話せない……．こうして話すたびに日々刻々とジレンマが出現する．こうしたことについてアイルブルムは特に言及していないが，失語症者にとって不可避な事態であり，言語臨床にとっても避けられない，そして避けてはならない問題である．共同規範としての言語の障害＝失語症状が出現することと「話し続ける」こととが共存できるとしても，同時に“分裂”もするというジレンマは存在し続けるのである．このジレンマに失語症者はどのように対処するのか（しているのか），それが問題である．この対処の問題について，訳者は精神分析の構造論的な観点から，「神経症的危機を越える選択」，「神経症的選択」，「倒錯的選択」という三つの選択肢があることを示したことがある（中西，2009）．

　しかしここで，このジレンマ対処の問題についてさらに思い浮かんできたことを述べておきたい．アイルブルムが示唆しているように「欲動」・「呼びかけ欲動」から失語症を見なおせるのなら，もう一歩すすめて，「享楽」の概念からも検討できるだろう——欲動の目指すものは満足なのだから．つまり「享楽」——“苦しみの中の満足”・“満足の中の苦しみ”——という観点から，問題を設定し，見なおすのである．失語症のまま話すことの享楽とは如何なるものか．“共同性としての言語”を用いる享楽，あるいは言語治療（言語訓練）における享楽とは如何なるものか．それらは話すこと自体の享楽と同じなのか，異なるのか，どのように異なるのか．失語症であることの享楽ということも言えるのではないか，それは如何なるものか．失語症完治への欲望は話すことの享楽をどのように妨げるのか，あるいは，話すことの享楽はどのように完治への欲望を変容させるのか，など．こうした問題設定から，失語症のジレンマの問題を再考できるのではないか．つまり，“共同性としての言語”という存在，そしてその障害とされる失語症，さらに話すこと自体，など様々なことばの在り様について，互いにたんに相対立するもの・区別すべきものとしてではなく，享楽という同一の観点から位置づけ直すことができるのではないだろうか．生きることの根源に位置すると考えられる享楽（新宮，2018）という概念には，そうした可能性を考えさせる力があると思う．以上はまだまだ漠然とした問題設定にすぎないが，訳者にとっては，本書を訳出し終えて，みえてきた新たな失語

症臨床研究の地平である.

　本書の翻訳は，失語症言語臨床をフロイト-ラカンの精神分析から見なおすという訳者の積年の仕事の一環として始めた作業だったが，ずいぶん長い年月がかかってしまった．何度も繰り返し読解し翻訳文を作成しなおし，ようやく終えることができたが，訳者の力不足により理解が足りていない箇所や思い違いの部分がまだあるのではないかと思う．読者のご批判を賜りたい．

　末筆ながら，言語聴覚士である訳者をフロイト-ラカンの精神分析へと導いて下さった新宮一成先生にあらためて感謝を申し上げたい．新宮先生の導きがなければ，アイルブルムの本書を見つけ出すこともなかったに違いない．また，直接お会いすることはなくなってしまったが，立木康介氏，信友建志氏，舟木徹男氏，上尾真道氏の著作たちには日頃から大きな刺激を受けてきた．今回の仕事においても座右に置き，参考あるいは引用させていただいた．参考・引用文献に挙げさせていただいた臨床家，研究者の方々にもお礼を申し上げたい．様々な著作・文献たちを参照することによりこの訳書をつくり上げることができた．畏友瀬戸章宏氏には何度も訳稿を読んでもらい，氏独特の貴重な意見を頂戴した．同じく言語聴覚士養成校の同期，野副めぐみ氏，鈴木恵子氏からは土壇場で本書の邦訳タイトルについて，当を得た助言をいただき，最終的に決めることができた．多忙のなか，表紙デザインを手がけてくれた田口歩未氏に感謝する．

　最後になるが，本訳書の出版を快く引き受けて下さった晃洋書房の丸井清泰氏に，そして実に丁寧に編集作業を進めて下さった福地成文氏に深謝申し上げる．Msに感謝．

　　令和6年6月26日

　　　　　　　　　　　　　　　　　　　　　　中　西　之　信

文　献

【原書】

Alajouarine, T. (1968). Réalisation artistique et aphasie (appendice 3). *L'aphasie etle langage pathologique*, Paris, J. B. Baillière & Fils., p. 275-300.

──────. (1968). Essai d'introspection de l'aphasie (l'aphasie vue pat les aphasiques) (appendice 4). *L'aphasie et le langage pathologique*, Paris, J. B. Baillière & Fils., p. 301-332.

Anzieu, D. (1959). *L'auto-analyse de Freud*, 2 t., Paris, PUF, 1959.

Artaud, A. (1985). *Le rite du Peyotl chez les Tarahummaras*, Decines, L'Arbalète. 宇野邦一，鈴木創士，岡本健訳「タラウマラ族におけるペヨトルの儀式」(p. 8 -36)，「タラウマラの国への旅について」(p. 37-56)，『アルトー後期集成Ⅰ』，河出書房新社，2007年.

Baudry, F. (2000). Transformations de l'amour. *Éclats de l'objet*, Paris, Campagne Première., p. 59-68.

──────. (2000), En même temps (Sur l'acte psychanalytique). *Éclats de l'objet*, Paris, Campagne Première., p. 217-227.

Benveniste, É. (1974). Genèse du terme scientifique. *Problèmes de linguistique générale*, II, Paris, Gallimard. 前島和也訳「術語scientifiqueの成立過程」，阿部宏監訳『言葉と主体── 一般言語学の諸問題』，岩波書店，2013年.

──────. (1974). La blasphémie et l'euphémie. *Problèmes de linguistique générale*, II, Paris, Gallimard. 川島浩一郎訳「暴言的発話と婉曲的発話」，阿部宏監訳『言葉と主体── 一般言語学の諸問題』，岩波書店，2013年.

Boccacoro, B. (1995). Archéologie du bruit dans la théorie musicale de la Renaissance, *Équinoxe*,《Bruits》, no. 14, automne, Genève, Médecine et Hygiène.

Broca, P. (1861). Remarques sur le siège de la faculté du langage articulé, suivies d'une observation d'aphémie. dans Hecaen, H et Dubois, J. (1969), *La naissance de la neuropsychologie du langage*, Paris, Flammarion. 萬年甫訳「失語症の一例にもとづく構音言語機能の座に関する考察」秋元波留夫他編『神経心理学の源流 失語編 上』所収，「新樹会」創造出版，1982年.

──────. (1864). Lettre à M. le professeur Trousseau sur les mots Aphémie, Aphasie et Aphrasie. dans Hecaen, H et Dubois, J. (1969), *La naissance de la neuropsychologie du langage*, Paris, Flammarion.

──────. (1875). Sur l'origine et la répartition de la langue basque. *Revue d'anthropologie*, Paris.

Calvino, I. (1976). *Le château des destins croisés*, Paris, Seuil. 河島英昭訳『宿命の交わる城』，河出書房新社，2004年.

Charcot, J.-M. (1988). Charcot Unpublished Letters to Freud, *Bulletin History of Medicine*, 62, hiver p. 563-588. Traduction et commentaire en anglais par T. Gelfand de la johns Hopkins University Press.

Dally, E. (1884). Éloge de Paul Broca, fondateur de la Société d'anthropologie. *Extraits des bulletins de la Société d'anthoropologie*, novembre 1884.

Delbo, C. (1970). *Une connaissance inutile*, Paris, Minuit.

Deligny, F. (1975). Cahiers de I'immuable, 1 / Voix et voir. *Recherches*, no. 18, avril.

Didi-Huberman, G. (1982=2014). *Invention de hystérie. Charcot et l'iconographie de la Salpêtrière*, Paris, Macula, 1982. 谷川多佳子，和田ゆりえ訳『ヒステリーの発明——シャルコーとサルベトリエール写真図像集』（上・下），みすず書房，2014年.

Freud, S. (1891). *Contribution à la conception des aphasies*, trad. C. Van Reeth, Paris, PUF, 1983. 中村靖子訳「失語症の理解にむけて——批判的研究」,『フロイト全集1』所収，岩波書店，2009年.

―――. (1895). *Études sur l'hystérie*, Paris, PUF, 1956. 芝伸太郎訳「ヒステリー研究」,『フロイト全集2』所収，岩波書店，2008年.

―――. (1897). Lettre du 22 décembre 1897 à W. Fliess, *La naissance de la psychanalyse*, trad. A. Berman, Paris, PUF, 1969. 河田晃訳「1897年12月22日付の手紙」,『フロイト フリースへの手紙——1887-1904』（J．M．マッソン編），誠信書房，2001年.

―――. (1900). *L'interprètation des rêves*, trad, D. Berger, Paris, PUF, 1967. 新宮一成訳「夢解釈」,『フロイト全集5』所収，岩波書店，2011年.

―――. (1905). *Le mot d'esprit dans ses rapports avec l'inconscient*, Paris, NRF-Gallimard, 1988. 中岡成文，太寿堂真，多賀健太郎訳「機知——その無意識との関係」,『フロイト全集8』，岩波書店，2008年.

―――. (1909). Analysis d'une phobie chez un petit garçon de 5 ans (Le petit Hans). *Cinq psychanalyses*, Paris, PUF, 1966. 総田純次訳「ある5歳男児の恐怖症の分析「ハンス」」,『フロイト全集10』所収，岩波書店，2008年.

―――. (1914). *Le Moïse de Michel-Ange*, Paris, NRF-Gallimard,《Idées》, 1933. 渡辺哲夫訳「ミケランジェロのモーセ像」,『フロイト全集13』，2010年.

―――. (1917). Sur les transpositions des pulsions plus particulièrement dans l'érotisme anal. *La vie sexuelle*, Paris, PUF, 1969, p. 112. 本間直樹訳「欲動変転，特に肛門性愛の欲動変転について」,『フロイト全集14』所収，岩波書店，2010年.

Godard, Jean-Luc (1976). *Nous trois* (film pour la télévision diffusé en 1976).

Grandjean de Fouchy, J. P. (1787=1784). Observation anatomique. *Mémoires de l'Académie royale des sciences*, Paris, Imprimerie Royale, p. 399-401.

Grass, G. (1961). *Le tambour*, trad. J. Amsler, Paris, Seuil. 高本研一訳『ブリキの太鼓』集英社，1978年.

Hecaen, H. et Dubois, J. (1969). *La naissance de la neuropsychologie du langage*, Paris, Flammarion.

Hippocrate (1989). *Sur le rire et la folie*. préface, traduction et notes d'Y. Hersant,

Paris, Rivages, 《Petite bibliothèque poche》.

Hoof, H. E., Guillemin, R. et Geddes, L. A. (1958). An 18th Century Scientist's Observation of His Own Aphasia, *Bulletin of the History of Medicine*, vol. 32, p. 446-450.

Huard, P. (1961). Vingt ans de réflexion sur Paul Broca, *Histoire des sciences médicales*, vol. XV, no. 1, p. 27.

Israël, L. (1984). *Initiation à la psychiatrie*, Paris, Masson.

———. (1977). Manif-Est du premier numéro du *Bulletin* EFP-EST.

Joynt, R. (1961). Centenary of Patient "Tan". *Archives of Internal Medicine*, vol. 108, décembre 1961, p. 197-200.

Kanner, L. (1943). Autistic Disturbances of Affective Contact. *Nervous Child* 2, p. 217-250. 十亀史郎他訳「情動的交流の自閉的障害」,『幼児自閉症の研究』所収, 黎明書房, 2001年, 10-55頁.

Kanner, L. (1971). Follow-up Studies of Eleven Autistic Children Originally Reported in 1943, *Journal of Autism and Childhood Schizophrenia*, p. 119-145. 十亀史郎他訳「1943年に最初に報告された11名の自閉症児童に関する追跡調査研究」,『幼児自閉症の研究』所収, 黎明書房, 2001年, 177-208頁.

Lacan, J. (1966a). Ouverture de ce recueil. *Écrits*, Paris, Seuil. 宮本忠雄訳「本論文集のはじめに」,『エクリⅠ』所収, 弘文堂, 1972年.

———. (1966b). Le stade du miroir comme formateur de la fonction du Je telle qu'elle nous est révélée dans l'expérience psychanalytique. *Écrits*, Paris, Seuil. 宮本忠雄訳「〈わたし〉の機能を形成するものとしての鏡像段階」, 宮本忠雄他訳『エクリⅠ』所収, 弘文堂, 1972年.

———. (1966c). Propos sur la causalité psychique. *Écrits*, Paris, Seuil. 宮本忠雄訳「心的因果性について」, 宮本忠雄他訳『エクリⅠ』所収, 弘文堂, 1972年.

———. (1966d). Subversion du sujet et dialectique du désir dans l'inconscient freudien. *Écrits*, Paris, Seuil. 佐々木孝次訳「フロイトの無意識における主体の転覆と欲望の弁証法」, 佐々木孝次他訳『エクリⅢ』所収, 弘文堂, 1981年.

———. (1971-1972).《Le savoir du psychanalyste》, conférences à Sainte-Arme. inédit.

———. (1972). *Entretiens de Sainte-Anne* (《Le savoir du psychanalyste》), inédit.

———. (1975). La troisième. *Lettres de l'Ecole freudienne*, no. 16, novembre.

———. (1976). Conférences et entretiens dans des universités nord-américaines. *Scilicet*, no. 6 / 7. Paris, Seuil.

———. (1978a). La psychanalyse dans sa référence au rapport sexuel. *Lacan in Italia 1953-1978. Lacan en Italie*, Milan, La Salamandra.

———. (1978b). Excursus. *Lacan in Italia 1953-1978. Lacan en Italie*, Milan, La Salamandra.

———. (1985). Conférence à Genève sur: "Le symptôme". *Le bloc-notes de la psychanalyse*, no. 5, Paris, Gallimard.

─────. (1998). *La relation d'objet*. Le Séminaire Livre IV (1956-1957). (J. -A. Miller, Ed.). Paris, Seuil. 小出浩之, 鈴木國文, 菅原誠一訳『対象関係』（上・下）, 岩波書店, 2006年.

Lautréamont (1869). *Les chants de Maldoror*, d'Isidore Ducasse. comte de Lautréamont. 粟田勇訳『マルドロールの歌』, 現代思潮社, 1987年（第五版）／石井洋二郎訳「マルドロールの歌──ロートレアモン伯爵による」,『ロートレアモン全集』所収, 筑摩書房, 2005年.

Leclaire, S. (1968). *Psychanalyser*, Pais. Seuil, 1968. 向井雅明訳『精神分析すること──無意識の秩序と文字の実践についての試論』, 誠信書房, 2006年.

Lécuru, D. (1994). Citations d'auteurs et de publications dans l'ensemble de l'oeuvre écrite (de J. Lacan). *Thésaurus Lacan*, vol. 1, Paris, E. P. E. L., mars.

Leiser, M. (1985), dans A. Flammer, M. Leiser et G. Barreaux, *Chansons Yiddish. Tendresse et rage*, Paris, Ocora.

Leroy-Gourhan, A. (1964). *Le geste et la parole*. Paris, Albin Michel. 荒木亨訳『身ぶりと言葉』, 筑摩書房, 2012年.

Lévy-Leblond, J.-M. (1996). La langue tire la science. *Aux contraire*, Paris, Gallimard, 《Essais》.

Linnaeus, Carolus (1745). Oubli de tous les substantifs et surtout des noms propres. *Actes de l'Académie royale des Sciences de Suède*, vol. VI, des mois d'avril, mai et juin, traduction inédite du vieux suédois par Birgitta Löfstrand-Lutaud.

Littré, É. (1880=1986). Pathologie verbale où lésions de certains mots dans le cours de l'usage. *Études et glanures pour faire suite à l'Histoire de la langue française*, Bibliothèque nationale.

Lordat, J. (1843=1969). Analyse de la parole pour servir à la théorie de divers cas d'Alalie et de Paralalie (de mutisme et d'imperfection du parler) que les Nosologistes ont mal connus. Leçons de 1842-1843. dans Hecaen, H et Dubois, J. (1969), *La naissance de la neuropsychologie du langage*, 1825-1865, Paris, Flammarion.

Lucken, C. et Rigoli, J. (1995). Le bruit et l'œuvre. *Équinoxe*, 《Bruits》, no. 14, automne, Genève, Médecine et Hygiène.

McLuhan, T. C. (1971). *Pieds nus sur la terre sacrée*. Paris, Denoël.

Meige, H. (1893=1993). *Le Jurif-errant à la Salpêtrière*, préface de Israël, L. dessins de M. Ciardi. Paris. Nouvel Objet.

Miller, J. -A. (1989). Jacques Lacan et la voix. dans *La Voix*, Paris, Lysimaque.

Misès, R. (1996). *La lettre de psychiatrie française*. no. 53, mars.

Monod-Broca, P. (2005). Paul Broca. *Histoire des science médicales*, vol. XV, no 1, p. 15-22.

Nassif, J. (2004). M. Valdemar encore. *L'écrit, la voix*, Paris, Aubier.

Perec, G. (1979). Les mots croisés, Paris, POL et Mazarine.

Perec, G. et Bober, R. (1994). *Récits d'Éllis Island, historie d'errance et d'espoir*. Paris,

文献　　*259*

POL. 酒詰治男訳『エリス島物語——移民たちの彷徨と希望』，青土社，2000年.

Platon（1940）. *La République*, Livre VII,（Œuvres complètes, Paris, Gallimard, 《Bibliothèque de la Pléiade》. 藤沢令夫訳「国家」.『プラトン全集11』所収，岩波書店，1976年.

Politzer, G.（1928=1994）. *Critique des fondements de la psychologie*, Paris, PUF, 1994. 寺内礼，富田正二訳『精神分析の終焉——フロイトの夢理論批判』，三和書籍，2002年.

Ponzio, J., Lafond, D., Degiovani, R. et Joanette, Y.（1991）. *L'aphasique*, Québec et Paris, Edisem et Maloine.

Queneau, R.（1961）. *Cent mille milliards de poème*, Paris, Gallimard. 塩塚秀一郎，久保昭博訳『100兆の詩篇』，水声社，2013年.

Sainte-Beuve, C. -A.（1863）. Notice sur M. Littré, sa vie et ses travaux, dans É. Littré, *Dictionnaire de la langue française*.

Saloz, J.（1918）. Mémoires d'un médecin aphasique, *Archives de psychologie*, XVII, no. 65. p. 9 -57.

Schiller, F.（1990）. Paul Broca, explorateur du cerveau, trad. P. Monod-Broca, Paris, Odile Jacob.

Segalen, V.（1995）. *Dans un monde sonore*, dans Œuvres complètes, Paris, Robert Laffont,《Bouquins》, vol. 1 , p. 551-567.

Spitz, R. A.（1965）. *The first year of life : a psychoanalytic study of normal and deviant development of object relations*. New York, International Universities Press.

Trousseau, A.（1864）. De l'aphasie. dans Hecaen, H et Dubois, J.（1969）, *La naissance de la neuropsychologie du langage*, Paris, Flammarion.

Vicq d'Azyr, F.（1805）. Sur la structure du cerveau des animaux, comparée avec celle de l'homme. *Anatomie du cerveau*, vol. l, Paris, Louis Duprat, p. 143-147.

【訳註】

アクゼル，アミール・D.（2006＝2007）『ブルバキとグロタンディーク』水谷淳訳，日経BP社.

アムステルダム，ピーター（2015）「イエス，その生涯とメッセージ：教授法」, March 24, 2015（https://directors. tfionline. com/ja/post/jesushis-life-and-message-teaching-methods/）

綾部麻美（2016）「フランシス・ポンジュの『水のコップ』——ウジェーヌ・ド・ケルマデックとの関係を通して」慶応義塾大学，フランス語フランス文学研究，109 巻，p. 155-170.

石井洋二郎（2008）『ロートレアモン 越境と創造』，筑摩書房.

岩田誠（1987）『脳とコミュニケーション』，朝倉書店.

上田和夫（1996）『イディッシュ文化——東欧ユダヤ人のこころの遺産』，三省堂.

江口重幸（2007）『シャルコー——力動精神医学と神経病学の歴史を遡る』，勉誠出版.

榎本譲（1994）「訳者解説」，フランソワーズ・ドルト『無意識的身体像1——子供の心

の発達と病理』（1984＝1994）所収.

大橋博司（1987）『失語症』改訂 6 版，中外医学社.

隠岐さや香（2011）『科学アカデミーと「有用な科学」――フォントネルの夢からコンドルセのユートピアへ』，名古屋大学出版会.

荻本芳信（2008）『ラ・トゥルワジィエーム』（試訳），blog. livedoor. jp/ogimoto_blog/archives/cat_15204. html/

鏡リュウジ（2004）「文庫版解説」，イタロ・カルヴィーノ（河島英昭訳）『宿命の交わる城』所収，河出書房新社.

片岡一竹（2017）『新・疾風怒涛 精神分析用語事典』第 2 版，戸山フロイト研究会.

金関猛（1995）「第一章 訳注 5」，フロイト『失語論――批判的研究』所収，平凡社.

兼本浩祐（2009）「解題」，『フロイト全集 1』所収，岩波書店.

キニャール，パスカル（1993＝1998）『舌の先まで出かかった名前』高橋啓訳，青土社.

キリアコ，ソニア（2012＝2016）『稲妻に打たれた欲望――精神分析によるトラウマからの脱出』向井雅明監訳，誠信書房.

クノー，レイモン（1961＝2013）「使用法」，『100兆の詩篇』（塩塚秀一郎，久保昭博訳）所収，水声社.

ゲイ，ピーター（1988＝1997）『フロイト 1』鈴木晶訳，みすず書房.

ゲッツ，クリストファー・G. 編著（1987＝1999）『シャルコー 神経学講義』加我牧子，鈴木文晴監訳，白揚社.

河野一紀（2017）「言語に棲まうものと知」，上尾真道，牧瀬英幹編著『発達障害の時代とラカン派精神分析――〈開かれ〉としての自閉をめぐって』所収，晃洋書房.

酒詰治男（2000）「訳者あとがき」，『エリス島物語――移民たちの彷徨と希望』所収，青土社.

シェママ，R.，ヴァンデルメルシュ，B. 編（1998＝2002）『新版 精神分析事典』小出浩之他訳，弘文堂.

鹿瀬颯枝（1999）「極限状態におかれた演劇人としての創作活動――シャルロット・デルボの演劇的観点」，『聖学院大学論叢』，11（3）：43-53.

鈴木輝二（2003）『ユダヤ・エリート――アメリカへ渡った東方ユダヤ人』，中央公論新社.

スピッツ，ルネ（1962＝1965）『母―子関係の成りたち――生後 1 年間における乳児の直接観察』古賀行義訳，同文書院.

関根正雄訳（1969）『旧約聖書 出エジプト記』，岩波書店.

竹内健児（2004）『ドルトの精神分析入門』，誠信書房.

竹沢尚一郎（2005）「人種／国民／帝国主義――19世紀フランスにおける人種主義人類学の展開とその批判」，『国立民族学博物館研究報告』30（1）：1-55.

武田宙也（2016）「ライン・身ぶり・共同体――フェルナン・ドゥリニィと地図作成の思考」，『あいだ／生成＝Between/becoming』6：57-76.（URL：http://hdl. handle. net/2433/209989）

谷口亜沙子（2017）「シャルロット・デルボ――アウシュヴィッツを「聴く」証人」，『声と文字――拡張する身体の誘惑』所収，平凡社.

文献　*261*

ディディ＝ユベルマン，ジョルジュ（1982＝2014）『ヒステリーの発明——シャルコー
　　とサルペトリエール写真図像集（上・下）』谷川多佳子，和田ゆりえ訳，みすず書房.
寺内礼（2002）「あとがき」，ポリツェル，ジョルジュ（1928＝2002）（寺内礼監修，富
　　田正二訳）『精神分析の終焉——フロイトの夢理論批判』所収，三和書籍.
中岡成文（2008）「解題」，『フロイト全集 8』所収，岩波書店.
中西之信（2004）「失語症者はどのように話せるようになるのか——フロイト，ラカン
　　の視点から」，手束邦洋，中西之信，崎原秀樹編『言語臨床の「人間交差点」——
　　ことばと心が交差する場』（シリーズ言語臨床事例集 第 8 巻），学苑社.
納富信留（2006）『ソフィストとは誰か？』，筑摩書房.
野村真理（2006）「失われた世界へ——東ガリツィアの戦間期からホロコーストまで」，
　　大津留厚編『中央ヨーロッパの可能性——揺れ動くその歴史と社会』所収，昭和堂.
パルバース，ロジャー，四方田犬彦（2014）『こんにちは，ユダヤ人です』，河出書房新
　　社.
ヒル，フィリップ（1997＝2007）『ラカン』，新宮一成，村田智子訳，筑摩書房.
フィンク，ブルース（1995＝2013）『後期ラカン入門——ラカン的主体について』，村上
　　靖彦監訳，小倉拓也，塩飽耕規，渋谷亮訳，人文書院.
————（1997＝2008）『ラカン派精神分析入門——理論と技法』，中西之信，椿田貴史，
　　舟木徹男，信友建志訳，誠信書房.
福永武彦（1966）「訳註」，ボードレール『パリの憂愁　改訂版』所収，岩波書店.
藤田博史（1993）『人間という症候——フロイト／ラカンの論理と倫理』，青土社.
————（1993）『幻覚の構造——精神分析的意識論』，青土社.
プラトン（1975）「第七書簡」『プラトン全集14』（長坂公一訳）所収，岩波書店
プルタルコス（100-200＝1956）『プルターク英雄伝』11 河野与一訳，岩波書店.
フロイト，ジークムント（1900＝2007）「夢問題の学問的文献」新宮一成訳，『フロイト
　　全集 4』所収，岩波書店.
————（1909＝2008）「ある 5 歳男児の恐怖症の分析「ハンス」」総田純次訳，『フロ
　　イト全集10』所収，岩波書店.
————（1911＝2009）「母音列の意義」高田珠樹訳，『フロイト全集11』所収，岩波書
　　店.
————（1911＝2009）「自伝的に記述されたパラノイアの一症例に関する精神分析的
　　考察」渡辺哲夫訳，『フロイト全集11』所収，岩波書店.
————（1920＝2006）「快原理の彼岸」須藤訓任訳，『フロイト全集17』所収，岩波書
　　店.
————（1927＝2010）「フェティシズム」石田雄一訳，『フロイト全集19』所収，岩波
　　書店.
ブローカ，ポール（1861＝1982）「失語症の一例にもとづく構音言語機能の座に関する
　　考察」萬年甫訳，秋元波留夫他編『神経心理学の源流 失語編上』所収，創造出版.
ペレック，ジョルジュ，ボベール，ロベール（1994＝2000）『エリス島物語——移民た
　　ちの彷徨と希望』酒詰治男訳，青土社.
ボームガルテン，ジャン（1993＝1996）『イディッシュ語』上田和夫，岡本克人訳，白

水社.

松本卓也（2015）『人はみな妄想する——ジャック・ラカンと鑑別診断の思想』，青土社.

————（2017）「ラカン派精神分析における自閉症論」，上尾真道，牧瀬英幹編著『発達障害の時代とラカン派精神分析——〈開かれ〉としての自閉をめぐって』所収，晃洋書房.

向井雅明（2016）『ラカン入門』，筑摩書房.

ラカン，ジャック（1955-1956＝1987）『精神病（下）』小出浩之，川津芳照，鈴木國文，笠原嘉訳，岩波書店.

————（1956-1957＝2006）『対象関係（下）』小出浩之，鈴木國文，菅原誠一訳，岩波書店.

————（1960-1961＝2015）『転移（上)』，小出浩之，鈴木國文，菅原誠一訳，岩波書店.

————（1963-1964＝2000）『精神分析の四基本概念』小出浩之，新宮一成，鈴木國文，小川豊昭訳，岩波書店.

————（1966＝1981）「フロイトの無意識における主体の転覆と欲望の弁証法」佐々木孝次訳，『エクリⅢ』（佐々木孝次，海老原英彦，芦原眷訳）所収，弘文堂.

ルクレール，セルジュ（1975＝2006）『精神分析すること——無意識の秩序と文字の実践についての試論』向井雅明訳，誠信書房.

ロートレアモン，イシドール・デュカス（1869＝2005）『マルドロールの歌』石井洋二郎訳，『ロートレアモン全集』所収，筑摩書房.

Broca, P. (1864). Lettre à M. le professeur Trousseau sur les mots Aphémie, Aphasie et Aphrasie. dans Hecaen, H et Dubois, J (1969), *La naissance de la neuropsychologie du langage*, Paris, Flammarion.

Jackson, J. Hughlings (1879). On Affections of speech from disease of the brain. *Brain*, Volume 2, Issue 2, July, Pages 203-222.

Lacan, J. (1971-1972). *Le savoir du psychanalyste*, conférences à Sainte-Anne, inédit.

————. (2001). L'étourdit (1972). *Autre Écrits*. Paris, Seuil.

————. (1974). La troisième, intervention au Congrès de Rome (31. 10. 1974/ 3. 11. 1974), 1 er Novembre.

Minel, Sarah (2013). La pensée chez la personne aphasique : état des lieux des liens entre pensée et langage. Mémoire d'orthophonie - UNS / Faculté de Médecine - Nice.

Moscovici, Jean-Claude (1995). *Voyage à Pitchipoï*, L'Ecole des loisirs.

Mannoni, M. (1964). *L'enfant arriéré et sa mère*, Paris, Seuil.

【解説】

アイゼンバーグ，レオン（1943＝2001）「序文」十亀史郎，斎藤聡明，岩本憲訳，レオ・カナー『幼児自閉症の研究』所収，黎明書房，4-6頁.

石澤誠一（1995）「解題Ⅱ」，フロイト，S．（金関猛訳）『失語論——批判的研究』所収，平凡社，222-302頁.

大橋博司〔1987〕『失語症』，中外医学社（改訂 6 版）．

キリアコ，ソニア（2012 = 2016）『稲妻に打たれた欲望——精神分析によるトラウマからの脱出』向井雅明監訳，誠信書房．

河野一紀（2014）『ことばと知に基づいた臨床実践——ラカン派精神分析の展望』，創元社．

————（2017）「言語に棲まうものと知——デビリテから発達障害へ」，上尾真道，牧瀬英幹編著『発達障害の時代とラカン派精神分析——〈開かれ〉としての自閉をめぐって』所収，晃洋書房．

コルディエ，アニー（1993 = 1999）『劣等生は存在しない——おちこぼれの精神分析』向井雅明訳，情況出版．

佐々木孝次（2017）『ラカン「リチュラテール」論——大意・評注・本論』，せりか書房．

シェママ，R．，ヴァンデルメルシュ，B．編（1998 = 2002）『新版 精神分析事典』，弘文堂．

新宮一成（1989）『無意識の病理学——クラインとラカン』，金剛出版．

————（1995）『ラカンの精神分析』，講談社．

————（2018）「ラカンの剰余享楽／サントーム」，『iichiko』AUTUMN，No.140，6 - 17頁．

杉下守弘（1982）「解説 ブローカ失語」，秋元波留夫，大橋博司，杉下守弘他編『神経心理学の源流 失語編 上』所収，創造出版，64-107頁．

杉山登志郎（2011）「自閉症」，加藤敏，神庭重信，中谷陽二他編『現代精神医学事典』弘文堂，442-443頁．

総田純次（2008）「編注（ある五歳男児の恐怖症の分析〔ハンス〕（Ⅰ））」，『フロイト全集10』所収，岩波書店．

高田珠樹他編（2020）「年表」，『フロイト全集 別巻』，岩波書店．

立木康介監修（2006）『面白いほどよくわかるフロイトの精神分析——思想界の巨人が遺した20世紀最大の「難解な理論」がスラスラ頭に入る』，日本文芸社．

立木康介（2016）「精神分析における原因と対象」，実存思想協会編『実存思想論集 XXXI（第二期第二三号）精神分析と実存』，理想社．

中西之信（1997）「患者が話し，STが聞く——失語症言語臨床の方法と理論」，第23回日本聴能言語学会学術講演会予稿集，106頁．

————（1998）「なぜ〈私〉はSTへ話すのか——言語活動へ失語症患者が参入するということ」，第24回日本聴能言語学会学術講演会予稿集，86頁．

————（2004）「失語症者はどのように話せるようになるのか——フロイト，ラカンの視点から」，手束邦洋，中西之信，崎原秀樹編『言語臨床の「人間交差点」——ことばと心が交差する場』，学苑社．

————（2005）「失語症者の"言葉の世界"へ戻る仕事"——失語症治療と「精神分析的態度」」，『精神分析研究』49（1），39-50頁．

————（2008）「失語症者はなぜ「言葉の回復」に固執するのか——フロイト‐ラカンの精神分析による検討」，『コミュニケーション障害学』25（1），2 -10頁．

————（2011）「解釈【ラカン派】」，加藤敏，神庭重信，中谷陽二他編『現代精神医

学事典』所収，弘文堂，135頁．

─────（2023）「ST（言語聴覚士）を"捨てる"──ある失語症者の8年目の決断」，『臨床作業療法NOVA』20（2），147-152頁．

野村真理（2006）「失われた世界へ──東ガリツィアの戦間期からホロコーストまで」，大津留厚編『中央ヨーロッパの可能性──揺れ動くその歴史と社会』所収，昭和堂．

濱中淑彦（1985）「Broca領野の失語学的意義」，大橋博司，濱中淑彦編著『Broca中枢の謎──言語機能局在をめぐる失語研究の軌跡』所収，金剛出版，101-166頁．

松本卓也（2015）『人はみな妄想する──ジャック・ラカンと鑑別診断の思想』，青土社．

─────（2017）「ラカン派精神分析における自閉症論」，上尾真道，牧瀬英幹編著『発達障害の時代とラカン派精神分析──〈開かれ〉としての自閉をめぐって』所収，晃洋書房．

─────（2018）『享楽社会論──現代ラカン派の展開』，人文書院．

萬年甫（1982）「解説──P．ブローカ，第三前頭回の病変におこった失語症（aphémie）の新しい症例」，秋元波留夫他編『神経心理学の源流 失語編 上』所収，創造出版，52-56頁．

フィンク，ブルース（1995＝2013）『後期ラカン入門──ラカン的主体について』村上靖彦監訳，小倉拓也，塩飽耕規，渋谷亮訳，人文書院．

─────（1997＝2008）『ラカン派精神分析入門──理論と技法』中西之信，椿田貴史，舟木徹男，信友建志訳，誠信書房．

─────（2004＝2015）『エクリを読む──文字に沿って』上尾真道，小倉拓也，渋谷亮訳，人文書院．

フロイト，ジークムント（1891＝2009）「失語症の理解にむけて──批判的研究」中村靖子訳，『フロイト全集1』所収，岩波書店．

─────（1900＝2011）「夢解釈Ⅱ」新宮一成訳，『フロイト全集5』所収，岩波書店．

─────（1909＝2008）「強迫神経症の一例についての見解〔鼠男〕」福田覚訳，『フロイト全集10』所収，岩波書店．

─────（1915＝2010）「欲動と欲動運命」新宮一成訳，『フロイト全集14』所収，岩波書店．

─────（1921＝2006）「集団心理学と自我分析」藤野寛訳，『フロイト全集17』所収，岩波書店．

─────（1925＝2007）「みずからを語る」家高洋，三谷研爾訳，『フロイト全集18』所収，岩波書店．

─────（1927＝2010）「フェティシズム」石田雄一訳，『フロイト全集19』所収，岩波書店．

ブローカ，ポール（1861＝1982）「失語症の一例にもとづく構音言語機能の座に関する考察」萬年甫訳，秋元波留夫他編『神経心理学の源流 失語編 上』所収，創造出版，21-41頁．

向井雅明（2016）『ラカン入門』，筑摩書房．

ラカン，ジャック（1953-1954＝1991）『フロイトの技法論（上・下）』小出浩之，笠原嘉，小川豊昭，小川周二訳，岩波書店．

————（1954-1955＝1998）『フロイト理論と精神分析技法における自我（上・下）』小出浩之，鈴木國文，南淳二，小川豊昭訳，岩波書店．

————（1962-1963＝2017）『不安』（上・下）小出浩之，鈴木國文，菅原誠一，古橋忠晃訳，岩波書店．

————（1964＝2000）『精神分析の四基本概念』小出浩之，新宮一成，鈴木國文，小川豊昭訳，岩波書店．

————（1966＝2015）『精神分析における話と言語活動の機能と領野——ローマ大学心理学研究所において行われたローマ会議での報告　1953年9月26日・27日』，新宮一成訳，弘文堂．

Catão, Inês. (2010). Voix, Parole et Langage: La clinique psychanalytique de ceux qui ne parlent pas. *Oxymoron*, Création(s)-Sujet(s), Penser la Clinique, 1. hal-03649184

Cazzadori, Chantal (2016). La voix dit objet a (petite a) en psychanalyse. http://www.chantalcazzadori.com/la-voix-dit-objet-a-petite-a-en-psychanalyse/

Lacan, J. (1975-1976). *Le sinthome*. Paris, Seuil.

————. (1976). Conférences et entretiens dans les universités nord-américaines, Columbia University. 1/12/1975. *Scilicet*, no. 6 / 7, Paris, Seuil.

Meige, Henri (1893=1993). *Le Jurif-errant à la Salpêtrière*, préface de Israël, L., dessins de Ciardi, M., Paris. Nouvel Objet.

Nakanishi, Yukinobu (1998). L'ahasique parle, l'orthophoniste écoute: la méthode de la rééducation des aphasiques adultes. *XXIVth World Congress of the International Association of Logopedics & Phoiatrics*. Program & Abstract Book. Amsterdam. p. 162.

Porge, Erik (2011). Les voix, la voix. *Essaim*, no. 26, p. 7-28.

Rizzuto, A-M. (1989). A Hypothesis about Freud's motive for writing the monograph 'ON APHASIA'. *International Review of Psychoanalysis 16*: 111-117.

Vivès, J.-M. (2013). Comment la voix vient-elle aux enfants? *Enfance et Psy*. no. 58, Toulouse, Eres, p. 40-50.

【訳者あとがき】

新宮一成（2018）「剰余享楽のある風景——ヘーゲル，ラカン，マルクス」，『iichiko』AUTUMN, No. 140. 7頁．

中西之信（2009）「失語症における "「言葉の世界」へ戻る仕事" ——「話せない」／「話せる」とは如何なることか」，京都大学大学院人間・環境学研究科 博士論文．（http://hdl.handle.net/2433/126517）

索　引

ア行

アウシュヴィッツ　53, 98-99
アシモフ, アイザック　120
アソナンス assonance　132
アドリアン（事例）　131-132, 134-135, 137-
　140, 145-147
アフラジー　21-23, 25-26, 31-32, 46-48
アファジー　23-25, 29-33, 37, 39-41, 44-50
アフェミー　21-22, 24-28, 30-33, 38-39, 41-
　42, 44-48, 50
アミュール（壁の愛）　112
アラジュアニヌ, テオフィル　33, 45
アリストテレス　18
アリストファネス　91
アルトー, アントナン　88, 91
言い間違い　71, 129
イスラエル, ルシアン　51-58, 60-62, 66
一義性　34
　意味の——　22
　話すことの——　23
一対一対（対応, 関係）　131
〈一者〉　132-133
イディッシュ語　52-56, 61, 63-64, 66-67
イメージ　36, 40, 72-73, 75, 77, 79-80, 84, 89,
　102-104, 140-141, 143, 147-149
インディアン　94-96, 98-99
ヴィック・ダジール, フェリックス　7, 10,
　14
『EFP-EST』　57
ヴェラ（事例）　3, 107-118
ヴェルニケ, カール　70, 72-73
ウリポ（潜在的文学工房）　95
うわべ grimace　124-125
衛生主義 hygiénisme　91
『エクリ』　i, 132
えび足の少年　48
エリス島　93-94
音〔おと〕bruit　15, 42, 77, 81, 86, 92, 99,

112-114, 134-135, 140-142, 145
　いまだ音〔おん〕ではない——　137
　声になれない——　113
　残余としての——　90
　——たち-かけらたちのシステム　152
　——と声の間　113
　——の響き bruitage　87, 142
音〔おと〕立て bruitement　135, 143
音〔おん〕son　93, 137, 140-141
　——（の）世界　134-135
　——的なもの　142, 144, 147
　——の響き　135, 146

カ行

外在化の先取り　85
「解剖学的観察」　9, 13, 16
書かれたもの écrit　106, 120, 122-124, 126
確信　148, 150
　妄想的——　149-150
かけら（たち）éclat（s）　2, 80-81, 83, 87,
　114, 126, 128, 142
　声の——　2, 126, 129
　読むことの——　126, 129
　音〔おと〕の——　145
　排泄物の——　147
片言フランス語　63
カナー, レオ　77, 89, 93-99, 102-105
カルヴィーノ, イタロ　104
『機知——その無意識との関係』　56
機知　71
キニャール, パスカル　129
境域 confins　117, 150-152
境界 frontière　117, 141, 150-152
狂気 folie　49-50, 74, 90-92, 148, 150
鏡像段階　72, 76
鏡像化　73, 83
享楽　14, 42, 75, 111, 117-118, 130, 139, 141-
　142, 150-152
　倒錯的——　141

ファルス―― 126
食い違い décalage 32, 93
口ごもる・口ごもり 24, 54-55
グラス，ギュンター 87, 91
グラースハイ，フーベルト・フォン 105
クレール（事例） i, ii
欠如 lacune 45, 73, 106-107
嫌悪 dégoût 139
限界 limite 141-142, 145, 150-151
言語（ラング）langue 17, 24, 43, 62
言語活動（ランガージュ）langage ii, 3,
　20, 22, 34, 97, 147,
　――の神経学 2, 151
　――の不在 78
言語残余 19, 21, 83-84, 99
言語装置 74-75, 84-85
　――の機能的条件 70
言語聴覚士 orthophoniste 24, 108
言語治療 24, 40
現実的なもの 32, 48, 53, 58-59, 62, 65-66,
　76, 84-85, 97, 101, 107, 113, 118, 124, 126,
　132
声 37, 80, 82, 86, 136, 153
　――という生の機能 1
　――の向こう hors la voix 1, 2, 78, 87,
　95, 101, 104, 106
　書字を生み出す―― 128,
　対象aとしての―― 82
　対象として考えられない―― 111
声・発話・言語活動 36, 38, 48, 50, 66, 74,
　77, 83, 87
　――のざわめき 24, 101
　――の機能の原理 86
構音言語活動 18-19, 34-35, 45
語音の響き consonance 147
ゴダール，ジャン=リュック 146
『国家』 143
固有なもの 75, 77-79
コンドルセ，マルキ・ド 5, 7-8

サ行

錯綜点 chevêtres 77-78, 105
サルペトリエール病院 2, 51, 59, 61, 63, 65

『サルペトリエールの彷徨えるユダヤ人』 55
サロ博士 12, 84-85, 92, 97
ざわめき（たち）bruisure（s） 24, 33, 40,
　69, 71, 86, 99, 101, 145, 152-153
ざわめく 93
　――発話 48, 72
　声を求める――身体 142
残余 21, 81, 84, 87, 111
　――としての音（おと） 87, 90
　言語―― 19, 21, 83-84, 99
　対象の―― 82
　話すことの―― 20-21, 83, 85-86, 99
自我 39, 47-48, 73
しくじり ratage, raté i, 8, 36, 45, 73-74,
　77, 79, 83
自己観察 8, 85
自己分析 70, 85-86
『舌の先まで出かかった名前』 129
失語症 2, 50, 69-70, 77, 82-83, 85, 101
失語症者 81, 83, 85-86, 105
『失語症の理解にむけて――批判的研究』
　13, 21, 36, 56, 70-71, 74-75, 106
「失敗の理由」 123
自閉症 2, 91, 99, 131, 137, 140-142, 146, 151
自閉症者（児） 3, 99, 105, 133, 138-139, 141,
　151-153
　――の身体 152
指名 nomination 122-123
ジャクソン，ヒューリングス 19, 33, 72, 83,
　89, 130
シャルコー，ジャン=マルタン 2, 14, 16,
　56, 58, 62-66, 70-71, 86
『宿命の交わる城』 103
主体 3, 20, 22, 35, 39-40, 45, 48-49, 86, 98
　――の出現 146
　――の消失 21
　言表行為の―― 22, 39
　言表内容の―― 22, 39
　話すことの―― 49
　分析―― 70, 120
　分裂した―― 16
書字 écriture 85, 104, 122, 124, 126-127, 129
　――の戯れ 123

――を生み出す声　128
――を生み出す読み　126
象徴的連鎖　137
署名 signature　121-123
『シリセ』　123
神経学　13, 23, 34-35, 45, 50, 55-56, 60, 66,
　72, 77, 87, 101, 130, 151
　――の身体　24
　言語活動の――　2, 151
神経学者　56, 66, 129
『新サルペトリニール写真図像集』　56
身体　16, 87, 110-111, 145-146, 152
　――から滲み出てくるもの　142
　――の音〔おと〕たち-かけらたち　152
　（声，発話，）言語活動と――　36, 77
　声を求めるざわめく――　142
　自閉症者の――　152,
　神経学の――　24
　デビリテの――　113
　名を持つ生きた―　1
　排泄物のかけらたちに占められた ――
　　147
真理　3，5, 23, 37, 144
人類学　24, 35, 46
頭蓋骨学　35
スピッツ，ルネ　134
ずれ écart　36, 50, 77, 93, 127
精神医学　55-56, 60, 63
精神分析　16, 21, 24, 33, 36-38, 53, 66, 69-72,
　74, 77, 79, 84-85
　――作業の原則　120
　――の理論　101, 119
精神分析家　1，3, 32, 38, 59, 71, 91, 133, 135,
　142, 147, 152
セガレン，ヴィクトル　137
想像的
　――なもの　48
　――関係　86
　――囚われ　137
疎外
　――的同一性　73
　―― -分離　79
遡及的因果関係　128

ソジー妄想　148

タ行

対象　76-77, 79, 125, 140, 152
　――として考えられる声　38
　――として考えられない声　111
　失われた――　37
対象a　143
　――としての声　82
対象-声 objet voix　37, 69, 75, 80-81, 99,
　137, 140
大脳局在（論）　33-35
代理 représentation　84, 100-101, 106
　――と投射　36, 84, 100-101
多義性の欠如　48
〈他者〉（大文字の他者）Autre　49, 52-53,
　86, 99, 132-133, 142, 144, 147
他者（小文字の他者）autre　12, 20, 86, 111,
　131, 139
タルスキ，アルフレッド　124
タン（症例）（ルボルニュ氏）　19-20, 40
段階（ファーズ）phase　29-30, 37, 40, 76
談話療法　82, 106
知のつらさ　118
ディディ＝ユベルマン，ジョルジュ　65
デジュネット，アントニー・デュフリッシュ
　30
デビリテ　113-114
　――の身体　113
デュラス，マルグリット　116-117
テュルゴー，ジャック　7
デルボ，シャルロット　117
デルレード，ポール　60
転移　36, 70, 132, 142, 146, 152
同一化　124-125
　非――　124
洞窟の比喩　133
倒錯　139, 141, 152
　――的享楽　141
透視的なもの le scopique　144, 149
投射　73, 84, 101, 106
　――と代理　36, 84, 100, 102
逃走　77, 99, 107-108, 111

自閉的―― 99
ドゥリニー，フェルナン 78, 105
トゥルソー，アルマン 18, 21, 23-24, 28, 32, 37-45, 47-49
ド・フシー，グランジャン 2, 5-9, 12-16, 70
ドルト，フランソワーズ 1

ナ行

内言語 129
ナシフ，ジャック 119
『ニコラス・テュルプ博士の解剖学講義』 16
『日常生活の精神病理学』 129
人間的なもの l'humain 3, 16, 19, 23, 42, 66, 73, 101, 133-134, 140, 147
罵り言葉 juron 19-21, 86

ハ行

排泄物（たち） 114, 139-142, 146
　　――の言葉 138
初めての言葉 premiers mots 132, 147
パス 122
発話 parole ⅱ, 3, 8-9, 14-15, 18, 21-24, 49, 72, 77, 80, 82, 86, 91-92, 120, 125, 130, 147
　　ざわめく―― 48, 72
　　内的な―― 85
　　不意の― 138
　　――の破壊 13
発話機能の根源 85
バンヴェニスト，エミール 17-18, 20-21
反響 résonance 3, 89-90, 97-98, 140, 144, 146-147
反転 retournement 88, 132
ピチポイ 52
『百兆の詩篇』 102
病的旅 62
不意の発話 jaculation 130
フェティッシュ 125
フォルト／ダー 127
フォントネル，ベルナール 5, 7
ブーヴ，サント 44
縁（たち） 97, 139, 141, 150

プラトン 30-31, 47, 91, 97, 133, 143-145
　　――の洞窟 99, 145
フロイト，ジークムント 8, 13, 19-21, 24, 33-37, 45-46, 48-50, 53, 56, 59, 70-77, 83-86, 89, 99-106, 119-120, 125-130, 151
ブローカ，ポール 2, 17-19, 21-24, 33-44, 46-49, 76
　　――のトゥルソーへの手紙 2, 17-18, 33, 38, 47
分離 séparation 109-110, 127, 141-142, 151
　　疎外- ―― 79
下手くそドイツ語 54-55, 64
ペレック，ジョルジュ 94-96
彷徨 48, 58, 62, 65-66, 77-79, 87, 105
　　――線 105
　　――の地図 79
ボエティウス 18
ボッカドロ，ブルーノ 141
ボドゥリ，フランソワ 82
ボードレール，シャルル 17
ボヌフォア，イヴ 82
ボベール，ロベール 94, 96
ポリツェル，ジョルジュ 59
ポンジュ，フランシス 3

マ行

マイネルト，テオドール 71, 100
眼差し 13, 16, 36, 40, 49, 81, 99, 107-108, 116, 127, 136-137, 140-141, 143-145
マノーニ，モード 113
マリー，ピエール 50
『マルドロールの歌』 69, 81, 131
ミケランジェロのモーセ像 89-90
ミゼ，ロジェ 87
ミレール，ジャック＝アラン 136
無意識 24, 71-72, 84, 119, 147, 151
　　――の形成物 59
　　――的な同一物 76
　　――の欲望 108
無言症 44, 99, 109-110
無駄口 bavarderie 113
無知 33, 76, 152
メージュ，アンリ 51, 55-56, 58-65

妄想　149
　　——的確信　149
　　一次——　148
　　ソジー——　148
文字 lettre　23, 40, 42, 67, 92, 97, 101, 103-
　　106, 141
　　声と——との絡み合い　104

ヤ行

ユダヤ人　53, 58-59, 61, 64-65, 67, 93
　　彷徨える——（ハイフンなし，伝説上のユダ
　　ヤ人）　60, 65
　　彷徨える-—（ハイフンあり，メージュの著作
　　に登場するユダヤ人）　55, 60-61, 65
欲動
　　——としての声　37
　　部分——　150
　　呼びかけ——　82
欲望　　ii, 3, 42, 50, 75-76, 79, 109, 122, 147
　　分析（家）の——　147
　　無意識の——　108
よだれ bave　138, 142
呼びかけ　82
　　——欲動　82
読み lecture　85, 127, 129-130
　　——手　101, 126

声による——　126
　　書字を生み出す——　126
読むこと lire　101, 123, 126-127, 129
　　——のかけら　126, 129

ラ行

ライザー，モッシュ　66
ラカン，ジャック　i, 3, 19, 24, 37, 59, 66,
　　72-74, 76, 79-80, 82-84, 89, 92, 97-98, 117,
　　119-124, 131, 133-134, 136, 143-144, 150
リトレ，エミール　27-29, 41, 43-45
リベーラ，ホセ・デ　48
リラダン，ヴィリエ・ド・　119
リンネ，カール・フォン　11-12, 70
ルクレール，セルジュ　88
ルナン，エルネスト　28
ルロワ=グーラン，アンドレ　81, 137
レヴィ=ルブロン，ジャン=マルク　17
レンブラント，ファン・レイン　14, 16
ロバン，レオン　91
ロルダ，ジャック　12, 15
ロートレアモン伯爵　69, 91, 131

ワ行

話存在 parlêtre　19-20, 92, 131

解 説 索 引

ア行

石澤誠　199
ヴィヴェ, J.-M.　212-214
上尾真道　209, 220, 231
大橋博司　182

カ行

片岡一竹　195
カタン, イネス　209-211, 214-215
カッツァドリ, カンタル　212
キリアコ, ソニア　227
河野一紀　211, 216, 229
コルディエ, アニー　226, 229

サ行

佐々木孝次　246
新宮一成　223, 242-243
杉下守弘　185
杉山登志郎　231
総田純次　240

タ行

高田珠樹　201
立木康介　193, 202

ナ行

内在化の後来　242
中西之信　189, 197, 242, 245
野村真理　234

ハ行

濱中淑彦　179, 184-185
フィンク, ブルース　189, 193, 197, 203, 222
ポルジュ, エリック　214

マ行

松本卓也　208-209, 215, 219-220, 222, 231
萬年甫　179
向井雅明　246
文字のトポス　242, 244-245

ヤ行

欲動（の）回路　212-215, 218-219, 223, 247

ラ行

リット, A.-M.　201
聾点 point sourd　213

トゥルマティスム troumatisme　227

著者紹介:

セルジュ・アイルブルム (Serge Hajlblum) (1944-2008)

フランスの精神分析家. Cartels Constituents de l'Analyse Freudienne (CCAF, フランス) および École Lacanienne de Montréal (カナダ, ケベック州) の会員. パリでラカン派の精神分析家として約30年間臨床に携わり, 本書が刊行された2年後, 2008年に亡くなる. 本書のほかに, 自伝的エッセー『Les nichons de la rue Debelleyme (デベレイム通りのおっぱいたち)』(2007) という小品がある.

訳者紹介:

中西之信 (なかにし ゆきのぶ)

京都大学大学院人間・環境学研究科博士後期課程修了. 博士 (人間・環境学). 言語聴覚士. 専門は失語症言語臨床・精神分析学. 現在, 失語症訪問相談室シェヴー・言葉人 (ことばじん) 研究所所長. 著書に『よくわかる失語症と高次脳機能障害』(共著, 永井書店, 2003), 『言語臨床の「人間交差点」』(編著, 学苑社, 2004), 『現代精神医学事典』(項目分担執筆, 弘文堂, 2011), など. 訳書にブルース・フィンク『ラカン派精神分析入門——理論と技法』(共訳, 誠信書房, 2008), 同『精神分析技法の基礎——ラカン派臨床の実際』(共訳, 誠信書房, 2012). 論文に, 「失語症者の "言葉の世界" に戻る仕事」——失語症治療と「精神分析的態度」」(『精神分析研究』, 2005), 「失語症者はなぜ「言葉の回復」に固執するのか——フロイト-ラカンの精神分析による検討」(『コミュニケーション障害学』, 2008), 「ST (言語聴覚士) を "捨てる"——ある失語症者の8年目の決断」(『臨床作業療法NOVA』, 2023), など.

失語症・自閉症・口ごもる言葉たち
——「声」・「音〔おと〕」のざわめきとラカン派精神分析——

2024年9月20日　初版第1刷発行　　＊定価はカバーに表示してあります

著　　者	セルジュ・アイルブルム	
訳・解説	中　西　之　信	
発　行　者	萩　原　淳　平	
印　刷　者	河　野　俊一郎	

発行所　株式会社　晃　洋　書　房

〒615-0026　京都市右京区西院北矢掛町7番地
電話　075(312)0788番(代)
振替口座　01040-6-32280

装丁　田口歩未　　　　　印刷・製本　西濃印刷㈱

ISBN 978-4-7710-3853-0

JCOPY 〈㈳出版者著作権管理機構　委託出版物〉

本書の無断複写は著作権法上での例外を除き禁じられています. 複写される場合は, そのつど事前に, ㈳出版者著作権管理機構 (電話 03-5244-5088, FAX 03-5244-5089, e-mail:info@jcopy.or.jp) の許諾を得てください.

ピエール・ドゥリオン 著／池田真典・永野仁美・野崎夏生・三脇康生 訳
人間の精神医学のための闘い
——発達障害の専門家は語る——

A 5 判 258頁
定価 3,850円（税込）

伊藤 智樹 編著
支える側・支えられる側の社会学
——難病患者，精神障害者，犯罪・非行経験者，小児科医，介助者の語りから——

A 5 判 144頁
定価 2,090円（税込）

立山善康 編／中野啓明・伊藤博美 編著
ケ ア リ ン グ の 視 座
——関わりが奏でる育ち・学び・暮らし・生——

A 5 判 200頁
定価 2,970円（税込）

小山 美保・師岡 宏之 著
人と人との関係　音楽療法　実践論
——心の傷み・身体痛に届く音楽——

A 5 判 228頁
定価 2,860円（税込）

武藤 崇 編著
臨 床 言 語 心 理 学 の 可 能 性
——公認心理師時代における心理学の基礎を再考する——

A 5 判 178頁
定価 2,750円（税込）

奥田 祥子 著
社　　会　　的　　う　　つ
——うつ病休職者はなぜ増加しているのか——

A 5 判 214頁
定価 3,080円（税込）

秋田 巌 著
うつの人の風呂の入り方
——精神科医からの「自分で治すための」46提案——

四六判 174頁
定価 1,650円（税込）

新川 泰弘・渡邊 慶一・山川 宏和 編著
施設実習必携ハンドブック
——おさえたいポイントと使える専門用語解説——

A 5 判 152頁
定価 1,980円（税込）

晃 洋 書 房